本当に良い家づくりセミナー開催中！

「住宅展示場では教えてくれない本当のこと。」

「ハウスメーカーと官僚がダメにした日本の住宅」の
著者が住宅業界の真実を明らかにする！

空前のリフォームブームの真実は
国を巻き込んだ、10年で壊れる家づくり制度にあった！

- □高気密・高断熱は「夏暑く、冬寒い」
- □耐震等級が高いほど地震に弱い
- □珪藻土は肺がんを引き起こす
- □六価クロムを放出する地盤改良とは
- □住宅価格の大半はCM費用
- □クロスがアトピーを引き起こす医学的根拠は
- □ZEH住宅はメンテナンスの温床
- □日本中にはびこるエセ健康住宅
- □電磁波障害を引き起こす工業化製品の家
- □補助金をもらうと建築コストが高くなる

毎週末、祝日に
北海道〜沖縄の各地で
セミナー開催中！

受講料無料

託児無料

講演スケジュールはhttp://www.house-com.orgでご確認ください

［受付］12:30〜　［時間］13:00〜16:00（終了予定）　［受講料］無料／予約制　［主催］住医学研究会

講師 澤田 升男（さわだ ますお）

1963年岐阜県生まれ。23歳で父親の経営する工務店を継ぎ、僅か3年で10億円企業に成長させ、1000棟以上の住宅建築の実績を持つ。全国の会員工務店800社を傘下にするグループを形成させ、ダブル断熱を開発。特許及び国土交通省の認定取得は、実に17にも及んでいる。現在は日本全国で本当に良い家づくりの普及のため、セミナーを開催している。著書にシリーズ累計30万部を超える「神様が宿る家」や「ハウスメーカーと官僚がダメにした日本の住宅」「医師が認めた健康住宅」「住宅展示場では教えてくれない本当のこと。」などがある。

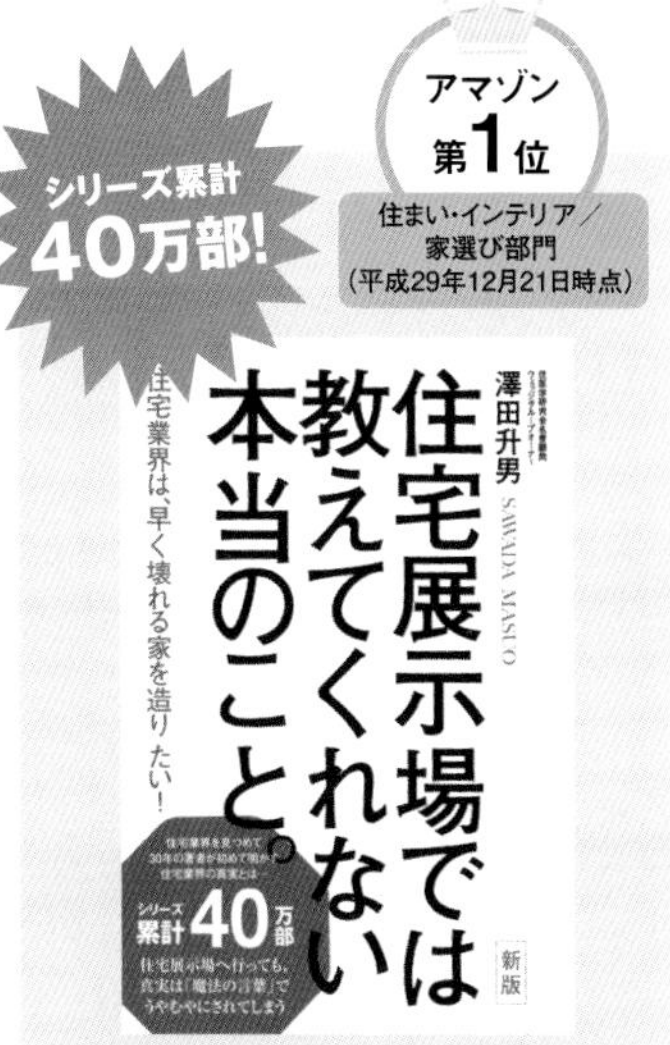

書店・アマゾンで好評発売中！

お問い合わせ・お申込みは

NPO法人 ハウスドットコム　TEL 0120-318-099　FAX 052-532-4747

〒451-0062 愛知県名古屋市西区花の木3-15-11 アストラーレ浄心4階　http://www.house-com.org　ハウスドットコム　検索

医師が薦める本物の健康住宅 0《ゼロ》宣言の家

2022年 WINTER/SPRING

CONTENTS

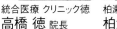

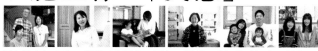

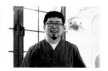

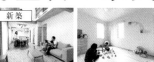

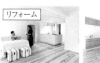

医師や大学教授とともに安心、快適な住まいを考える。

住医学研究会

医療のプロと住宅のプロが協力し合い安心、快適な住まいを考える住医学研究会。

その初代理事長、矢山利彦医師をはじめ、会に賛同する方々に
大学教授らによる住まいと健康・家族に関する協働研究調査の結果、「0宣言の家でこれだけ変わった！」

「住宅展示場では真実は教えてくれないこと」

「0宣言の家に住むお施主様の実感」についてお話を聞きました。

住医学研究会とは？

「健康を考えたらこの建材は使えない!」「家を長持ちさせるにはこの建材ではダメだ!」。家づくりの現状に疑問を抱いた設計事務所や工務店が、本物の家づくりを目指す経営コンサルタント・澤田升男氏が提唱する「0宣言の家」に共感して全国から集まり、医師や大学教授の協力のもと、住む人の健康を追求するために誕生したのが「住医学研究会」です。国の基準、住宅業界の常識に挑み、家づくりの世直しを続けています。

住医学研究会 理事長
医療法人 山桃会
Y.H.C.矢山クリニック院長

矢山 利彦

感染への備えを知れば ウイルスは怖くない！

いまだ終息の見通しが立たない新型コロナウイルス感染症のパンデミック。感染を完璧に防ぐ方法も見つかっていない中、ウイルスから私たちを守ってくれるのが、身体に備わっている3つの防御ラインです。その働きについて矢山医師にお話いただきます。

第一防御ラインで 病原体を殺菌・消去！

どんな病でも発症する原因は必ずあります。大きくは、鼻から入る原因、口から入る原因、皮膚から入る原因、そして、自分の中からつくり出す原因です。現在、世間を揺るがせている新型コロナウイルスは、鼻・口から入ることが大きな原因と言えるでしょう。

では、新型コロナウイルスが鼻や口から入った人はすべて感染するのかといえば、そうではありません。日本有数の免疫学者で私の恩師でもある九州大学・野本亀久雄名誉教授は、「ヒトには感染から身を守る3つの防御ラインがある」と語っています。

まず、ウイルスなど病原体が体に入ると、鼻がグジュグジュしたり、ノドがイガイガしたり、セキが出たりといった【粘膜症状】が起こります。この時点では、まだ感染していません。そこで働くのが「第一防御ライン」である粘膜のバリアです。粘液中に含まれる抗体や酵素、その他の殺菌性を持つ成分＝自然免疫が、ウイルスを異物と認識し、洗い流して出そうとするのです。

しかし、入り口で防ぎ切れなかったウイルスは短時間で体内に侵入。少しゾクゾクするなど【感染の初期症状】が起こります。そこで待ち構えているのが「第二防御ライン」の好中球、マクロファージ、NK細胞といった自然免疫です。これらがウイルスを捕らえて体内に広がるのを防いだり、攻撃して殺したりします。

それでも防御できなかったウイルスに対して、異物との遭遇を学習したリンパ球など獲得免疫細胞（抗体）が動き出します。それが「第三防御ライン」で、ここでの戦いで起こるのが発熱です。ひどくなると肺炎を起こす場合もあります。

つまり、早い段階で病原体をすべて片付けてしまえば、新型コロナウイルスと言わず、インフルエンザやそのほかの呼吸器からの病気にもかからなくて済むというわけです。私は1年以上前から、患者さんに「鼻のグジュグジュ、ノドのイガイガ、ゴホンといったら、1時間以内に『イソジンマスク』をしてくださいね」とお話ししています。

「イソジンマスク」のつくり方は簡単です（図）。うがい用のイソジン液（ポビドンヨード）を40倍に薄めた液に浸けたガーゼをマスクの内側に置くだけ。イソジンの蒸気で「第一防御ライン」にいる病原体を消毒し、粘膜のバリアと協力してウイルスや菌を残らずやっつけてくれます。

マスクについていた菌やカビが呼気で増えてそれを吸い込んでいます。朝一1回イソジンマスクでマスクを消毒！

イソジンマスクのつくり方

第一防御ラインの症状は「鼻のグジュグジュ、ノドのイガイガ、ゴホン！」
この時にイソジンの蒸気でウイルス、細菌を片づけると感染は成立しない。
このタイミングを逃さずに「イソジンマスク」！

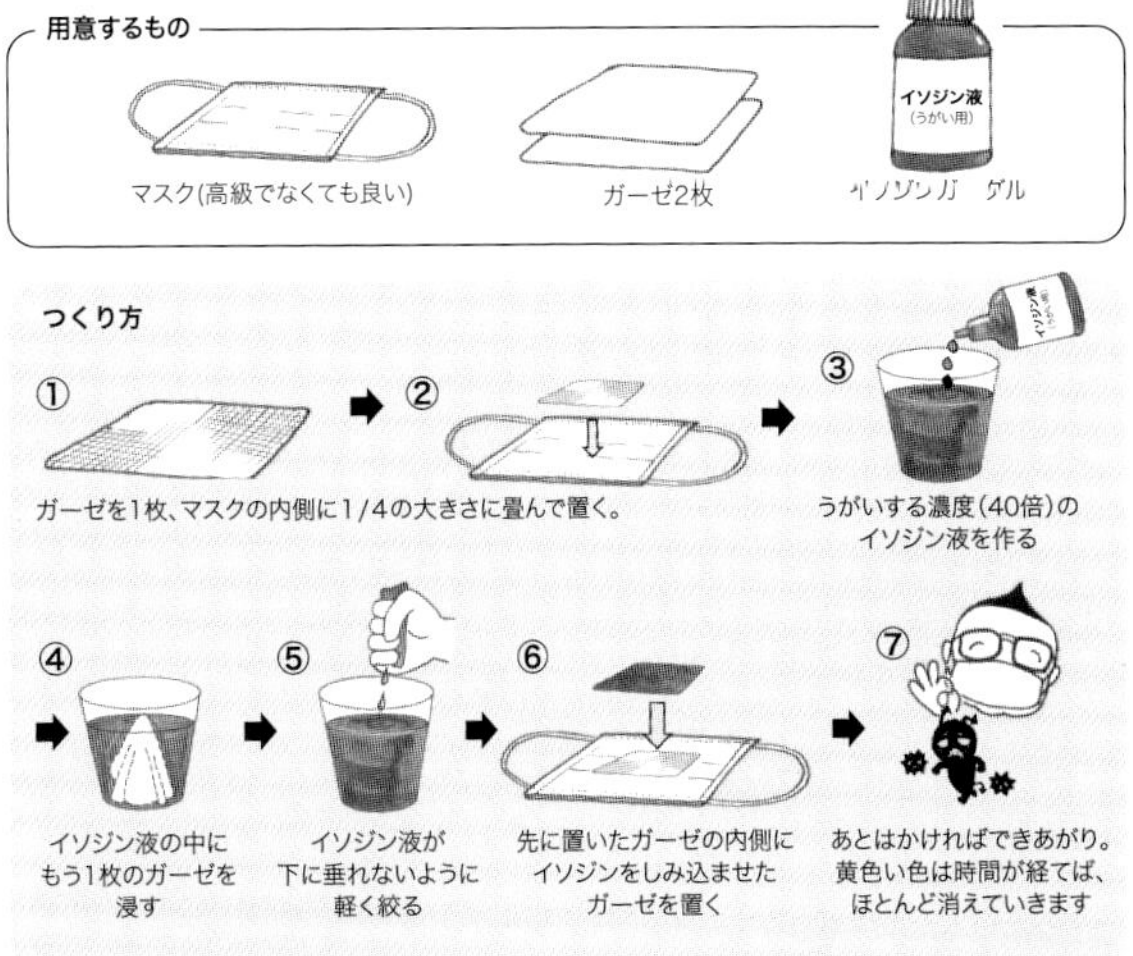
用意するもの
マスク(高級でなくても良い)
ガーゼ2枚
イソジン液（うがい用）
つくり方
①
②
ガーゼを1枚、マスクの内側に1/4の大きさに畳んで置く。
③
うがいする濃度(40倍)のイソジン液を作る
④
イソジン液の中にもう1枚のガーゼを浸す
⑤
イソジン液が下に垂れないように軽く絞る
⑥
先に置いたガーゼの内側にイソジンをしみ込ませたガーゼを置く
⑦
あとはかければできあがり。黄色い色は時間が経てば、ほとんど消えていきます

朝1回、イソジンマスクをする。
外出するときは、イソジンを40倍に薄めた液につけたガーゼを数枚作ってラップに包むか、小瓶にイソジンを40倍に薄めておくと便利です。

「不潔マスク症候群」にご注意！
マスクはもともと無菌ではない。呼気の水分で菌が増え、空気中のウイルスも付着する。
症状はノドの慢性的イガイガ、目がムズムズ、後頭部が重い。頻尿。

「鼻のグジュグジュ、ノドのイガイガ、ゴホンときたらイソジンマスク」

医療法人山桃会Y.H.C.矢山クリニック

ダニ・ホコリをなくして免疫の出番を減らそう

ヒトにとって外敵である病原体が体内に侵入してきたら、3段階で待ち構えて攻撃し、退治してくれるのが「免疫」という防御システムですが、本当は働かないほうがいいというのが、医療のプロである私の考えです。「第一防御ライン」がパトロール隊員、「第二防御ライン」が警察だとしたら、「第三防御ライン」は軍隊。いざというとき軍隊は強いほうがいいけど、戦争はないほうがいいと言えばわかりやすいでしょうか。

ところが、その免疫を常に働かせ続ける存在がいます。それが室内の空気中に漂うダニやカビ、ホコリなど不潔な病原体です。それらは言わば「雑魚キャラ」。しかし、いくら排除しても鼻・口から大量に入ってくるため、徐々に体内に溜まっていき、新型コロナウイルスのような「強いボスキャラ」がやってきたとき防御の手が回らない事態になっているのです。「アトピーがなかなか治らない」というのも、実は、ダニ、ホコリが原因と考えられます。

ではどうすればいいかと言うと、一番はダニ、ホコリを吸わないこと。空気のクリーンな住環境が大事になるのです。徹底的に掃除（特に寝床）をするのはもちろん有効で、換気もよくし、ダニの餌になるカビもなくなれば、免疫の働きが邪魔されません。さらに『0宣言の家』のように、住宅そのものがダニの住めない環境であれば申し分ありません。ダニ検査用マイティチェッカー®でもダニはほぼいないとわかっています。住環境を整えつつ、身体のしくみを理解すれば、やみくもに病気を恐れる必要はありません。

医療法人山桃会
Y.H.C.矢山クリニック
〒840-0201
佐賀県佐賀市大和町大字尼寺3049-1
☎0952-62-8892
https://www.yayamaclinic.com/

Profile
矢山利彦（ややま・としひこ）

1980年、九州大学医学部卒業。同大学院博士課程で免疫学を専攻。2001年、矢山クリニックを開院。経絡エネルギー測定器ゼロ・サーチを開発し、西洋医学、東洋医学、歯科医科統合、自然療法を気の観点から融合した医療を実践。ガン、リウマチ、アトピー、喘息などの難病に高い治療効果をあげている。著書『気の人間学』『あいうえお言霊修行』ほか多数。

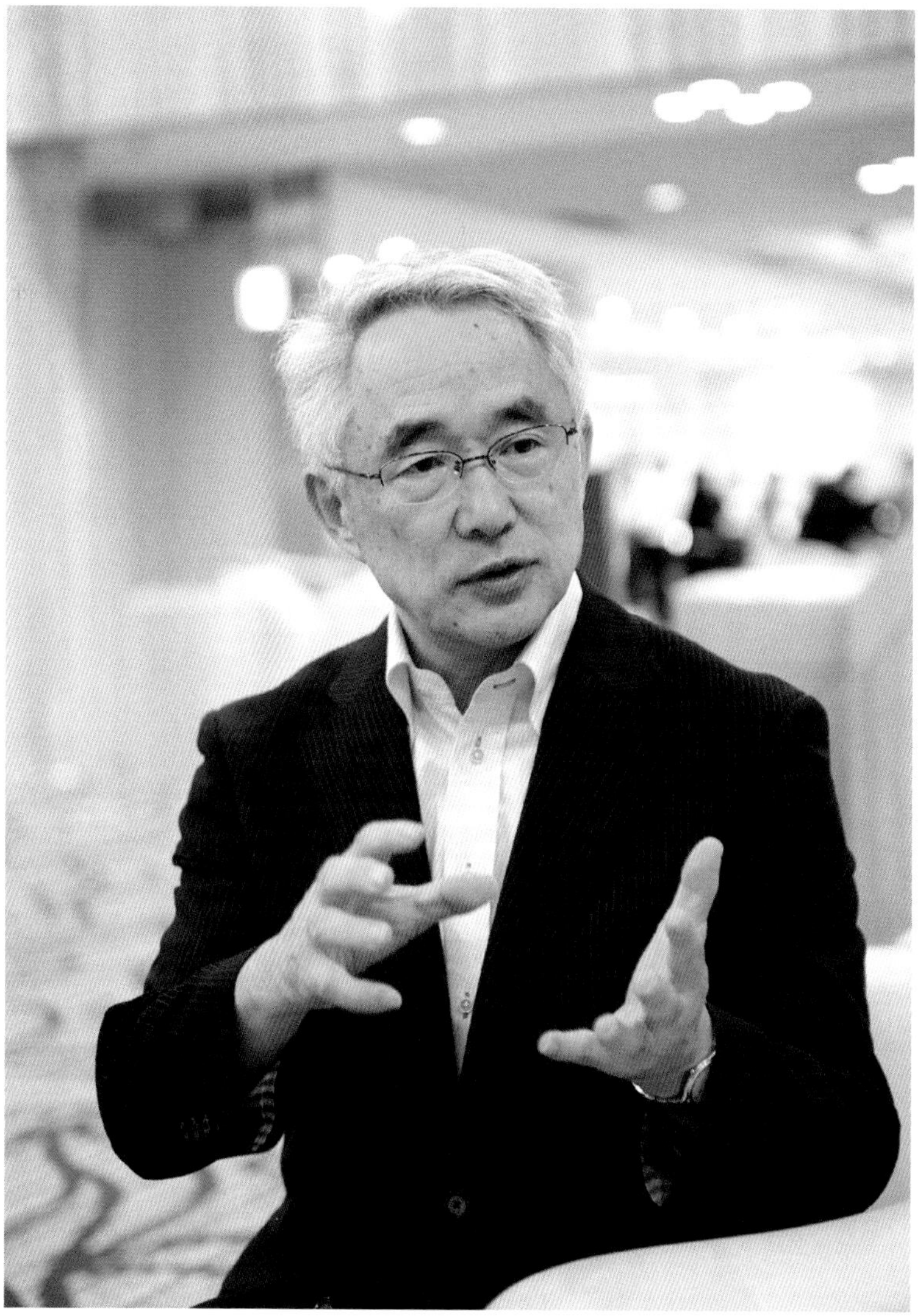

東京都立大学名誉教授
放送大学客員教授
星 旦二

「0宣言の家」で、これだけ変わった!

2014年以降、「『0宣言の家』は住む人を健康にするのか?」をテーマにお施主様への健康調査が続いています。今回あらたに、「0宣言の家」に転居する前と後の健康比較・分析を実施。住医学研究会、慶應義塾大学、東京都立大学との協働研究により、日本初の試みで得られた驚きの結果をご報告します。

「0宣言の家」居住者は有病割合が低いことが判明

健康づくりで大切なことはいくつかありますが、そのなかの一つとして私が提唱しているのが、「適切な住宅環境」の重要性です。

特に、暖かい住宅に住み替えると、心筋梗塞や脳卒中といった循環器系疾患を予防することが可能とされています。一言でいえば、「暖かい住宅は、健康寿命を促進する」という仮説が成り立つのです。

では、「0宣言の家」はどうか。私たちは、これまで足かけ7年にわたり、「『0宣言の家』における住まいと健康・家族に関する協働研究調査」を行ってきました。「0宣言の家」に住み替えた方たち711人の健康状態を細かく調査し、全国調査の結果と比べてみたところ（一次調査、二次調査）、次のような結果が出ました。

「0宣言の家」居住者には、

- **高血圧者が少ない**
- **糖尿病者が少ない**
- **脂質異常者が少ない**
- **定期的に運動している人が多い**
- **肥満者が少ない**

大きな要因は、もちろん「0宣言の家」の暖かさにあります。四季別、部屋別の平均温度、平均湿度をみますと、一年を通して、また、部屋間でも温度・湿度の較差がほとんどなく、体に優しい家であることが明らかになりました。外気温に関係なく一日の室内温度の変動が少ない。このことこそが血圧を安定させ、循環器系疾患を予防していると考えられます。

さらに、注目すべきは「CASBEE®すまいの健康チェックリスト」のスコア結果です。これは居住者自身が住まいの健康性を60点満点で評価するリストのこと。下の図を見ると、「0宣言の家」は山グラフのピークが50点に近く、大手住宅メーカー、全国の戸建て住宅と比べて住宅環境性能が優れていることがわかります。

ここでもっとも大事なポイントは、居住者の住まいに対する満足度の高さです。「自分は、大手住宅メーカーより住宅性能の高い健康住宅に住んでいる」という主観が、心の面からも健康寿命に影響を与えていると考えられるのです。病は気からといいますが、私の研究でも「自分は健康」と感じている人は、健康長寿であることが実証されています。

一つ一つの結果が新発見レベル！

第一次・第二次調査の結果を踏まえて、「0宣言の家」が居住者の健康維持に寄与していることがおわかりいただけたと思います。では、「『0宣言の家』に住む前と住んだ後の一年で、健康状態はどのように変わったのか？」それが今回の追跡調査の目的です。

たとえば、私自身、大手ハウスメーカーで建てた家を「0宣言の家」にリフォームし、大きな変化を実感しました。それまでの室内の寒さが解消され、風邪を引きにくくなり、ぐっすり眠れるようになったのです。私は夜中のトイレにも起きなくなりました。一番の収穫は、妻の血圧が安定したことです。以前は最高血圧が160mmHg以上ありましたが、リフォーム後は140mmHg程度まで下がり、薬も必要なくなりました。

当たり前のことですが、ビフォー・データとアフター・データがそろって、初めて"差"がわかります。しかし、これまでこうした研究調査が行われた前例はありません。だからこそ貴重であり、意義があると感じていました。そして、その結果の一つ一つが新発見と呼べるだけの価値があったことを、次ページからじっくりお伝えします。

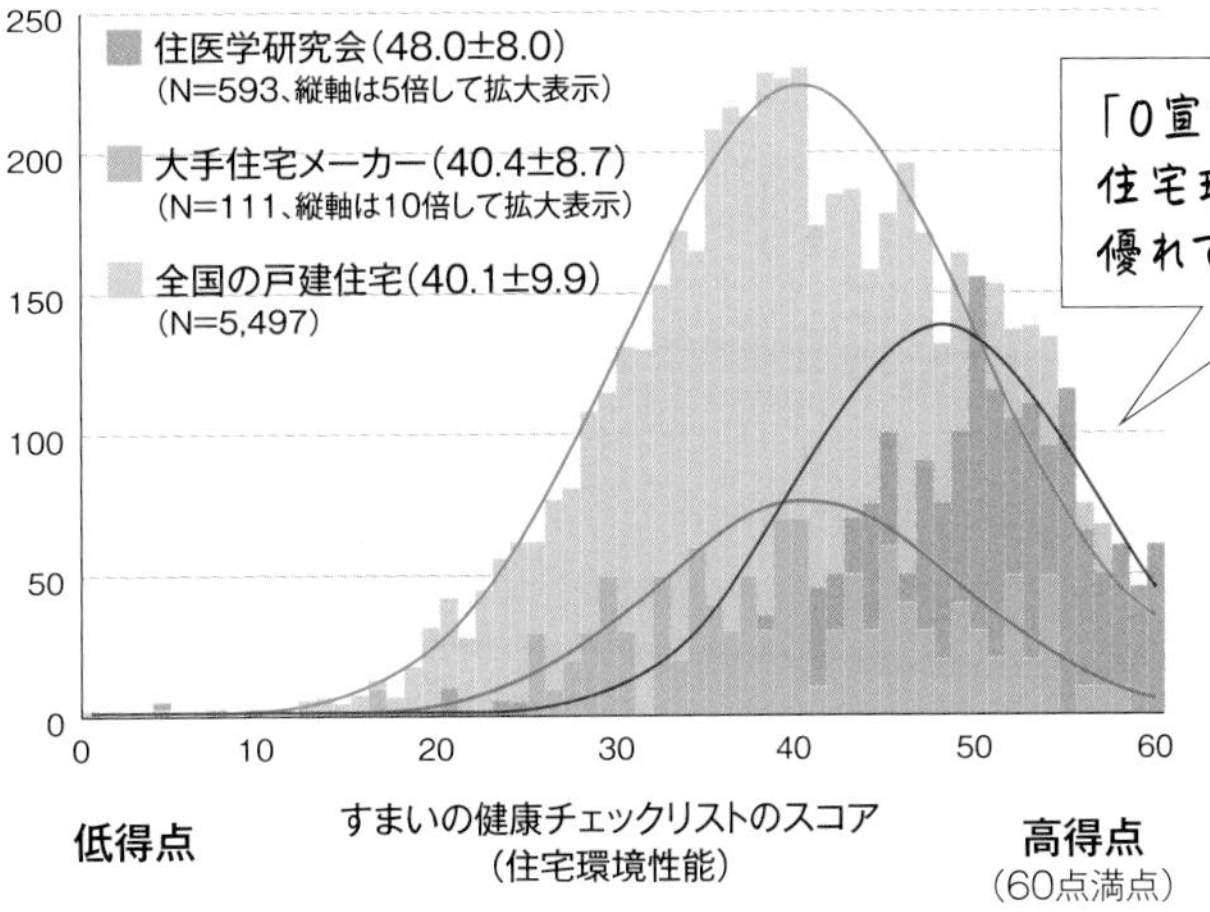

Profile 星 旦二（ほし・たんじ）

1950年、福島県生まれ。東京都立大学名誉教授。福島県立医科大学を卒業し、東京大学で医学博士に。東京都衛生局、厚生省国立公衆衛生院、厚生省大臣官房医系技官併任を経て現職。英国ロンドン大学大学院5カ月間留学。公衆衛生のエキスパートとして、全国地方自治体などと共同し、寿命とさまざまなファクターとの関連を大規模調査するなど「健康長寿」に関する研究と主張を続ける。著書に『これからの保健医療福祉行政論』（日本看護協会出版会）、『ピンピンコロリの法則』（ワニブックスPLUS新書）など。

調査対象者：住医学研究会は、2019年に慶應義塾大学・伊香賀俊治教授と東京都立大学・星旦二名誉教授とで健康住宅に転居する事前事後の協働研究調査を102人を対象として実施しました。その概要を次ページからご紹介します。解析は、慶應義塾大学大学院修士課程・浅倉弘尭様にお願いしました。その概要を示します。

主観評価

住まいの主観評価が前後比較で大幅改善

CASBEEすまいの健康チェックリストスコア※1、文1
前後比較(n=66)

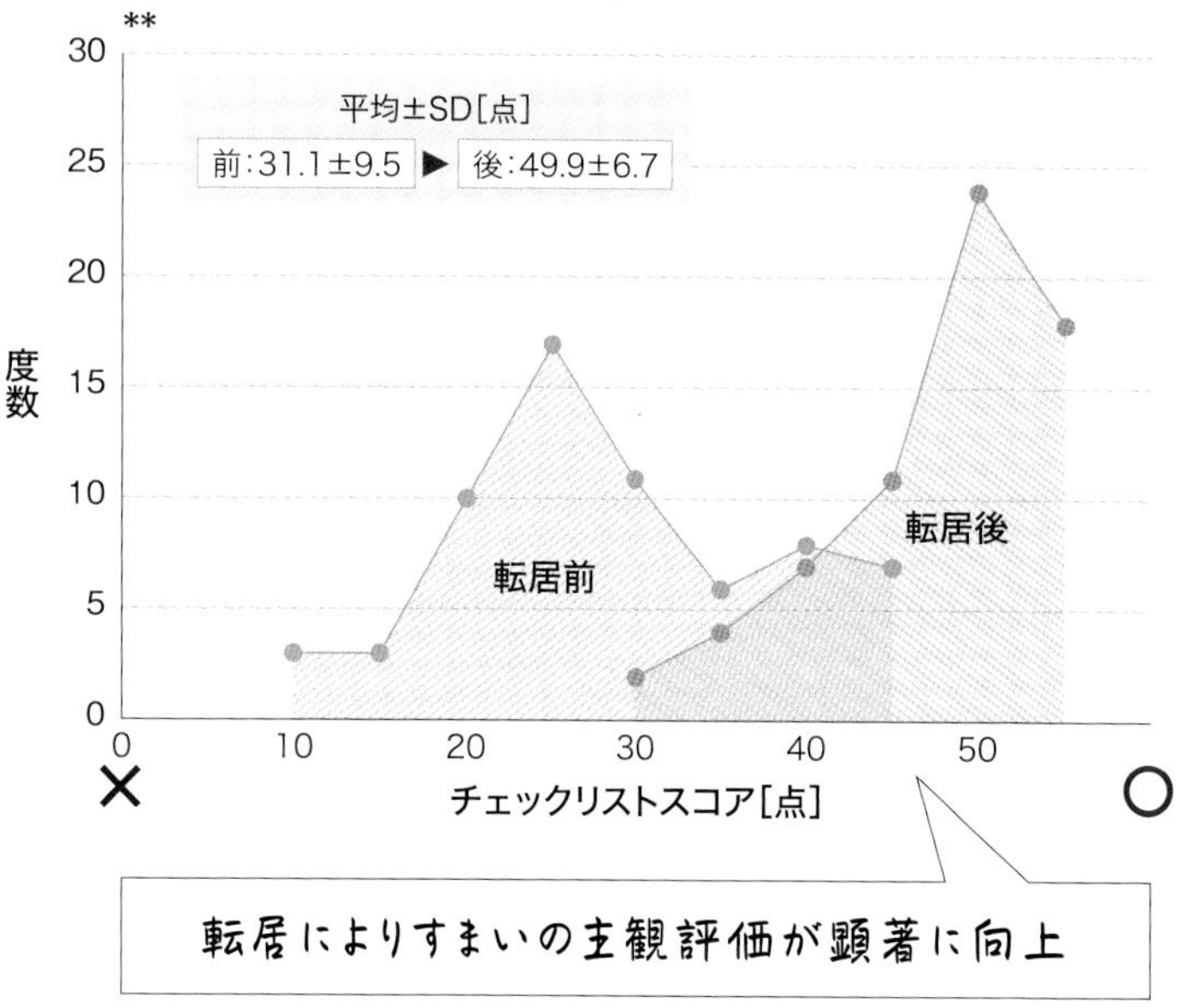

※対応サンプルのt検定 **:p<0.01、*:p<0.05、t:p<0.10
※1 健康に影響を及ぼす住宅の問題を部屋ごと・要素ごとに評価するツール
文1 一般社団法人日本サステナブル建築協会 CASBEE健康チェックリスト 2011

先に述べた通り、「CASBEE®すまいの健康チェックリスト」とは、居住者自身が住まいの健康性を評価するリストのことです。部屋の暑さ、寒さ、音、乾燥、カビ、においなどに対してどう感じるか。さらに、外的環境（地域の安全性、騒音など）を加え、全20項目について各項目3点満点で評価します。前ページでは、大手住宅メーカーや全国の戸建て住宅と比べて「0宣言の家」の評価が10点近く高く、住宅環境性能が優れていることが確認されました。

今回の調査では、「0宣言の家」に住み替える前後の評価をしていただきました。その結果が上のグラフです。2つの山を比較すると、「0宣言の家」に引っ越したことで、住まいの主観評価が20点近くも大幅に向上したことがわかります。

得点の差が示すもの。それは、「0宣言の家」は、以前の家に比べて明らかに部屋の暑さ、寒さがなくなり、カビや化学物質のにおいが減少し、騒音が少なくなったということです。言い換えれば、「快適」と感じる住まいの条件が、居住者自身によってはっきり見えてきたのです。この図が本調査における最も意義ある成果の一つと言えます。

たとえば、現在、日本には約6200万戸の住宅がありますが、そのほとんどが十分な断熱・気密性を備えておらず、90％以上が室温18℃以下で冬季に寒い家が多くなっています。ところが、寒い家で体を冷やし、体温が下がると人間は免疫力が落ち、身体の機能が低下します。だから、健康で長生きするためには暖かい家に住むことが重要というのが、世界の常識なのです。実際に私も参加した別の追跡調査では、冬の室温が2℃上がると健康寿命が4歳延びるという事実が明らかになっています。

しかし、日本人はそうしたことに無関心で、わざわざ健康を損ねるような家に住んでいる人が少なくありません。本調査で、当たり前に暮らしていた自宅が、実は健康を害する可能性があったと気付くことができたのは、大きな発見でした。

新常識

快適な住まいの条件がはっきり見えてきた！

睡眠状態

住み替えによって睡眠状態も改善した

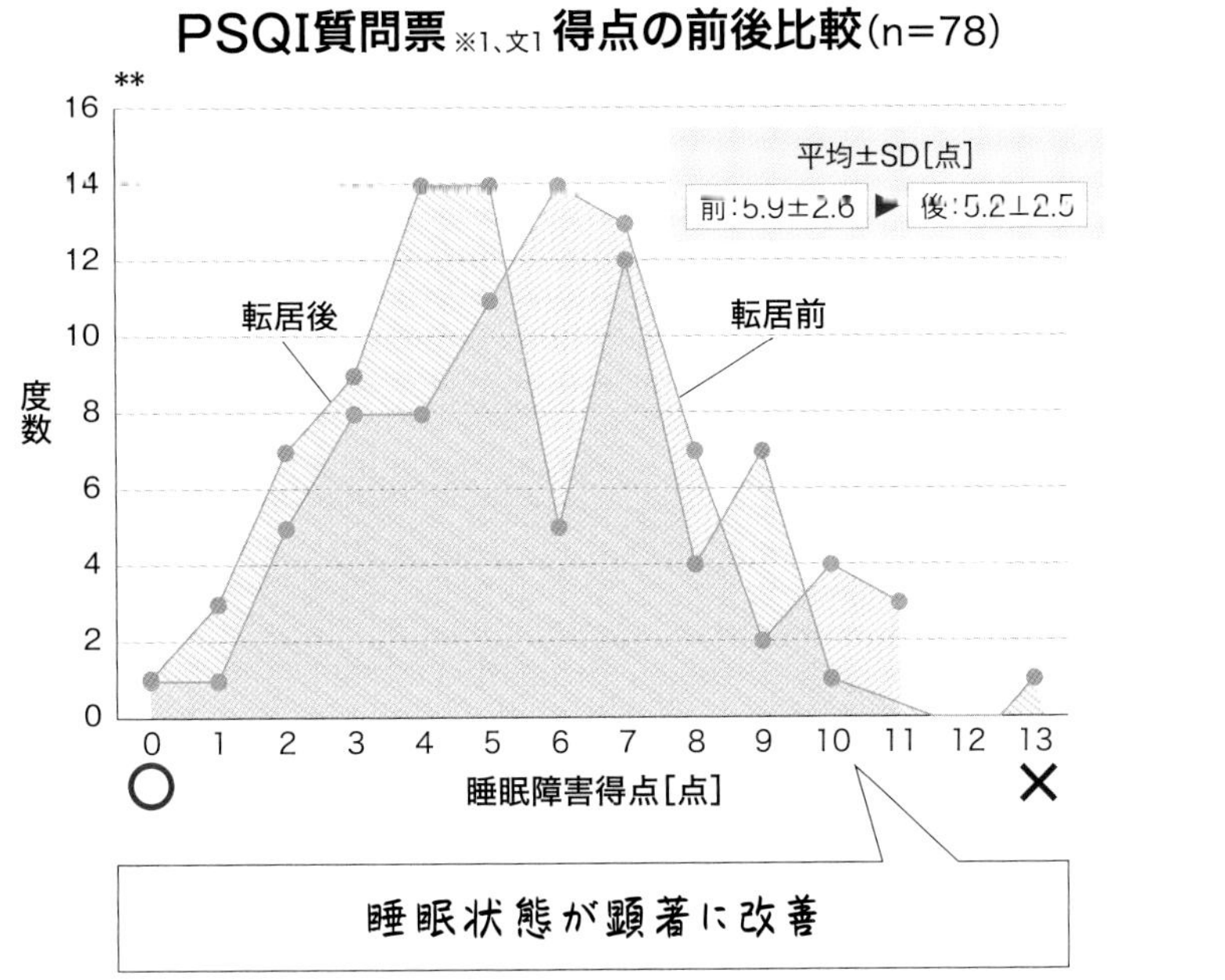

※対応サンプルのt検定 **:p<0.01、*:p<0.05、t:p<0.10
※1 さまざまな睡眠障害の評価に有用なツール
文1 土井由利子ら、ピッツバーグ睡眠質問票の日本語版の作成、精神科治療、vol13、pp.755-763、1998

次に、転居前、転居後の睡眠状態の変化について調査したところ、これも顕著に改善していることがわかりました。

睡眠を把握・評価する方法としては、国内外の疫病研究に使用されるピッツバーグ睡眠質問票(PSQI)を採用。居住者本人が自分自身の過去1カ月間の睡眠と睡眠障害について、18の質問に答える形で行われました。回答は7つの要素(睡眠の質、睡眠時間、入眠時間、睡眠効率、睡眠困難、睡眠薬の使用、日中の眠気)に分類され、得点化されます。PSQIの総合得点の範囲は0〜21点で、得点が高いほど眠りが困難になっていると判定されます。

上の図を見ますと、転居前に比べて転居後の得点が低くなっている=眠りが改善されていることが確認できます。

睡眠障害や睡眠不足が、私たちの健康にさまざまな悪影響をおよぼすことは広く知られています。また、夜眠れないことで、作業効率が落ちたり、運転中に眠くなったり、物事への意欲が低下するなど、健康面以外の問題も指摘されています。「睡眠障害」と診断されると、ほとんどの場合、薬を処方されますが、薬で睡眠が改善することはまずありません。

それが、「0宣言の家」への住み替えによって、薬を飲まなくても眠りが改善すると示しているのがこのグラフです。そうなるメカニズムがすべて解明されているわけではありませんが、現時点で考えられるのは、やはり「0宣言の家」の環境性能のよさでしょう。

特に、人体に害のある材料を一切排除していること。壁材に使われている天然漆喰は、室内の有害物質を吸着・分解する性質があり、室内の空気をクリーンにすることがわかっています。また、「呼吸する壁」と呼ばれるほど吸放湿性が高く、夏は湿気を吸い込み、冬は逆に水分を出して湿度を常に安定させます。さらに、優れた断熱効果で室温も一定に保たれている。それらが仕掛けになって、深い睡眠が得られると推察されます。

新常識

薬を飲まなくても 家の性能で 眠りは改善する!

鼻・目の症状

元々、自覚のあった鼻・目の症状が改善

鼻・目の症状の有訴割合の前後比較

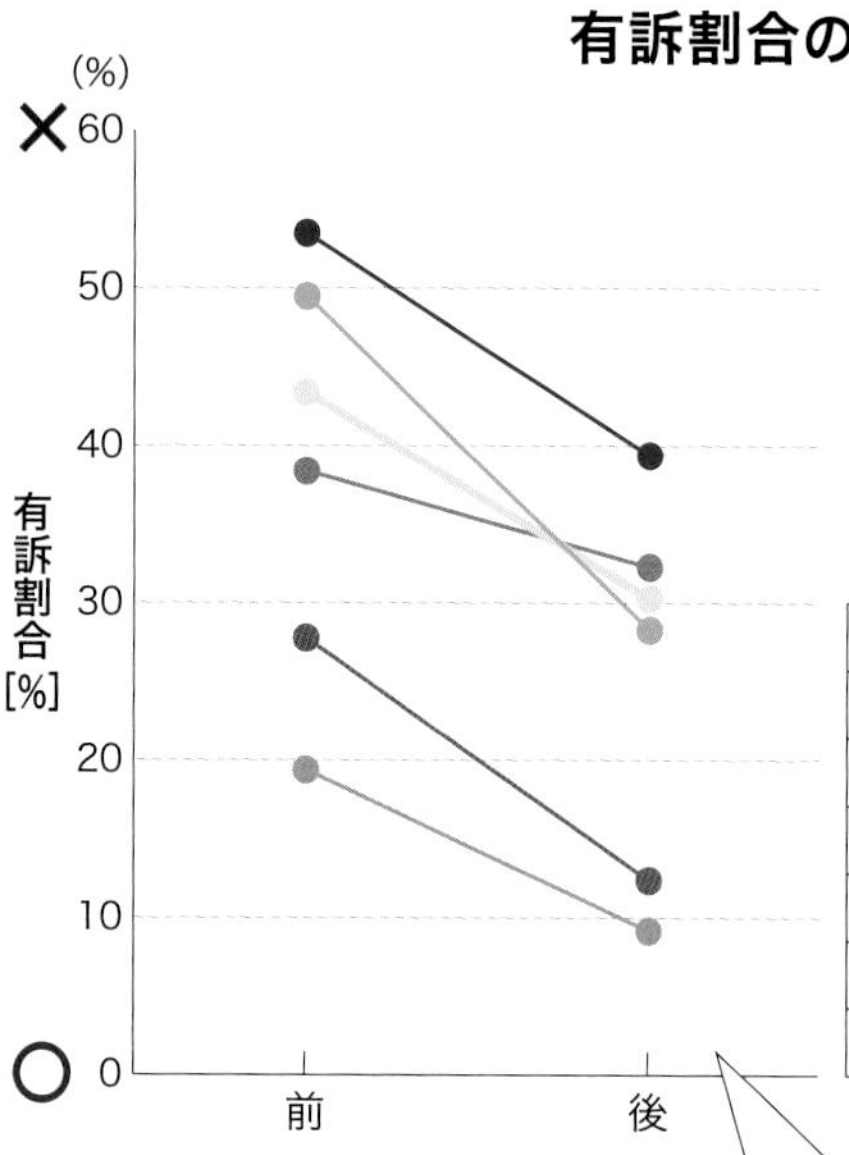

	前[%]	後[%]
くしゃみ * (n=99)	53.5	39.4
目のかゆみ ** (n=99)	49.5	28.3
鼻づまり * (n=99)	43.4	30.3
水っぱな n.s. (n=99)	38.4	32.3
鼻のかゆみ ** (n=97)	27.8	12.4
涙目 * (n=98)	19.4	9.2

水っぱな以外の鼻・目の症状が顕著に改善

※McNemar検定 **:p<0.01、*:p<0.05、t:p<0.10

次に、以前の家にいるときから自覚していた鼻・目の症状が「0宣言の家」に引っ越したあと、どう変化したか調べたところ、これも大きく改善されていることが判明しました。

上のグラフを見るとわかる通り、対象者のうち53％以上の人が引っ越す前に感じていた「くしゃみ」の症状は40％以下になり、「目のかゆみ」は約50％から約28％まで減少。また、「鼻づまり」は約43％から約30％に、「鼻のかゆみ」「涙目」については、自覚症状のあった人の割合が半分以下に減っています。調査した6項目のうち、「水っぱな」を除く5項目に症状の改善が見られたのです。

では、なぜ「くしゃみ」や「目のかゆみ」が減ったのでしょうか。

鼻・目の症状は、アレルギーが原因であることが疑われます。そして、アレルギーは住まいの温度や湿度、空気の質と大きく関係しているといわれています。

たとえば、「寒い家」はあちこち結露していますよね？ 窓ガラスやサッシ枠がびしょびしょという家もあります。結露は実は見えない壁の内側にも入り込み、カビを発生させます。そのカビを餌にして数を増やすのがダニです。カビとダニはアレルギーの大きな原因といわれていますから、「0宣言」の「暖かい家」に住み替えたことで、結露がなくなり、カビ、ダニがいなくなり、症状も改善したと考えられます。

また、壁にビニールクロスを張る際に使われる接着剤や、床材などの合板に使われる有機溶剤から発生する化学物質もアレルギーの原因といわれています。「シックハウス症候群」という言葉を聞いたことがあると思いますが、中にはぜんそくを引き起こす人もいます。しかも有機溶剤は比重が大きく、床面近くにたまるため、とりわけ赤ちゃんの被害は甚大です。これに対して、「0宣言の家」は有機溶剤をまったく使っていません。50年前、100年前の住宅と同じ自然素材が使われているのです。そのことが症状の顕著な改善に結びついたと考えていいでしょう。

新常識

50～100年前の家づくりがアレルギーに効く

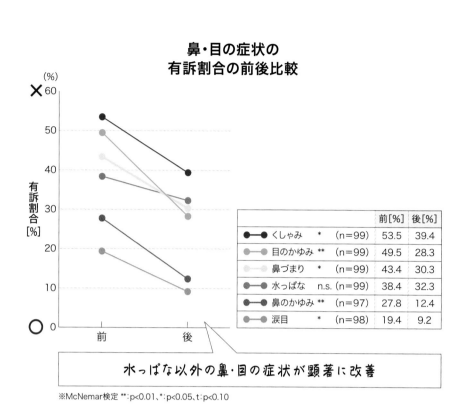

体感・体験

住み替え後の一年で体調がよくなった！

1年で体感・体験した症状の有訴割合の前後比較

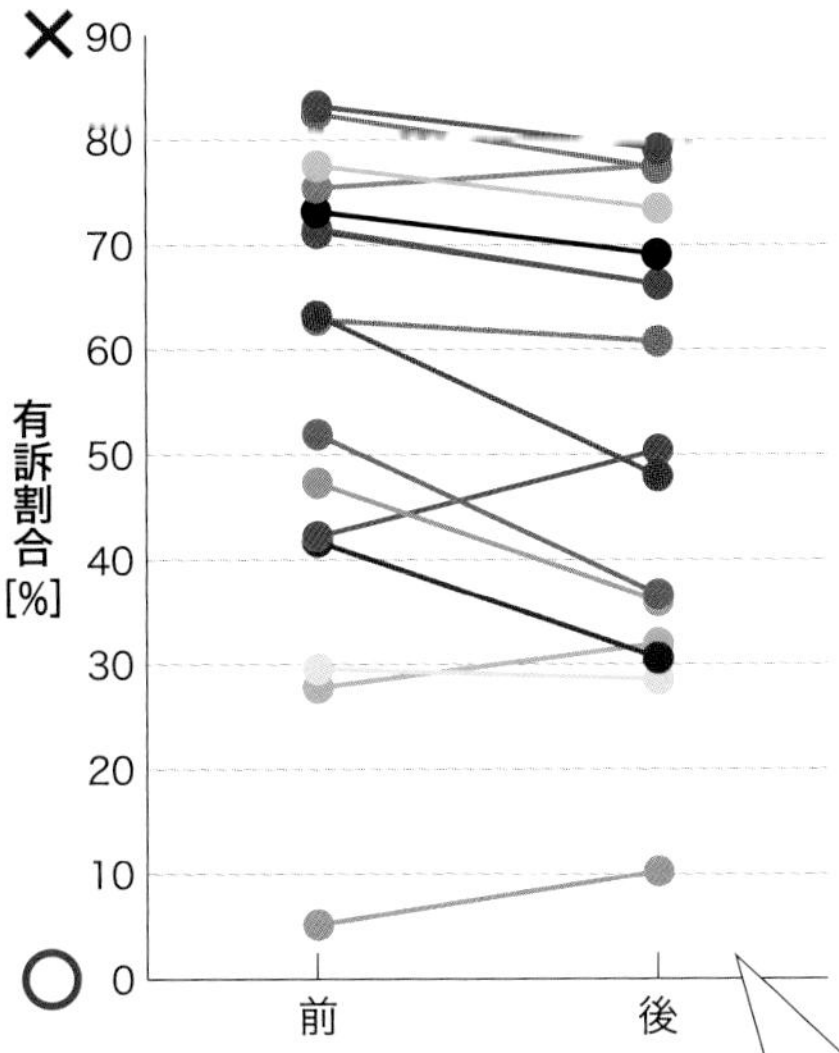

			前[%]	後[%]
体がだるい	n.s.	(n=96)	83.3	79.2
肩こり	n.s.	(n=97)	82.5	77.3
鼻づまり	n.s.	(n=98)	77.6	73.5
風邪をひく	n.s.	(n=98)	75.5	77.6
腰痛	n.s.	(n=97)	73.2	69.1
せき・たん	n.s.	(n=95)	71.6	66.3
頭痛	n.s.	(n=98)	71.4	66.3
かゆみ	**	(n=98)	63.3	48.0
手足の冷え	n.s.	(n=97)	62.9	60.8
関節痛	*	(n=98)	52.0	36.7
食欲不振	t	(n=97)	47.4	36.1
切り傷/ケガ	n.s.	(n=97)	42.3	50.5
発疹	*	(n=98)	41.8	30.6
つまづき/転倒	n.s.	(n=98)	29.6	28.6
聞こえにくい	n.s.	(n=97)	27.8	32.0
骨折/ねんざ	n.s.	(n=97)	5.2	10.3

かゆみ、関節痛、発疹が顕著に改善

※McNemar検定 **:p<0.01、*:p<0.05、t:p<0.10

鼻・目の症状以外にも、「肩こり」や「腰痛」「頭痛」「身体のだるさ」「食欲不振」といった不定愁訴（何となく感じる体調の悪さ）について、できるだけ多くの項目を上げて調査した結果が、上のグラフです。

それらの症状は、生活習慣の問題や住宅環境、精神的なストレスなど、さまざまな要因が絡み合って引き起こされると考えられています。最近では、メンタルヘルス不調とのつながりや、ほかの病気の初期症状である可能性を指摘されることもあります。それが、住み替える前から住み替え後の一年間で、どう変わったのでしょうか。

自覚症状が改善したと顕著に数字であらわれたのは、「皮膚のかゆみ」「発疹」「関節痛」の3項目についてでした。

まず、「かゆみ」と「発疹」に関しては、先ほどのアレルギーを原因とする症状とも関連していると考えられます。そうであれば、「0宣言の家」の暖かさ【＝結露がなく、カビ・ダニが発生しない】や自然素材の家づくり【＝揮発性有機化合物を使用しないので、空気がきれい】を要因とし、症状が緩和したと理解するのが妥当でしょう。

「関節痛」が改善したメカニズムをすぐに解明することは難しいのですが、基本的には、①深く眠れている。②十分な睡眠により、日中の疲れが取れている。この2つのポイントが背景にあるのではないかと推察します。室内の空気がクリーンで、かつ、温湿度が調整され、睡眠が妨げられない「0宣言の家」のメリットが活かされていると思われます。

ここで重要なのは、症状が改善するほど、「主観的健康感」（自分で判断する自分の健康のこと）が上がることです。「自分は健康だ」と肯定的に思う人と、「自分は健康ではない」と否定的に思う人とでは、その後の生存日数に明らかな違いがあるという研究成果を報告しています。体調がよくなる家に暮らすことが、健康寿命を延ばす一つのポイントになると言えるでしょう。

新常識

体調が上向くと、健康感が上がり、健康寿命もUP

室温

室温較差が2℃改善。家中、暖かくなった

期間中平均室温の前後比較

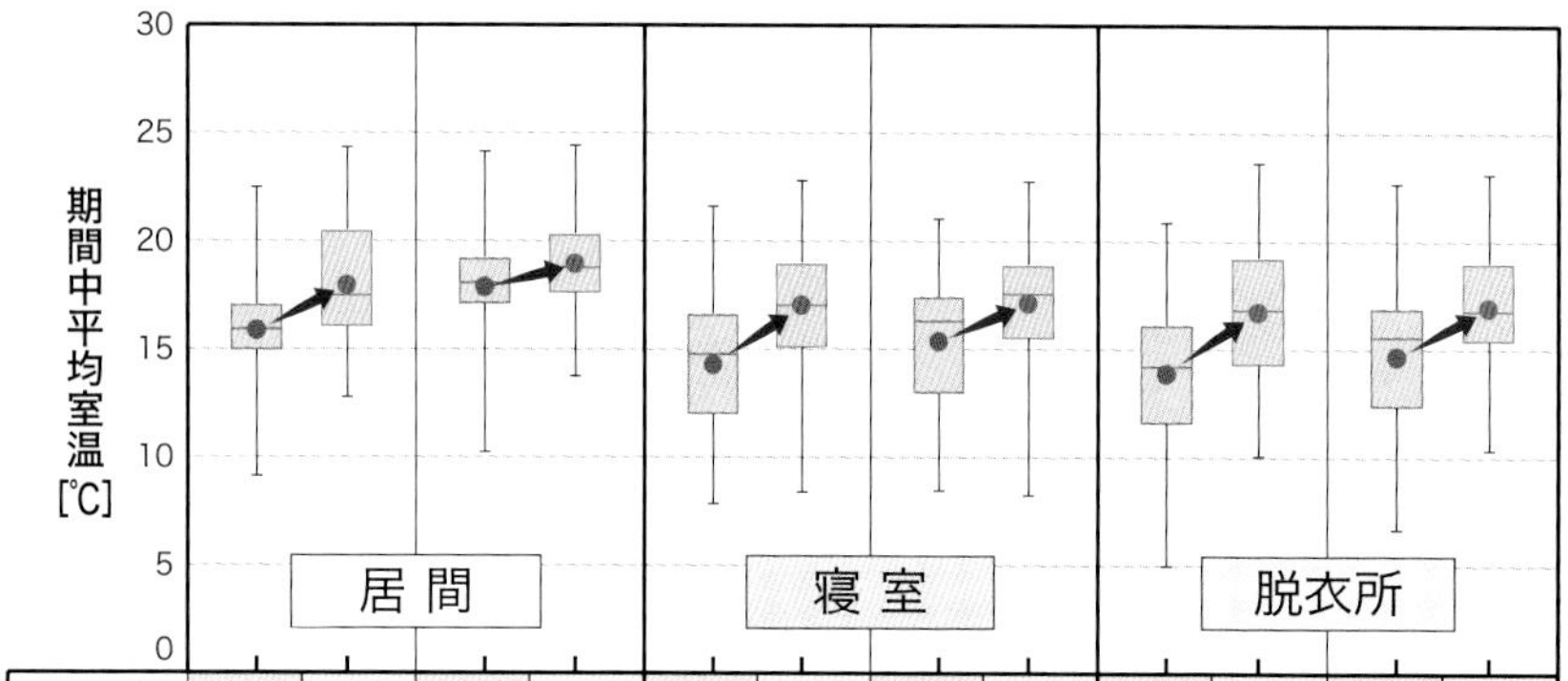

平均室温[℃]	15.9	18.0	17.9	19.0	14.3	17.1	15.4	17.2	13.9	16.8	14.7	17.0
前後	前	後	前	後	前	後	前	後	前	後	前	後
床からの高さ	10㎝		150㎝		10㎝		150㎝		10㎝		150㎝	
	**(n=37)		*(n=38)		**(n=40)		*(n=38)		**(n=37)		**(n=38)	

居間、寝室、脱衣所のすべての測定点で室温が顕著に上昇

※対応サンプルのt検定 **: p<0.01、*: p<0.05、t: p<0.10

次に、「0宣言の家」に住み替えた方々の健康を改善する大きな要因となった「暖かさ」について、前後比較した結果をご報告します。

まず、転居前の住宅の温度はどうだったのでしょうか。たとえば、居間の床上10センチの室温は15・9℃。床上150センチの室温は17・9℃で足元のほうが2℃低く、同じ部屋の上下で温度差が生じていました。

暖かい空気は天井付近にたまるため、足元の温度が低くなり、室温18℃に満たない断熱性能の低い家は体感温度も下がり、一層寒く感じてしまいます。

また、脱衣所の床上150センチの室温は14・7℃で、居間の床上150センチの室温より3・2℃低く、部屋間の温度差も生じ、不快な環境に陥っていたことが確認されました。

一方、「0宣言の家」に転居後は、居間の床上150センチの室温が19℃あり、転居前の住宅と比べて1・1℃上昇。また、居間の床上10センチの室温（18℃）との差は1℃で、温度差も緩和されました。脱衣所の床上150センチの室温（17℃）と居間（19℃）の温度差も2℃と緩和され、転居前と比べて温熱環境が改善されたことが確認できました。

結果的に、居間、寝室、脱衣所、すべての測定点で室温が顕著に上昇し、「家全体が暖かくなった」ことが明らかになりました。この図が、もっとも大事な科学的なエビデンスです。

家中どこでも暖かい理由は、「クアトロ断熱」によって、内部の壁面温度のムラが少ないことにあります。高い断熱性能の家は冬季も室内の熱が逃げにくく、身体にかかるストレスが減るのはもちろんのこと、冷暖房効果も大幅に向上します。

今回、暖房の使用割合の前後比較を行ったところ、寝室でガスストーブや石油ファンヒーターを使っている人の割合が、住み替え前の13・3％から住み替え後の3・1％へ大きく減少。居間での床暖房を使用している人の割合も、21・4％から12・2％と、半数程度まで減少したことを併せてご報告します。

新常識

「暖かい家」が寒さの悪影響から居住者を守る

相対湿度

ジメジメした空気が快適な湿度に改善

期間中平均相対湿度の前後比較

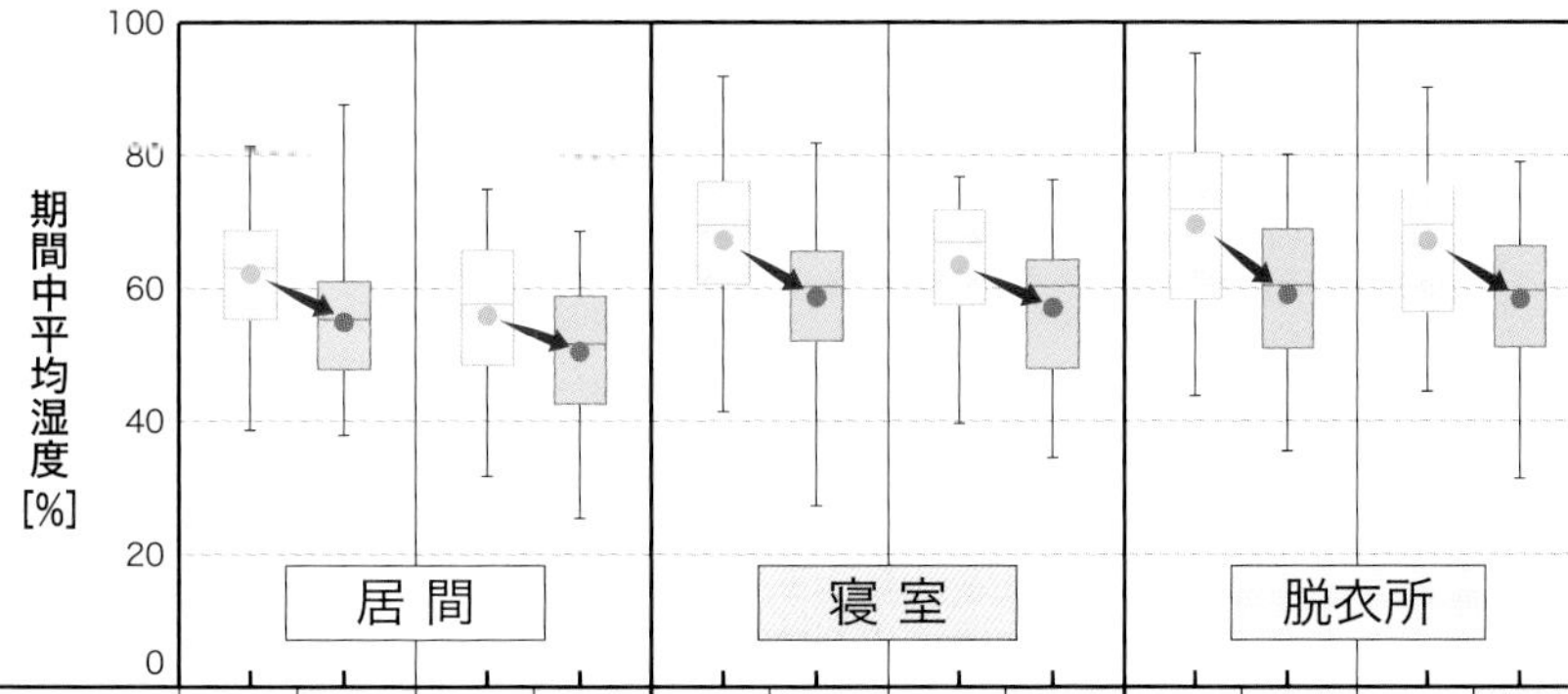

平均相対湿度[%]	62.2	54.9	55.9	50.4	67.2	58.7	63.5	57.1	69.6	59.1	67.1	58.4
前後	前	後	前	後	前	後	前	後	前	後	前	後
床からの高さ	10cm		150cm		10cm		150cm		10cm		150cm	
	**(n=37)		*(n=38)		**(n=40)		**(n=38)		**(n=37)		**(n=38)	

居間、寝室、脱衣所のすべての測定点で
高めだった相対湿度が顕著に低下

※対応サンプルのt検定 **:p<0.01、*:p<0.05、t:p<0.10

湿度が高く、家の中がジメジメしていると、カビ、ダニの発生を引き起こし、逆に、湿度が低く、乾燥していると、インフルエンザなどのウイルスが活発化するといわれています。湿度は高すぎても、低すぎても、健康被害を誘発する可能性があるのです。健康を守るためには、家の中を適正な湿度に保つことが重要で、その範囲は40～60％とされています。

今回の調査では、まず、転居前の家の湿度の高さが明らかになりました。上のグラフを見るとわかるように、居間、寝室、脱衣所の測定点のうち、居間の床上150センチを除いたすべての場所で60％以上の数値を測定。特に、脱衣所は70％近くありました。カビは湿度が60％を超えると徐々に活動を始め、湿度が上がるにつれて繁殖スピードは速くなるといわれます。この数値から、気付いたときにはカビが増えている状況だったと推測します。

逆に言えば、湿度60％以下の場所では、カビの活動はストップする＝「繁殖できない」ということです。では、「0宣言の家」に転居した後はどうだったかというと、すべての測定箇所で60％を下回っており、適正な湿度の範囲内で保たれていることが判明しました。

さらに本調査では、温度と湿度の関係性にも着目しました。健康に過ごすための理想的な湿度は、一年を通して50％程度に保たれていること。身体を冷やさない室温は18℃以上という、WHO（世界保健機関）の目安があります。特に、朝の冷え込みは血圧を急激に上昇させ（＝つまり、ヒートショック）、脳卒中や心筋梗塞などを引き起こすことがわかっており、朝、家を暖かく保つことが重要だといわれています。

今回、居住者のみなさんに居間の室温と湿度を時間ごとに測定していただいたところ、夜から朝方にかけての温度低下が抑えられ、朝の冷え込みが緩和されていることがわかりました。また、湿度の変動が一日を通して少なく、50％前後で安定していることが明らかになりました。

新常識

適正な温湿度が保たれた家は病気を遠ざける

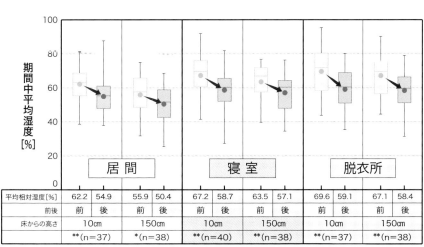

壮年・老年期

45歳以上の血圧が転居後に改善した！

起床時平均収縮期血圧の前後比較（年齢別）

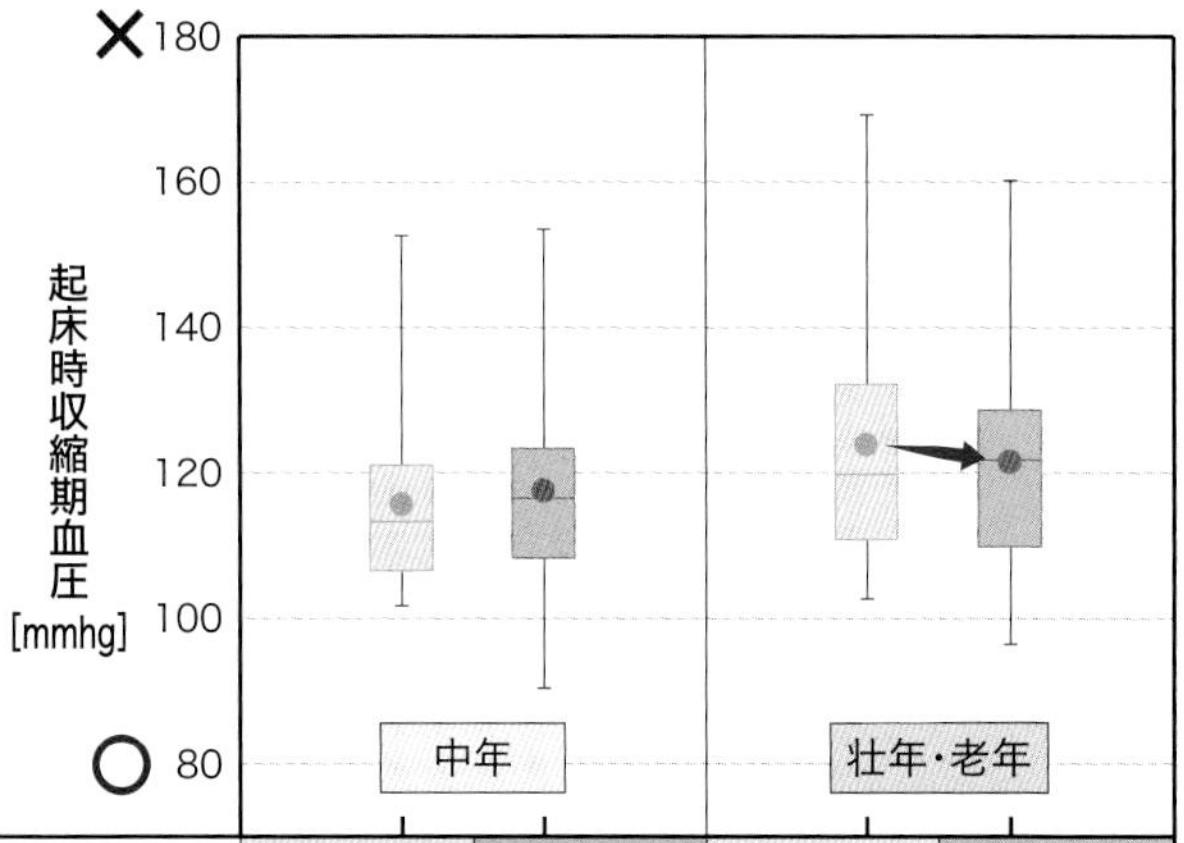

平均血圧[mmHg]	115.6	117.5	123.9	121.5
前後	前	後	前	後
年齢	〜44歳		45歳〜	
	n.s.(n=39)		t(n=36)	

壮年・老年（45歳以上）において、血圧が低下する傾向を確認

※対応サンプルのt検定 **:p<0.01、*:p<0.05、t:p<0.10

先ほども述べたように、朝の冷え込みは血圧を急激に上昇させ、循環器系疾患を引き起こすといわれています。もちろん、性別、飲酒、喫煙といった生活習慣も影響しますが、朝の室温が低い住宅に住んでいる人ほど起床時の血圧も高い傾向があり、その影響は、高齢になるほど大きくなることがわかっています。

今回の調査では、全対象者に毎朝、起床時の血圧を測っていただき、その平均値を44歳までの中年期と、45歳以上の壮年・老年期に分けてグラフ化しました。

全体的には75人の対象者のうち、45人の平均血圧が低下するという結果がでました。ただし、45歳以下の方々の血圧は、転居前の115・6mmHgに対して転居後は117・5mmHgと、ほぼ変化はありませんでした。一方、45歳以上の壮年・老年の方々は123・9mmHgから121・5mmHgに血圧が改善。断熱性能の高い「0宣言の家」に転居することで、外気温が急激に下がる冬季の夜間も室温が低下せず、良い結果を得ることができました。

本調査によって、転居前の家は断熱性能が十分ではなかったことが明確になるとともに、転居後は、ヒートショックになりにくい家に住むことになったと言えるでしょう。実際に、転居前の家では冬季の最低室温が18℃に届いてない住宅が約半数を占めていました。それに対して、「0宣言の家」は居間の室温が19℃に高まり、温熱環境の改善が確認されています。

また、今回の壮年・老年期における血圧の改善は、高血圧を抑える薬の必要性が低くなることをあらわし、「暖かい家」には大幅な健康メリットがあることを示唆しています。

いずれにしても、このような一定規模のある体系的で緻密な追跡調査研究成果は、日本では初めての快挙ではないかと考えられます。結果的に、健康長寿に生活できる住宅環境が整ったという点で、建築学的だけでなく、医学的にも大きな意義がありました。今後の追跡研究にも期待が持たれます。

新常識

「暖かい家」は医療費の削減も可能にする！

住医学研究会の活動内容

医師や大学教授とのさまざまな研究結果を元に、合板や集成材、木工ボンドなどの長持ちしない建材や、健康に悪い建材を排除した家づくりを行い、住むだけで健康になる、医師が認めた本物の健康住宅の普及活動を行っています。安心、快適で末永く暮らせる、心から愛着が持てる健康的な住まいを一人でも多くの方に知っていただくために、私たちは日夜邁進してゆきます。

住医学研究会
〒451-0062 愛知県名古屋市西区花の木3-15-11 アストラーレ浄心4階
☎0120-201-239 http://www.jyuigaku.com
住医学研究会 検索

1
フォーラム・イベントの運営

全国で毎週土・日曜、祝日に行われる「住まいと健康」をテーマにしたさまざまなフォーラムやイベント、各種講演会の運営をしています。東京都立大学の名誉教授であり、医学博士の星旦二氏を迎えて、自ら大手ハウスメーカーに施工をお願いし、後悔した体験談のほか、調査研究により得た健康に関するデータや結果をもとにわかりやすく説明、累計30万部のベストセラー作家の澤田升男氏が提唱する「0宣言の家」も含めて、どういった家づくりと生活環境が健康増進へつながるのかお伝えしています。(P18-19参照)

顧問 星 旦二 氏

名誉顧問 澤田 升男 氏

2
会報誌の発行

「住まい」と「健康」は切っても切り離せない関係です。「住まい」は居住者にとって、心身ともに休まる安寧の場所であり、人生の中で最も長い時間を過ごす場所です。そんな場所だからこそ、まさか住んでいて「病気になる!」なんて誰も思いません。住医学研究会では、「本物の健康住宅」の普及活動を行うために、毎月1回「住医学ジャーナル」を発行しています。医師会や大学教授との協働研究の結果や、「0宣言の家」のお宅訪問、講演会、フォーラム・イベント情報など、毎号最新の情報をお届けしています。

3

「0宣言の家」家づくり相談・アドバイスと会員工務店ご紹介

家づくりの悩みを抱えている多くの方々に、失敗しない家づくり・本物の健康住宅の造り方などについて、個別相談会やミニセミナーを全国で開催しています。さまざまな疑問や不安を解決するだけでなく、第三者の視点から相談者に合った最善のアドバイスをしています。また、「0宣言の家」の建築、健康断熱リフォーム等をご希望の方には、全国の優良会員工務店をご紹介しています。資金計画からプランニング、ご契約、完成、お引渡し、お住まいになってからもアドバイスやサポートを継続していきます。第三者目線でのアドバイスはときに厳しいこともありますが、後悔のない本当に良い家づくりを実現していただくため、私たちも真摯に向き合っています。

4

住まいと健康、家族に関する調査

住医学研究会が推奨する「0宣言の家」。そこに住む人の健康の関係性を明らかにする調査に取り組んでいます。「住まいと健康・家族に関する調査」「新築前後の住環境と健康の調査」は、「0宣言の家」のお施主様にアンケート調査や、入居前、入居後の健康状態の変化、血圧測定などにご協力いただき、「住宅」を取り巻く望ましい環境が生活習慣につながり、「家族の成長」と「健康寿命」にどのように影響を及ぼすのかを調査しています。(P6〜14参照)

慶應義塾大学 伊香賀 俊治 氏

5

症例の紹介

HPや住医学ジャーナル、フォーラムなどで「住まいと健康」について報告するために、「0宣言の家」のオーナー様訪問を行っています。入居してから数カ月で、「アレルギー症状が緩和した」「糖尿病や心疾患、脳血管疾患等が改善した」「高血圧と高脂血症の悩みから解放された」「10年ほど飲んでいた慢性じんましんの薬の量が減った」「アトピー性皮膚炎、じんましんの皮膚のかゆみがなくなった」など、居住環境による健康へのさまざまな影響をお聞きしています。(P20〜33参照)

6
住医学研究会の活動に賛同する医師たち

「住まい」は生涯の中で多くの時間を過ごす場所です。人々の生活習慣や環境とも密接に関係し、住む人の健康に大きな影響を与えると考えられます。そのような動向のなか、「0宣言の家」と「住まう人の健康」との関係性を明らかにする調査に取り組む住医学研究会の活動に私たちも賛同しています。

【山形】
高畠歯科クリニック
安日 純 理事長

【神奈川】
にしさこレディースクリニック
西迫 潤 院長

【愛知】
SSクリニック
柴田 真一 院長

【宮城】
医療法人社団 恵耀会
三浦歯科醫院
三浦 正利 理事長

【沖縄】
おおひら歯科クリニック
金城 敬 院長

【熊本】
生田歯科医院
生田 図南 院長

【神奈川】
日本根本療法協会 理事
杉田歯科医院
杉田 穂高 院長

【京都】
日本根本療法協会 理事
野城クリニック
野城 健太 院長

【兵庫】
医療法人社団観聖医心会
芦屋漢方研究所・吉田内科クリニック
吉田 光範 院長

【東京】
須崎動物病院
須﨑 恭彦 院長

【大阪】
医療法人社団 廣仁会
直原ウィメンズクリニック
直原 廣明 院長

【大阪】
医療法人 桑江クリニック
桑江 秀樹 院長

【広島】
医療法人社団 健照会 セオ病院
アドバンス・クリニック福山
瀬尾 宜嗣 理事長

【埼玉】
佐藤歯科クリニック
佐藤 恭子 院長

【北海道】
とまこまい脳神経外科・
岩見沢脳神経外科・
大川原脳神経外科病院
別海町立病院
髙橋 義男 氏

【東京】
こもれびの診療所
加藤 直哉 院長

【島根】
統合医療センター福田内科クリニック
福田 克彦 副院長

【岡山】
一般社団法人「すこやかのわ」
大林 京子 代表理事

【大分】
医療法人社団一来会 吉川医院
佐藤 俊介 院長

住医学研究会 名誉顧問
ウェッジグループオーナー
澤田 升男

住宅展示場では真実は教えてくれない

一人でも多くの方に、快適に、健やかに暮らしてほしい。「本当に良い住宅とは何か」をしっかりと考えてみてほしい。そんな思いで、澤田升男氏はセミナーの壇上に立つといいます。住宅展示場の営業マンは、なぜ本当のことを言わないのか。その背景にある住宅業界の裏側の事情と、日本の住宅の問題点について澤田氏にうかがいました。

〝国の認めた〟家は本当の良い家なのか

全国各地でセミナーを開いているのは、どのハウスメーカーにも属さない私が、第三者的な立場でお話しできる場所だと考えているからです。私は、家を売るために話はしません。ただ〝良い住宅をつくりたい〟という思いでセミナーに臨みます。皆さんに、本当のことを知っていただきたいのです。

皆さんが新築やリフォームを検討する際、「とりあえず、住宅展示場で、情報を集めよう」「自分好みのハウスメーカーを見つけよう」と考えると思います。最近はシックハウスなどに関心のある方も多いですから、大手ハウスメーカーの営業マンにもいろいろ質問もするでしょう。すると、営業マンからはこんな言葉が返ってくるはずです。「この家は、国が認めた資材や工法を使っていますから、安心ですよ」。

そして、それを聞いたほとんどの人は「国が認めたなら安心だ。良いものだ」と、納得してしまいます。しかし、本当にそうでしょうか?

現在の日本の住宅の平均寿命は25年といわれます。しかも、5年、10

年という短いスパンでメンテナンスやリフォームが必要になることをご存知でしょうか？

調湿性のない高気密・高断熱の工法を採用し、使う資材はビニールクロスやボンドなど、揮発性有機化合物を含んだ工業化製品ばかり。これらは室内に寒暖差や内部結露を発生させ、家の劣化を早めます。また、カビ、ダニなどを呼び、ヒートショックやシックハウスなどを引き起こす原因にもなるのです。

さらに不思議なことは、このような家で快適に暮らすためにと、24時間換気システムや除湿・加湿器など、たくさんの機械を導入することです。機械も劣化するため、買い換えのたびに、また費用がかかります。

長持ちしない、健康に害を及ぼしかねない、機械に頼らなければ暮らせない。これが、〝国の認めた資材・工法〟の家なのです。

業界は〝早く壊れる家〟をつくっている

では、なぜ大手ハウスメーカーはこうした家を建てるのでしょうか。その背景にある大きな要因は、日本の少子化による業界の先細り感です。以前は年間200万戸といわれた新築住宅の着工件数が、現在は80万戸。さらに後2年もすれば50万戸に減少することが予想されています。住宅業界のマーケットが縮小していく中で、ハウスメーカーがどう生き残るかといえば、リフォームで稼ぐしかありません。そして、リフォームの仕事を増やすためには、〝早く壊れる家〟のほうが都合がいいわけです。また、国は大手ハウスメーカー主導の構図を後押しするように法律の整備を進め、テレビや新聞もスポンサーの意向には勝てません。これが今の建築業界の真の姿です。

実は、このことに気付くまでは、私自身も大手ハウスメーカーの言うことが正しく、素晴らしい技術だと信じていました。23歳で父の工務店の継いだ時、父の続けていた自然素材の家を建てるのをやめ、工業化製品の家を建てるようになったのです。もちろん、自宅も工業化製品で建てました。しかし、新築で建てた我が家は、ほんの数年でリフォームが必要になり、17年後には建て替えになりました。同時期に父も母屋を建て替えたのですが、そちらは50年近く経ってもノーメンテナンス。工業化製品の家は、自然素材の家には勝てなかったのです。

住むほどに健康になる家をつくりたい

住宅業界の外に身を置くようになってから、工業化製品を使わない、長持ちする、そして機械に頼らずに人が健やかに暮らせる家づくりを追求してきました。現在は、資材や工法だけでなく、家の中で使われる電気や水、空気の改善にも取り組みを広げています。結局、家の性能を良くしていかなければ、本当の意味での健やかな暮らしは実現できないのです。しかし、そのことをただ伝えても納得する人は少ないでしょう。そこで、これまでの過程で出会ったたくさんの医師や研究者の方々と力を合わせ、〝住むほどに健康になれる家〟の研究・検証を続けています。

セミナーでも、検証データや実例を交えてご紹介しています。参加する皆さんには、大手ハウスメーカーの〝国が認めた〟という言葉に囚われず、さまざまなエビデンスを参考にしながら〝本当に良い家とは何か？〟を見極める目を持っていただきたいと思っています。

澤田 升男(さわだ・ますお) **氏**

1963年、岐阜県生まれ。自然素材住宅やオリジナル断熱工法を提供する会社を設立し、会員工務店800社を育て、建築界の風雲児と呼ばれる。現在は建築コンサルタントとして後進の指導に当たりながら、「本物の家づくり」を啓蒙する講演活動や執筆を行っている。著書にシリーズ累計30万部突破の『神様が宿る家』『ハウスメーカーと官僚がダメにした日本の住宅』『住宅展示場では教えてくれない本当のこと。』など多数。

0宣言の家に住む

お施主様の「実感」

もっと早く、本当の健康住宅を知っていれば・・・。

CASE 1　栃木県宇都宮市 K様邸
施工：無添加計画

脳障害

1ミリも嘘の無い家づくり
「0宣言」を取り入れた住まい

5年前の入居以来、入院はゼロ。一緒に旅行できるまでになりました

いつ入院するか常に不安でしたが、それがなくなって、私たちにも気持ちの余裕ができました

本誌でこれまで2度にわたってお話を伺い、今回、3度目のご登場となるK様ご一家。K様ご夫妻の娘さんは8歳のとき脳炎にかかり、以来、家族とコミュニケーションを取ることが難しくなってしまった。発病から10年は、一年に2、3度てんかんの重積発作を起こし、そのつど一カ月ほど入院。またいつ発作が起こるのかわからず、片時も目を離せなかったという。

ところが5年前、「0宣言の家」に移り住むと、身体の状態に落ち着きがみられるように。入院するほど大きな発作を起こさなくなり、いつもつらそうだった顔に笑顔が生まれたのだ。

さらにご夫妻を喜ばせたのは、抗けいれん剤（てんかんの発作を抑える薬）が減ってきたことだ。数時間程度なら留守番も可能になり、奥様も庭仕事をしたり、買い物に行ったりと、自由な時間が生まれた。また、あまり関心のなかった文字に興味を持ち始め、ご主人が読んでいる新聞をのぞいたり、テレビの報道番組を30分以上も見たりし、自発性が出てきたという。

そうした体調の安定と行動の変化について、ご夫妻は口をそろえて「住環境の変化が一番の要因」と語っていた。脳神経外科医の髙橋義男医師も住環境の重要性を指摘する。本誌の取材に対し、「自然素材の家に移ったことで安定した睡眠が得られ、けいれんが減った可能性はある」「体調が落ち着き、脳がリラックスしていると周囲の状況が見えてくるので、テレビや新聞にも興味を示し始めたのかもしれない」と答えてくれた。

それから2年、さらなる変化はあったのだろうか。

「2、3カ月に一回、ドライブ旅行に出かけるようになりました。千葉の房総に行ったり、軽井沢に行ったり。短い期間ですが、宿泊を兼ねた旅行にも行けるようになってきました。この夏（コロナ禍前の2019年）は、病気になってから初めて一週間近く家を空けて、実家がある愛知県まで行ったんですよ。その間、軽い発作が一回だけありましたが、たいしたことはなく、ホッとしました。娘は暑さに弱く、身体が熱を処理できないと発作が出やすくなるんです。それが自宅とは違う環境でも何とか耐えられた。体調も崩しませんでした。それを見て、身体がずいぶん強くなったと思いましたね」と、奥様。娘さんを連れ出せるようになった喜びが、こちらまで伝わってくる。

われわれが元気なうちにいろいろな経験をさせてあげたい。そう簡単に病気には負けられません

ご主人は、娘さんの表情の変化についてこう語る。「ときどき、寝ながら笑っているんですよね。夜中にケラケラ声を出したり。いい夢でも見ているのかな？ ということが2、3回続いています。そんな娘の顔を見ると、夢の中に入りたいなと思います（笑）」

息子さんの大学入学準備のため、奥様が一週間家を留守にし、帰ってきたときも、満面の笑みで迎えてくれたそう。「普段、笑うことがなかなか難しいので、それはうれしかったですね。一週間も離れていたのは初めてだったので、私の顔を見て娘も安心したのでしょう。本当は全部わかっているんだなと、改めて強く思いました」

ご夫妻のお話を聞く限り、この2年間で旅行などの経験が増え、感情も豊かになったように感じるが、その点について伺うと、「言葉こそ発しないが、〝何をしてほしい〟という意思表示は出てきた」とのこと。

「本人が眠いときは、〝一緒に寝よう〟という感じで私たちの腕を引っ張ったり、トイレに行きたいときは肩をトントン叩いて、ちゃんと後ろからついてきているか、たしかめながら歩いたり。食事の時間でなくても、お腹がすいたらダイニングテーブルに座ってじっと待っていますから、何か食べたいんだとわかります」

今にもしゃべり出しそうと感じるときもあるとご主人。ずっと模索しているのが、「何に興味があるか」という

家族旅行の一コマ。娘さんは食事療法をしているため、調理施設のある貸別荘などに泊まることが多いという

文字が気になるのか、トイレ内に貼った新聞記事を熱心に見つめる娘さん。2年ほど前からの変化だそう

奥様が庭で育てたベリーをおやつに食べる娘さん。お箸やスプーン、フォークを器用に使うという

「この夏、お互いの実家に帰ったときは、『早く家に帰りたい』と思いました。戻ってきたらホッとした（笑）。やっぱり快適性が全然違います」とご夫妻

ことだが、もともと絵本が大好きな女の子だったそうで、テーブルに新聞や雑誌を置いておくと、関心を持っているのがわかったという。

「今は、トイレに新聞の切り抜きをベタベタ貼っています。娘は用を足すとき、下着さえ下ろしてあげれば、あとは一人でできる。自分で下着を上げて、しばらくトイレにいることも多いので、〝だったら、娘に読んでほしい記事をトイレに貼ってみよう〟と。熱心に読んでいる姿を見ると、こちらもうれしくなります」と奥様。

K様によれば、脳障害を持った子どもたちは、目の前にティッシュペーパーが一枚あるような、ぼんやりした見え方をするとのこと。そのため、最初は大きな文字から、徐々に小さくして段階的に文字に慣れるよう、以前は手づくりの本もつくっていたそう。前出の髙橋医師は、そうした家族の努力の積み重ねが、娘さんが本来持っている能力を発揮する引き金になるかもしれないと言う。

しかし、安心材料ばかりではない。2年前はほぼゼロに近づいていた抗けいれん剤の量が再び増えてしまったのだ。特に気を付けなければいけないのは、季節の変わり目だという。

「気候の急な変化は身体がついていけずに発作が出やすくなるので、われわれにとってもその時期が踏ん張りどころです。注意が必要なのは、急激な温度・湿度の変化が起きないようにすること。この家は一年を通して温湿度が安定しているので、調節が楽で助かっていますが、それでも長雨で湿度が60％を超えたらすぐにエアコンで除湿。また、花粉の季節や稲刈りの時期、黄砂が多い日など、呼吸に影響しそうなときは窓を閉めるといった対策をしています。

娘の動きが鈍ったり、眠りが浅くなったり、意思表示ができなくなると、危険信号。人一倍敏感に、そうした変化を感じているのだと思います」

そうは言っても、体力はなかなかのもので、奥様も力ではかなわないと感じることが増えたそう。「娘も23歳。体格的に互角になって、こちらも体力をつけておかないと面倒見切れないぞと、トレーニングを始めたところです」と笑う。

最後に、ご主人が次のように語ってくれた。「以前は腫れ物に触るような感じで、気楽に連れ出すこともできませんでしたが、この家に来てからは、そういったことに抵抗もなくなってきた。この先もいろいろな経験を一緒にしながら、できることをもっと増やしていきたいですね」

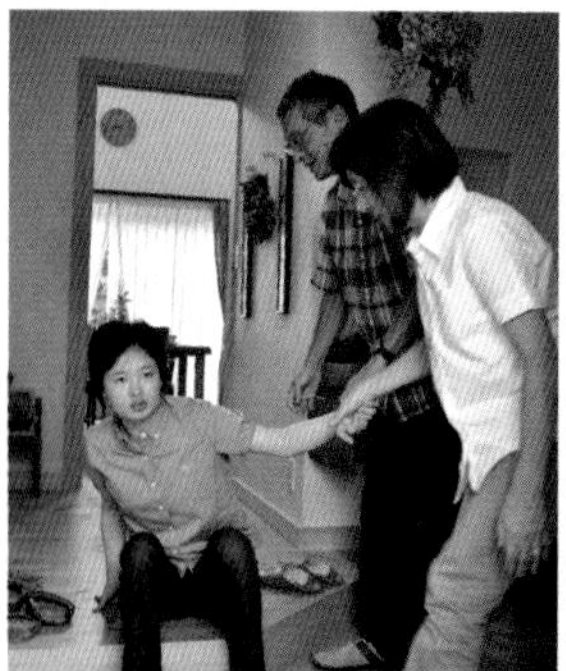

取材後、自ら靴を履き、スタッフを外まで見送ってくれた娘さん。身体がリラックスしているときほど、意思表示が活発になるという

K様ご家族のこれまで

娘さんが脳炎にかかる

医師からは「寝たきりのまま、人工呼吸器は外せない、コミュニケーションをとることも期待できない」と告げられる。

半年後にリハビリ病院に転院。人工呼吸器は外せたが、8カ月間ずっと寝ている状態だったため、足の筋力が弱り、歩行が困難になる。

自宅療養が始まる

脳障害のリハビリ療法プログラム「ドーマン法」を知り、セミナーを受けて自宅で実践する。1カ月ほどで自分の足で歩けるようになる。また、食生活、運動などのほか、住環境の重要性も学んだ（発作を起こさないようにするには、呼吸を整えることが大事。そのため、住環境を整えることが必要である）が、賃貸住宅ではできる限度もあった。

自宅療養を始めて10年間、年に2、3度はてんかん発作の重積で入院する。奥様は泊まり込みの看病となり、ご主人と息子さんも家事を分担して協力。いつ発作が起こるかわからず、気が休まらない日々を送る。

マイホームを検討

0宣言の家のモデルハウスで、素材の違いを実感。担当者の説明などを聞き、「0宣言の家」を建てる思いが固まる。

お薬を減らす努力、焦らずに

長年、飲み続けている「エクセミド」「ゾニサミド」という抗けいれん剤が「0宣言の家」に入居してから減り続け、ついに0.02gに。しかし、あと一歩でゼロになる手前でわずかに変調をきたし0.25 gに戻ってしまったという。「今まで何回もそれを経験しているので、もう一回仕切り直しです」と奥様。声は明るい

平成29年12月6日　平成29年12月25日

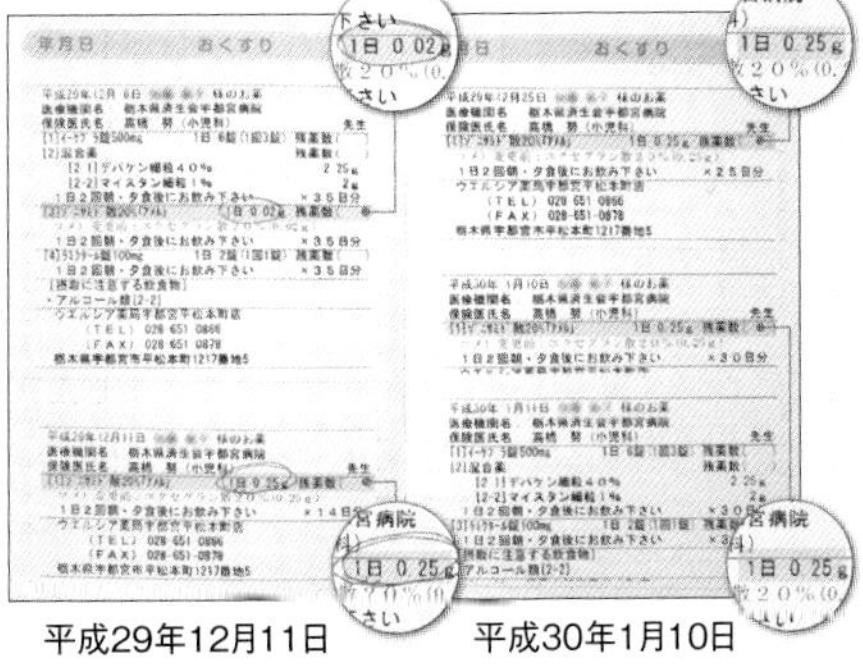

平成29年12月11日　平成30年1月10日

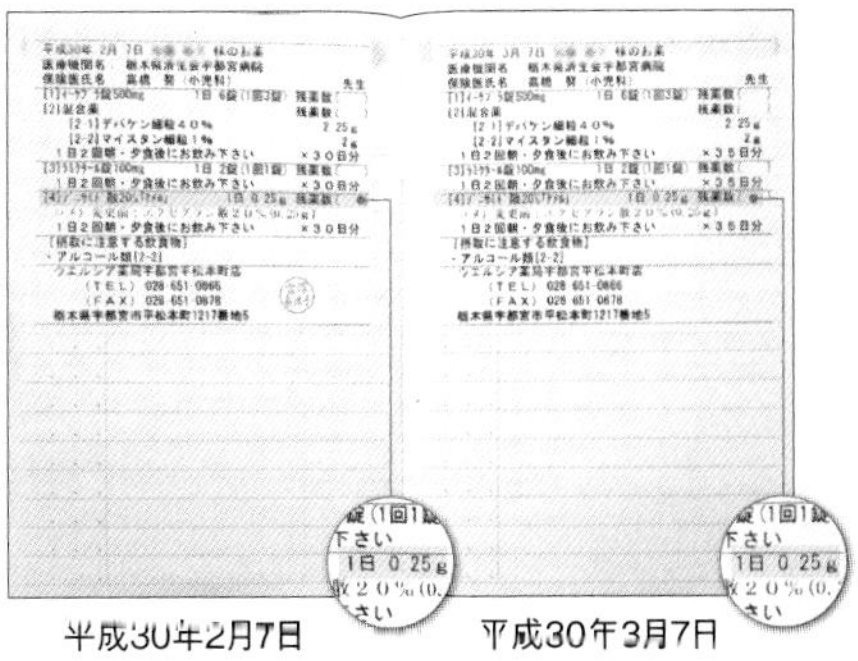

平成30年2月7日　平成30年3月7日

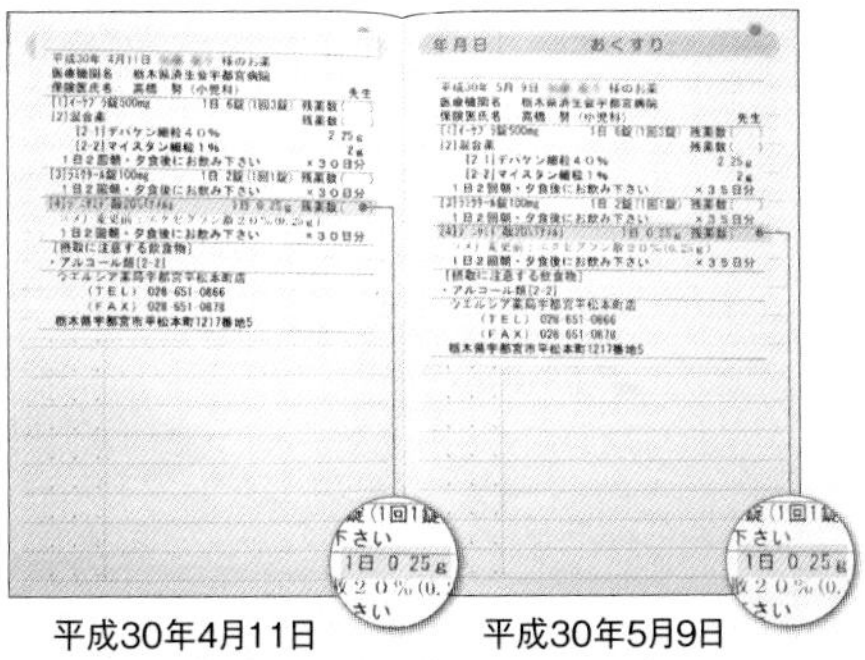

平成30年4月11日　平成30年5月9日

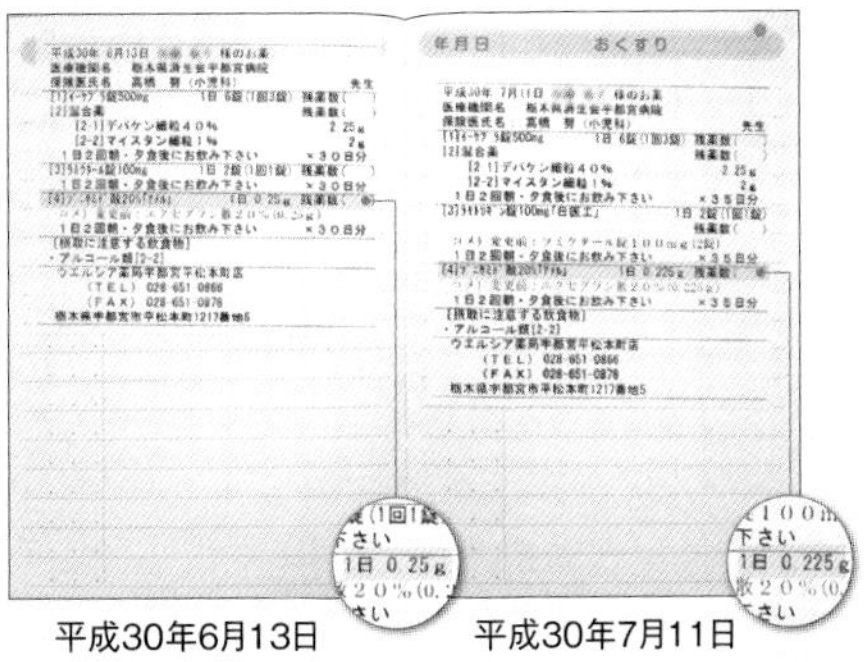

平成30年6月13日　平成30年7月11日

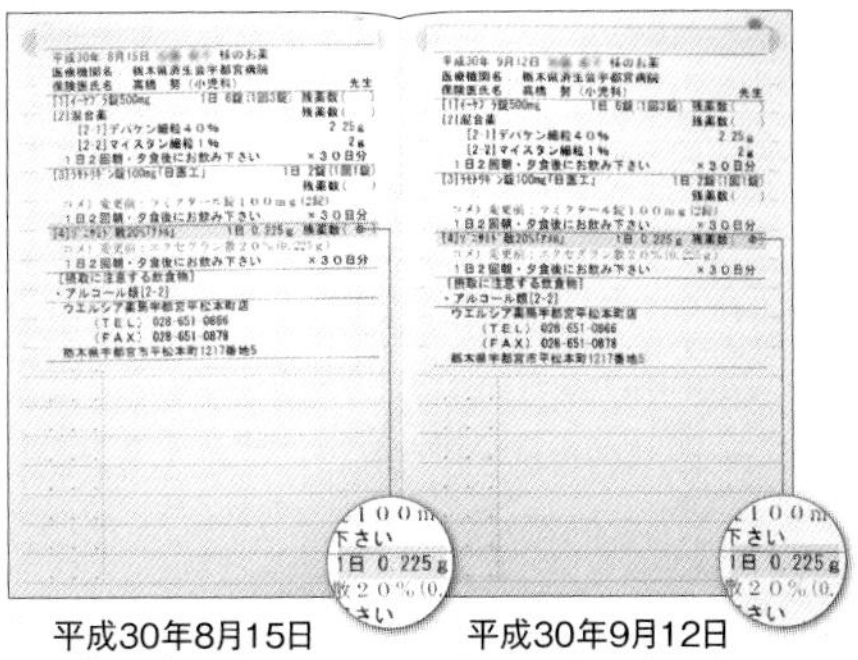

平成30年8月15日　平成30年9月12日

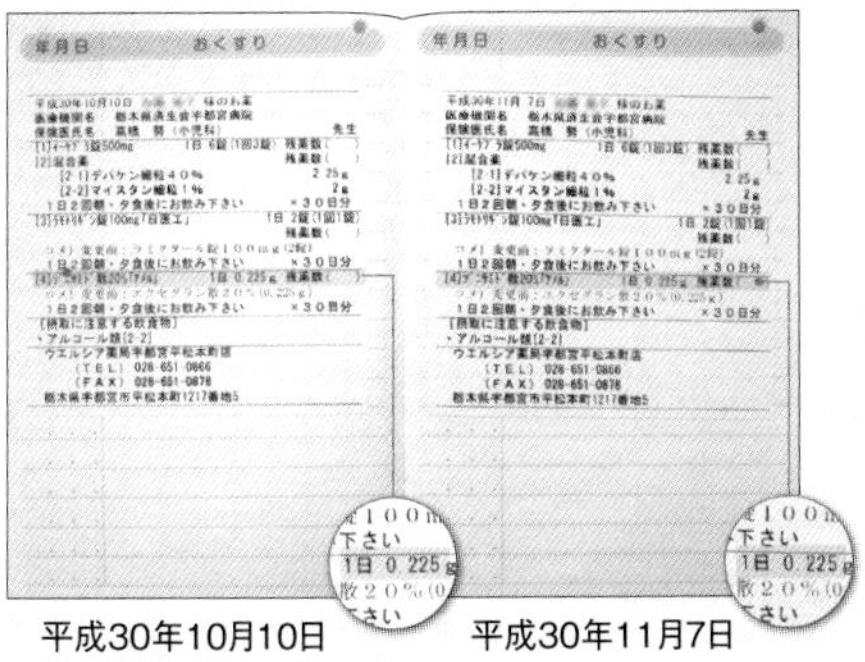

平成30年10月10日　平成30年11月7日

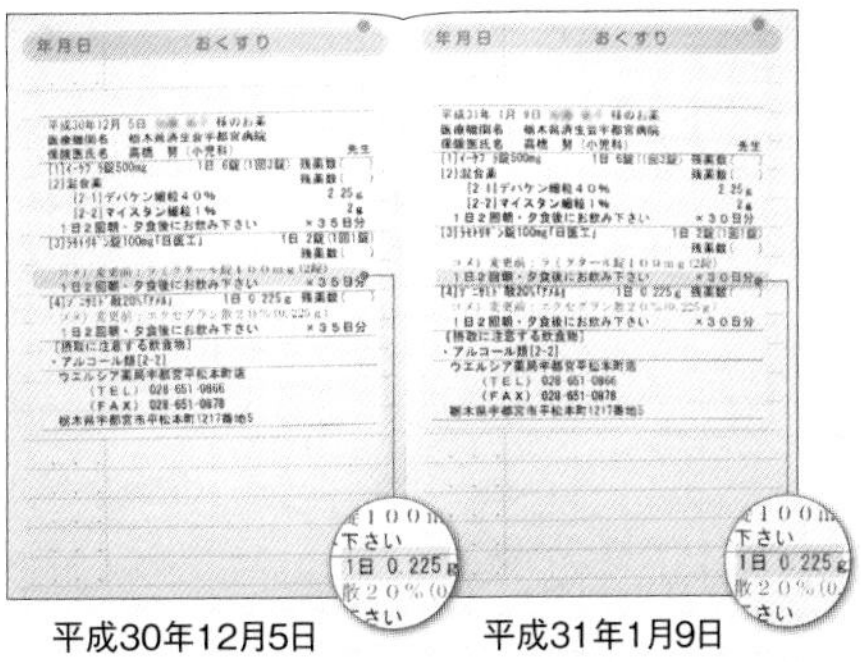

平成30年12月5日　平成31年1月9日

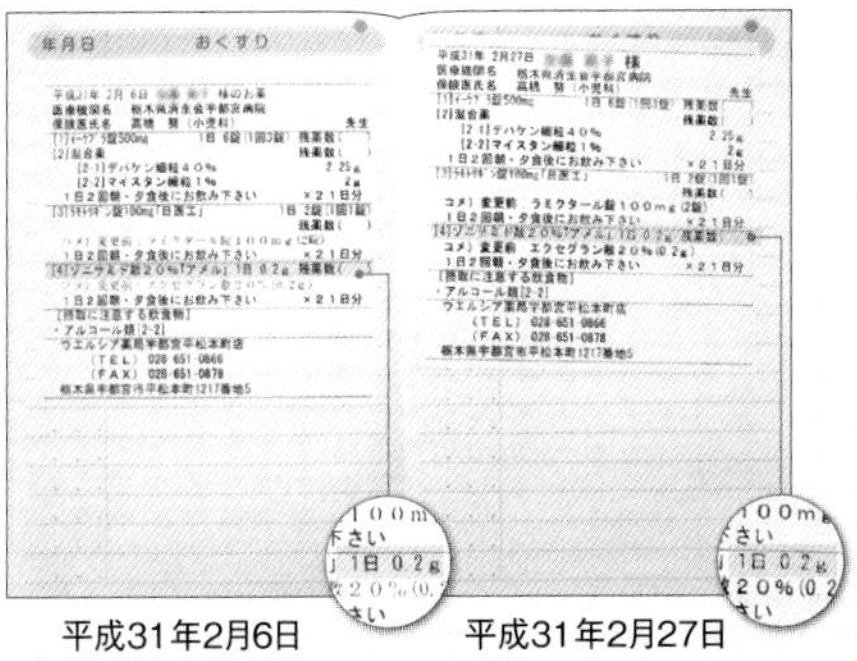

平成31年2月6日　平成31年2月27日

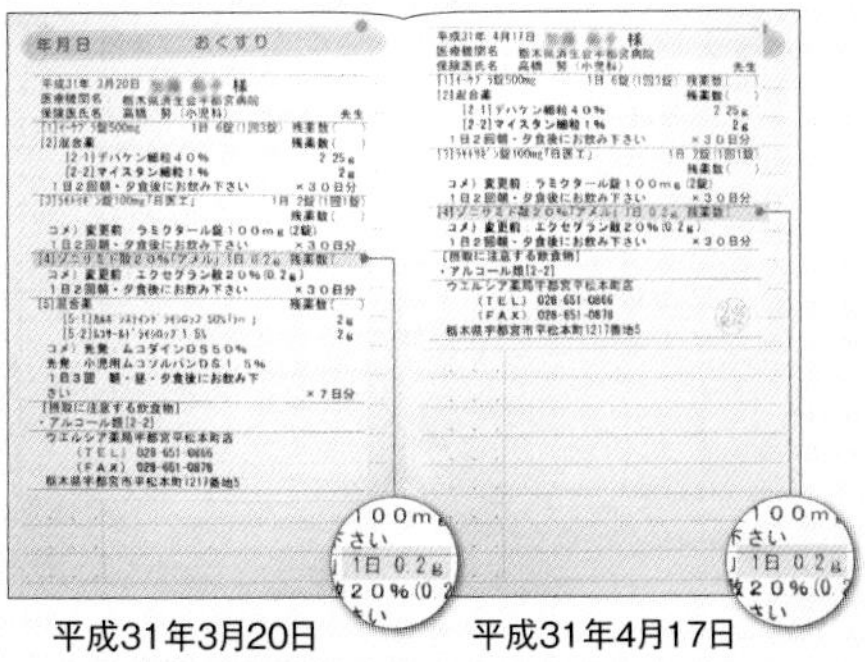

平成31年3月20日　平成31年4月17日

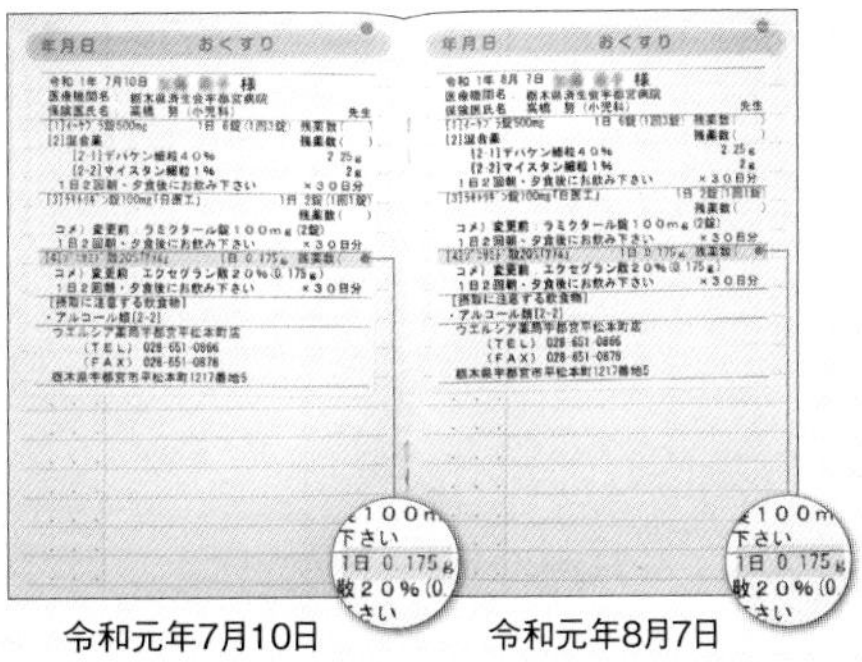

令和元年7月10日　令和元年8月7日

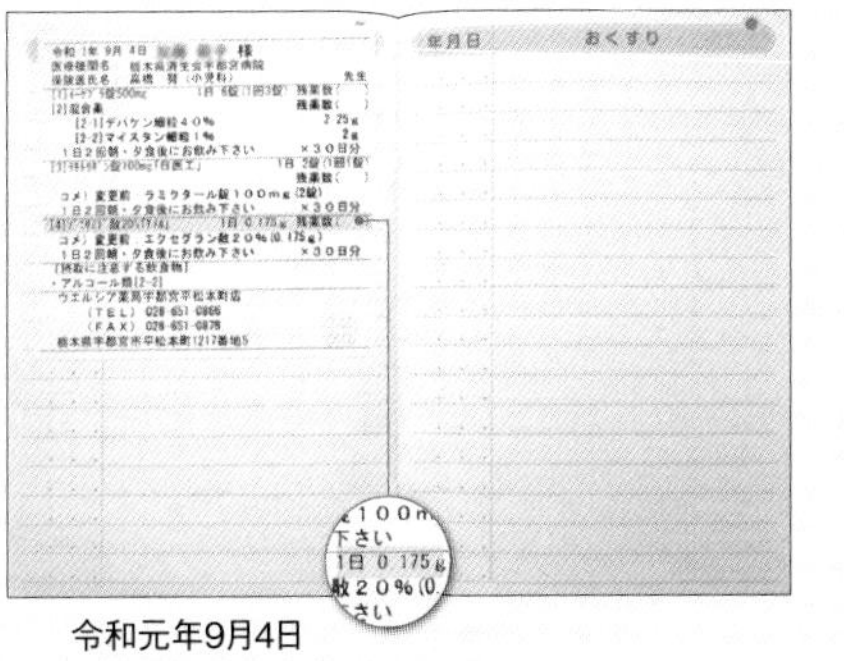

令和元年9月4日

マイホーム完成直後

引っ越してほどなく、娘さんの表情が穏やかになり、微笑むようになる。トイレの意思表示もできるようになった。

マイホーム完成1年後

引っ越し以来、大きなてんかんの発作は起きていない。一人で階段の上り下りができるようになった。

マイホーム完成3年後

てんかんの発作を抑える薬がほぼゼロまで減少。軽いけいれんはあるものの、突然バタッと倒れるのではなく、自分から床に寝転ぶようになり、格段に危険が減った。一人で数時間の留守番もできるように。ご主人や奥様にも緊張のほぐれる時間が増えてきた。「安心して家庭菜園や手芸に熱中できるようになりました」と奥さま

本誌2018-2019年号に掲載時のK様ご一家

CASE 2 大阪府八尾市 H様邸
施工：出雲建築設計

肌荒れ・風邪

1ミリも嘘の無い家づくり
「0宣言」を取り入れた住まい

家族全員が風邪をひかなくなり 私も息子も健康的な肌に

某ハウスメーカーと家の建築の契約を結ぶ直前に、「0宣言の家」のセミナーに参加し、その内容に衝撃を受けたというH様。「ホコリが出ない、漆喰壁が呼吸する、愛工房の奇跡の杉など、初めて知ることばかりで最初は半信半疑でした」。その後自分なりに情報を集め、一般的な家とは工法や建材がまったく異なることを知り、さらに東京都立大学 名誉教授・星旦二先生のセミナーに参加。医学的見地からの理論的な説明を、素人にもわかりやすくしてもらえたおかげで納得でき、「0宣言の家」を建てたいという思いを強くしたH様。地元で施工を担当している出雲建築設計の武田社長に相談してその人柄にも触れ、信頼して家づくりが任せられると確信できたことで、正式に家づくりを依頼した。

そして完成した家は、真冬でも室温は14℃から下がることがなく、夏は風通しが良いため、「猛暑でもクーラーは2回くらいしか使ってないし、寝る前に切っても涼しさをキープしてくれる家です」とH様。湿度も通年50%前後を維持し、梅雨の時季や夏は窓を閉め切った方が快適だという。今よりも狭かった以前の家では結露に悩み、電気代もかかっていたが、今は一切結露が見られず、電気代も安く抑えられるようになった。

H様はこの家で暮らし始めてから以前よりも深く眠れるようになり、起きたときの爽快感も大きくなった。肌のトラブルを抱えていた息子さんは症状が落ち着き、家族全員がほとんど風邪をひかなくなったという。H様本人も、「以前は肌荒れが気になり、なんだか濁っているような感じがありましたが、最近は友人から『肌に透明感が出てきたね』と言われるようになりました」と、この家で暮らすようになってからの変化を実感。おかげで、スキンケアをほとんどしなくても健康的な素肌を維持できるようになり、これをきっかけに化粧品や食べる物など、体に良いものと良くないものについて深く考えるようになった。常に清浄な空気に満たされた家で暮らすようになってからは、空気の汚れが敏感に感じ取れるようになったそうだ。

また、人間だけでなく植物や動物に対する好影響も大きく実感しているH様。部屋に飾る切り花は明らかに長持ちするようになり、「水挿しに生けただけのこのバラも、もう3週間以上経ちますがずっと美しく咲いているんですよ」と驚きを隠せない。飼い始めたヨウムは寿命が50年といわれるほど長生きすると聞き、一年を通じて室温が極端に上下することがないため、ヨウムにとっても実に好ましい

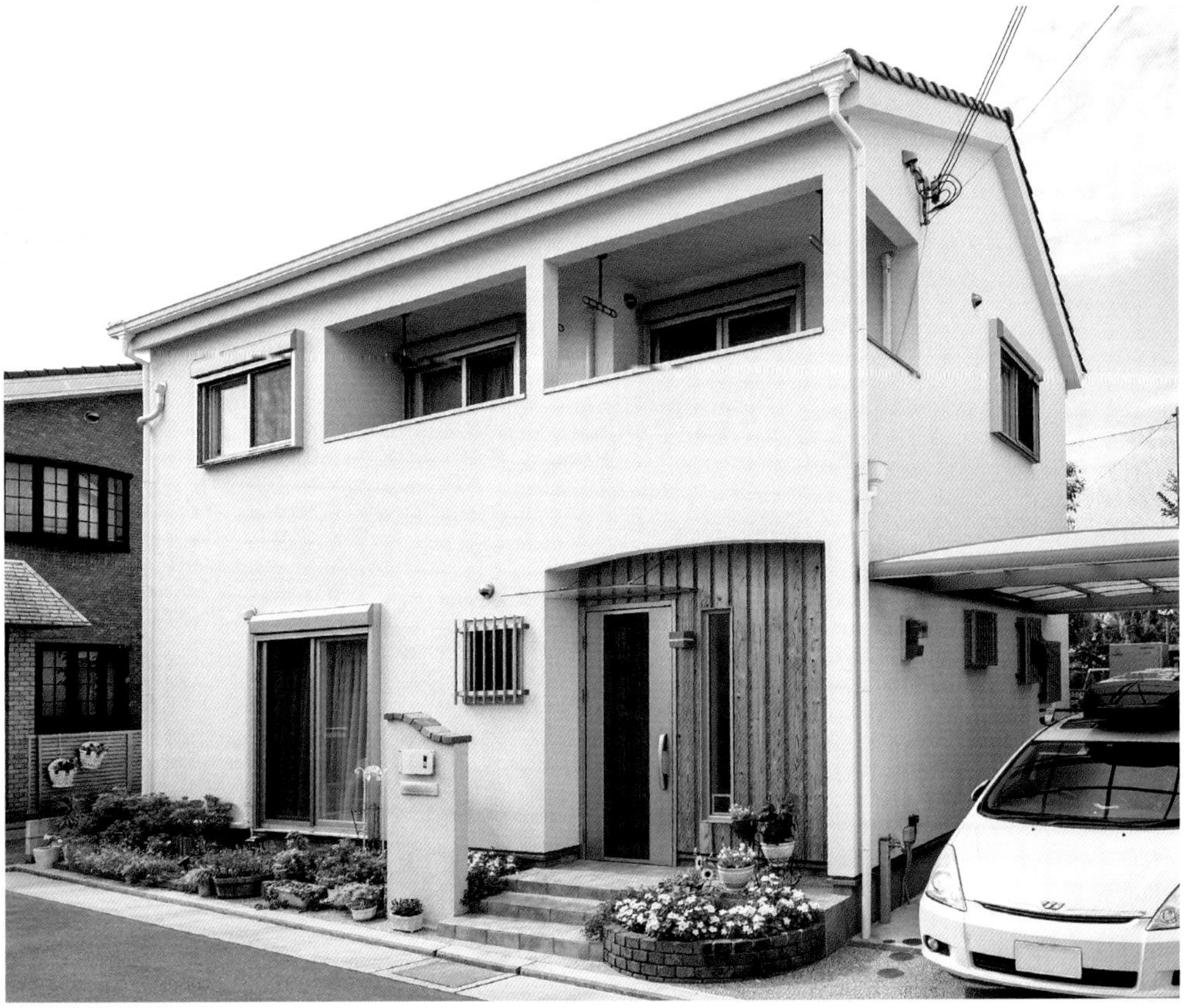

新築当時から年月を経ても、雨だれなどによる外壁の汚れが目立たないのも「0宣言の家」の特徴の一つ

環境と言えるだろう。

「まさかこんな素晴らしい家で暮らせるなんて思ってもみませんでした。クロスの貼り替えや外壁補修など、家のメンテナンスにお金がかからないし、何よりも家族の健康を考えれば『0宣言の家』は絶対にお得。当初のコストだけでなく長い目で考えたいですよね」とH様。「この家に見合った生活をしたい」と、同じ仕様の家を建てた者同士で今も健やかな衣食住に関わる情報交換を続け、「おかげで、食事制限などもせず健康的に痩せられました」と話す。さらに、「この家の良さを広めることも自分たちの役目」と、家を建てた後もセミナーへの参加を継続。地球環境への負荷が少ない「0宣言の家」が日本中に広がっていけば、地球温暖化を食い止めることにも貢献できるのではないか…。H様の思いは地球規模に広がりつつある。

住宅性能の高さを備えつつ、収納力や動線の良さなど暮らしやすさも考えられた家づくりが実践されたH様邸

建具や家具も自然素材で造作され、スギと漆喰壁に包まれた屋内全体が清浄な空気で満たされている。今もほんのり、木の香りが漂い、居心地の良さも抜群

H様ご家族のこれまで

マイホーム建築を決意

結露がひどく、電気代も多くかかっていたこともあり、家を建てることを決心。某ハウスメーカーで契約直前までいったが、「0宣言の家」のセミナーの告知内容が気になり、当日に参加の予約を入れる。

セミナーに複数回参加

セミナーでは初めて知る衝撃的な内容に圧倒され、医学的見地からのアプローチによる研究結果を基にした大学教授によるセミナーでは、理論的な内容をわかりやすく説明され、家族が健やかに暮らせるようにと「0宣言の家」を建てることを決意する。

家族全員風邪と無縁に

眠りが深くなり、目覚めも爽快に。一年を通じて極端な暑さ寒さがない室温環境で、約36℃だったH様の体温は36・5℃に上昇。免疫力も向上したのか、家族揃ってほとんど風邪をひかなくなった。

肌トラブルが劇的改善

長年肌トラブルを抱えていた息子さんは症状が落ち着き、肌荒れが気になっていたH様は、肌に透明感が出てきたことを友人に指摘されたほど肌の状態が改善された。それまで行っていたスキンケアもしないで済むようになり、使う化粧品もかなり減った。

CASE 3 愛知県稲沢市 S様邸
施工：住医学研究会事務局まで

子宮頸がん

1ミリも嘘の無い家づくり
「0宣言」を取り入れた住まい

11年目を迎えた「0宣言の家」で 2人目の子どもが生まれました！

若い頃から不規則な生活による体調不良、生理不順、花粉症などに悩まされてきたS様。30代前半で結婚したのち、いくつかの病気も見つかり、健康のありがたみを実感。子どもが欲しいと思っていたS様は、そのためにも健康でありたいと、11年前、「0宣言の家」をマイホームに選んだ。

以前、本誌の創刊号にご登場いただいたときは、アトピーで苦しんでいた愛犬の症状が治まり、性格が穏やかになったことや、ご自身の花粉症が良くなったことなどを聞かせていただいた。また、室内の空気の良さに驚いたと言い、「以前住んでいた賃貸のようなワンコの嫌なにおいがしない。換気したいと思わないほど気持ちいい」と語っていたS様。今はどんな暮らしをされているか、久しぶりに取材をお願いした。

「入居してから一年ほどで、気になっていた体重が7～8キロ落ち、持病の数値も下がって体調が安定してきました。それで、そろそろ検査しておこうと軽い気持ちで産婦人科に行ったのですが、初期の子宮頸がんが見つかり、ショックでしたね。手術は成功しましたが、年齢的にもアラフォーだったので、子どもは持てないかもしれないと落ち込みました。

ところが、半年後に娘を自然妊娠したんです！ もしも、家を建てずにあのまま賃貸マンションに住んでいたら、身体の管理もうまくいかず、子どもを授かることもなかったでしょう。それは本当に『0宣言の家』のおかげだと思っています」

S様とともに取材スタッフを迎えてくれたお嬢さんは今年、小学校に入学だという。ご主人は長く単身赴任していたが、家に戻ってきてから風邪をひかなくなり、体調も良好だそう。

「この家は断熱性能が良く、一年を通して室内温湿度が安定しているせいか、主人は基礎体温が上がりました。子どもはもともと高いですが、娘は37度を超すことも。体温が高いと免疫力が上がって病気になりにくいといいますが、その通りだと思います。

犬は人間でいえば80代後半になっても足腰がしっかりしています。その様子を見ていると、『0宣言の家』に住んでいれば健康で長生きできると体現してくれているように感じます」

実は取材後、S様から驚きのニュースが飛び込んできた。もう一人子どもが欲しいと願っていたS様は、体外受精も試み、3度の流産を経験していた。ところが、取材後に自然妊娠がわかり、その後、46歳で無事に男の子を出産。母子ともに健康だという。

今回の取材では、10年以上経っても

「0宣言の家」の住み心地は変わらないことも確認できた。S様曰く、「外壁を含めてメンテナンスはまったくしていない」そうだが、壁の汚れもなく、においもない。灯油を誤って床にまき散らしたことがあったというが、翌朝にはもうにおいが消えていたとか。「とにかく掃除が楽なのが助かります」と満足気だ。

9年経って追加したのは、「輻射式冷暖房装置（エコウィン）」と「浄水器（ゼロワンフィルター）」の2点のみ。エコウィンは、エアコンの動力を利用し、遠赤外線で人や物へ熱を伝播させたり吸熱したりするというもの。

「夏は木陰の涼しさで、冬は芯からあたたまる。風が直接当たらないから肌も乾燥しないし、足元も冷えない。これは本当に入れて良かったです。また、家中の水が良くなった（塩素等を除去した）ので、野菜を洗ってもビタミンを取られる心配もなく、飲みやすい。お風呂上がりも湯冷めしなくなりました。温泉が好きなのですが、最近は家のお風呂がいいなと思います。この先も、『0宣言の家』が私たち家族の健康を支えてくれると確信しています」

ティンバーフレーム工法で建てられたH様邸。外壁も当時のまま。「台所の換気扇下の外壁は雨だれ・油汚れもありません」

新築時（11年前）
［本誌創刊号掲載］

2000年・春に完成した当時の写真。アンティークな色合いとインテリアが調和した、落ち着いた空間

新築時（写真左）とまったく変わらないリビングの様子。ホコリも出にくく、キッチンの油汚れは年に一度軽く拭くだけで簡単に取れるとか

玄関は来客用と家族用の2つ。愛犬との暮らしのため段差をなくし、室内とフラットにつながっている

2年前に輻射式冷暖房装置を追加。風が身体に直接当たらず、エアコンが苦手なS様も大のお気に入りに

無垢のパイン材を使ったフローリング。天窓から屋根裏にもやさしい光が差し込む

S様ご家族のこれまで

花粉症&持病に悩む
S様はもともと花粉症。花粉の時期は1時間に1回は目薬を使っていた。結婚後、病気も見つかった。マンションで愛犬と暮らし始めた頃、愛犬が体中をかゆがり、夜も眠れないほど苦しみ出した。のちにアトピーとわかる。

マイホームを検討
「0宣言の家」の見学ツアーに参加し、花粉症の症状がまったく出ないことに驚く。愛犬のことや子どもが欲しいと思っている自身の健康を考え、「0宣言の家」を建てたい気持ちが高まる。

子宮頸がんを発症
入居後、花粉症が改善。持病の数値も下がり、軽い気持ちで受けた産婦人科の検診で子宮頸がんが見つかる。幸い0期で円錐切除を行った。しかし、そのとき30代後半だったS様は、「子どもを授かるのは難しいかもしれない」と心がしぼんだ。

第一子を妊娠・出産
ところが、手術から半年後に自然妊娠。無事に女の子を出産した。「0宣言の家に住むことで、ボロボロだった体が少しずつ変わり、自然治癒力が高まっていたのでは」とS様。二人目はあきらめかけていたが、45歳で再び妊娠した。

CASE 4 栃木県宇都宮市 K様邸
施工:無添加計画

再生不良性貧血

1ミリも嘘の無い家づくり
「0宣言」を取り入れた住まい

難病の娘のために建てた「無菌室」のある家

K様が探していたのは、「娘にさびしい思いをさせない、無菌状態の住まい」。娘さんは生まれつき全身の骨の病気「軟骨無形成症」を患いながらも、持ち前の明るさでさまざまなことに挑戦してきた。ところが、家族で暮らしていたマンションの大規模改修工事が始まり、突然、原因不明の湿疹に悩まされるようになる。赤い斑点は次第に紫に変色。そして、鼻血が止まらなくなったという。かかりつけの大学病院で検査した結果は、「再生不良性貧血のステージ5」。

「『完治は見込めません。つらい延命治療になります』と告知されて、ショックでした。そのまま無菌室で輸血が始まり、抗がん剤に近い薬が投与されました。でも、娘が偉かったのは、治りたい一心で、どんなに副作用が強くても朝昼晩の食事を完食したことです。その姿を見て、『マンションは売って、無菌状態の部屋がある家を建ててあなたを待っているから、がんばりなさい』と、娘の目の前にニンジンをぶら下げたんです」

そこからK様の土地探し、家探しが始まった。幸いにも土地はすぐに見つかった。「それからモデルハウスをたくさん見に行ったんですが、私は使う材料や産地にものすごくうるさいんです。どこに行っても納得できませんでした。無添加計画さんの戸を叩いたとき、『0宣言』の家づくりという、まさに私の求めていた理想の住まいに出合い、その場で『建てます!』とお願いしました」

完成した家には母屋の玄関・車庫の反対側に、娘さん専用の玄関・車庫がある。専用の玄関を開けるとそこが娘さんの居室だ。個室のほかにサンルーム、風呂、トイレ、洗濯機がついている。病院の無菌室とは違うが、生活を完全に分けることで、外部から侵入する細菌をできるだけ遮断し、感染症を防ぐのが狙いだという。壁材として使われている天然漆喰には、菌やウイルスを99.8%吸着し、空中に飛ばさない性質もある。

それでも、同じ家にいながらお互いの顔が見えないのではさびしさが募る。

K様に抱かれている愛猫も、以前は腎機能が著しく低下し、日々の点滴が欠かせなかったが、この家にきてから薬の必要がまったくなくなり、健康的になったという

そこで考えたのが「ガラスの仕切り」。透明のガラス扉をはさんで母屋のリビングダイニングがあり、家族と会話もできる。双方にカーテンをつけ、娘さんの具合が悪いときや母屋に来客があるときは、お互いにカーテンを引けば気兼ねすることもない。K様曰く「魔法の扉」だ。

「引っ越してきた頃は、そのガラス扉も閉め切りでした。娘の部屋に入るときは、必ず着替えて、マスクをするなど徹底していましたが、この家に住み始めてからぐんぐん血液の数値が良くなって、実はすべての数値が正常値になったんです！ 今はどうしているかというと、普段は開けっ放し。飼い猫にもさわれるようになって、私と長女が仕事に出かけたあとは、猫が娘の癒やしになっています」と、喜びを語ってくれた。

最近は、車で外出することも増えてきたという。「人生において最高の宝物は、やはり元気な身体。この家のおかげで、毎日みんなで笑い合えるようになりました。藁にもすがる思いで探した家が、大満足の家に。心から感謝しています」

引っ越し後、血液の数値が正常値に！

「0宣言の家」に入居後、白血球、ヘモグロビン、血小板といった数値がほぼ標準値内に収まるように。免疫力を上げるため、野菜はすべて無農薬、使う食器は煮沸するなど、食事には今も気を遣うという。「いい住まい」「いい食事」「いい環境」を3本柱として、衣類まで自然素材にこだわる。「娘が完治するまでの私の戦いです」とK様。

患者番号　　生年月日
氏名　　性別

新築入居

移植後（CsA）		血液科 2019-05-10	血液科 2019-07-05	血液科 2019-08-02	血液科 2019-10-25	血液科 2020-11-20	血液科 2021-01-15	血液科 2021-05-14	
白血球数	10^4/μl	2.9 L	3.1 L	3.3	2.6 L	3.6	3.8	4.6	3.3-8.6$10^4$/μl
ヘモグロビン	g/dl	12.6	12.2	12.3	12.2	12.0	12.5	12.7	11.6-14.8 g/dl
血小板数	10^4/μl	11.9 L	12.4 L	13.9 L	16.1	18.3	19.8	21.7	15.8-34.8$10^4$/μl 平均値
網状赤血球数	%	1.6	1.7	2.1 H	1.8	1.6	1.4	1.9	0.2-2.0%
芽球									
前骨髄球									
骨髄球									
後骨髄球									
桿状核好中球				1.0		1.0	1.0	1.0	0-19
分葉核好中球		71.0	61.0	59.0	52.0	54.0	58.0	64.0	25-72
好酸球		1.0	6.0	3.0	1.0	7.0	4.0	6.0	0-9
好塩基球									0-3
単球		10.0	12.0	10.0	6.0	6.0	7.0	4.0	0-12
リンパ球		18.0	20.0	26.0	41.0	32.0	30.0	25.0	17-58
PT－INR									0.85-1.15
APTT成績	秒								22.4-37.4秒
フィブリノーゲン定量	mg/dl								200-400mg/dL
AT－III活性	%								80-130%
Dダイマー	μg/ml								<1μg/mL
CRP	mg/dl								0.00-0.14mg/dL
総蛋白	g/dl					6.4 L	6.6	6.7	6.6-8.1g/dL
アルブミン	g/dl	4.1	3.9 L	4.0 L	3.8 L	4.0 L	4.1	4.2	4.1-5.1g/dL
尿素窒素	mg/dl	12	10	13	10	12	12	11	8-20mg/dL
クレアチニン	mg/dl	0.24 L	0.27 L	0.38 L	0.23 L	0.39 L	0.37 L	0.33 L	0.46-0.79mg/dL
尿酸	mg/dl								2.6-5.5mg/dL
総ビリルビン	mg/dl	1.11	1.07	0.94	1.12	0.79	0.92	0.70	0.40-1.50mg/dL
直接ビリルビン	mg/dl	0.06	0.07	0.05 L	0.09	0.03 L	0.05 L	0.02 LC	0.06-0.23mg/dL
AST（GOT）	U/L	19	17	17	19	19	20	20	13-30 U/L
ALT（GPT）	U/L	15	13	12	15	14	15	15	7-23 U/L
LDH	U/L	208	212	214	197	205	199	155	124-222 U/L
ALP	U/L	542 H	551 H	608 H	482 H	338 HC	315 C	344 HC	106-322U/L
γ－GT	U/L	12	10	11	13	14	13	14	9-32 U/L
ナトリウム	mmol/l	143	143	144	143	142	143	145	138-145mmol/L
カリウム	mmol/l	3.9	3.5 L	3.7	3.5 L	4.1	4.3	4.2	3.6-4.8mmol/L
クロール	mmol/l	107	108	108	108	107	107	110 H	101-108mmol/L
カルシウム	mg/dl	8.9	8.7 L	8.8	8.8	8.7 L	8.6 L	8.8	8.8-10.1mg/dL
無機リン	mg/dl								2.7-4.6mg/dL
マグネシウム	mg/dl	1.8	1.7	1.7	1.6 L	2.1	2.1	2.4	1.7-2.5mg/dL
血糖	mg/dl	108 C	109 C	94 C	89 C	87 C	95 C	96 C	73-109 mg/dL
シクロスポリン	ng/ml	140	211	206	262 H	71	57	<30 C	80-250ng/ml

娘さん専用の玄関と駐車場。建物の反対側に、家族用の玄関がある

明るく開放的なリビングダイニング。奥のガラス扉の向こう側に見えるのが、娘さんの居室だ

K様ご家族のこれまで

娘さんが再生不良性貧血に

マンションの大規模改修工事中に体調が激変し、医師から「ステージ5。延命治療しかない」と告げられる。骨髄移植のドナーも見つからず、無菌室で輸血と免疫抑制剤の治療が開始される。このとき実は母親（K様）と姉も全身の湿疹に悩まされていた。

マイホーム探しが始まる

「絶対に治る」と信じ、家探しを始めるが、自然素材にこだわるK様の納得いく家が見つからない。「0宣言の家」にたどり着いたのは10軒目。無菌状態の部屋をつくれることを確認し、その場で依頼。

退院後、一旦アパートへ

経過がよく、3カ月後に退院。しかし、「マンションには戻せない」と清潔なアパートを探し、引っ越しまでの半年間、娘さんだけ隔離生活を行う。食事は元看護師であるK様が三食つくって届けた。

マイホーム完成3カ月後

血液の数値が上がると、免疫抑制剤の副作用で内臓の数値が下がる〝シーソーゲーム〟が続いていたが、引っ越し後は、薬を減らしても数値が安定。「この調子なら旅行も大丈夫」と、医師も驚くほど回復した。免疫抑制剤をゼロにするのが今の目標だ。

CASE 5　広島県広島市 N様邸
施工：小田原ハウジング

花粉症/蓄膿症

1ミリも嘘の無い家づくり
「0宣言」を取り入れた住まい

薬が不可欠な花粉症も蓄膿症も劇的な軽減で医療費も大幅減

社宅住まいだったN様が、家を建てたいと思っていたときに興味を惹かれたのが「0宣言の家」のセミナー告知が載ったチラシ。ご主人はひどい花粉症とヘルペス、奥様は蓄膿症だったこともあり、建てるなら健康的に暮らせる家をと考えていたからだ。

セミナーでの話は科学的かつ理論的で、今まで聞いたことがなく驚くことばかり。それまでは、家はハウスメーカーで建てるもので、光熱費や改修費などがかかるのも当たり前だと思っていたが、機械に頼らず、本物の自然素材を使った家づくりをすることでランニングコストを抑え、病気にもかかりにくくなる家があることを初めて知った。「そんな家があるなんて思ってなくて、衝撃的でした」とご主人。2回目のセミナー参加で家を建てる決意をし、その後もセミナー参加を重ねながら土地探しを進行。ご夫妻の思い出深い高台の住宅地に絞って探し、一年半待ってようやく見つかった。

完成した家で大きく実感させられるのが空気の良さ。低温乾燥した無垢のヒノキを床に敷き、壁は調湿・吸臭効果をもつ漆喰塗りのため、生活していく上で生じるニオイや湿気をほとんど感じない。エアコンを使わなくても屋内は一年を通して20℃前後を維持し、家の中のどこにいてもほぼ変わらない。帰省などでしばらく家を不在にしても、帰ってきて玄関に入った瞬間、空気感の良さを実感するという。

この家に暮らし始めて、家族の健康状態も劇的に良くなった。毎年春と秋はマスクや目薬、飲み薬も欠かせなかったほど花粉症がひどく、時には発熱もあったご主人はすっかり無症状に。寝不足や疲れ、ストレスに起因するとされるヘルペスの症状もなくなり、風邪をひいてもすぐに治るようになった。以前は1年に2回は行っていた病院も久しく行っていないという。また、以前は眠りが浅く、夢もよく見ていたが、今は深く眠れて睡眠の質が良いのか、5時間も寝れば十分だとか。「深夜0時まで仕事をしても、5時間寝れば翌朝には元気になって、疲れがまったく残らないんです。二日酔いもなくなりましたね」とご主人。一度40℃の高熱が出たことがあったが、一日休むだけで症状は治まったそうだ。

奥様はひどい蓄膿症に悩まされ、頭痛や高熱のために精神的にも落ち込むことがあったほどで、日常生活に支障がないよう一時は手術も考えたが、引っ越してきてからは症状がすっかり軽減。ご主人同様、風邪をひいてもすぐ治り、「体質が変わったのかも」と感じるほど体調が良くなった。

5歳の息子さんは、社宅住まいだっ

た頃は中耳炎が一年以上続き、薬の服用が欠かせなかったが、今ではすっかり治り、風邪もひかなくなって病院に行くこともなくなった。2歳の娘さんも、軽い風邪をひいてもすぐ治るように。こうした変化に、ご主人は「家族みんなの免疫力も上がったのかもしれません」と推測。以前は一年に4～5万円はかかっていた家族の医療費がほぼかからなくなったという。

さらに、家のランニングコストの一つである電気代も毎月5000円程度。エアコンをかけるとしても一日3時間程度で、家全体の温熱環境が優れているため猛暑の夏でも1万円に届くことはほとんどない。「社宅から一軒家になったのに、電気代は安くなったんです」と、ご夫妻は驚くばかりだ。

ハウスメーカーで契約を結んだご主人の後輩を家に招待したところ、手付金を諦めてでも「0宣言の家」を建てることにしたという。「本当に自信をもって勧められる家だし、本物の家づくりに惚れ込んだ人の輪が広がっていくのはいいものですね」とご主人。家族の健康を取り戻してくれた「0宣言の家」への信頼は、今も高まり続けている。

家族が集まるLDKには「エコウィンハイブリッド」を採用。輻射パネルとエアコンの配管を直接つなぎ、パネル内に冷媒ガスを通すことで、夏も冬もまるで春のようなほどよい温熱環境を実現している

和室はご主人が寝室としても使用。「下地に使っている愛工房さんの杉のフィトンチッド効果もあるかも」とご主人

トイレの壁と天井もすべて漆喰塗り。招待した友人からはあまりのニオイのなさに驚かれたという

天井と壁に愛工房の杉、床に十和田石を使った浴室。浴槽は湯が冷めにくい大和重工のホーロー製

南東方向に大きく開口したスクエア型の外観。太陽光の力で汚れを分解し、雨で流し落とす光触媒技術を外壁に採用

N様ご家族のこれまで

花粉症とヘルペス

長年花粉症に悩まされていたご主人は、毎年春と秋はマスクが手放せず、目薬と服用薬が不可欠だった。寝不足や疲れ、ストレス、紫外線などに起因するとされるヘルペスの症状が出ることもあり、ひどいときには服用薬だけでなく塗り薬も使っていたほど。

蓄膿症と中耳炎に苦悩

蓄膿症が原因で高熱と頭痛に苦しみ、そのせいで精神的にも落ち込むことがあった奥様。耳鼻科をハシゴし、日常生活への支障がないよう手術を勧められたこともあったほど症状は深刻。息子さんは中耳炎が1年以上続き、薬漬けのような毎日が続いた。

新居に引っ越し

平成30年8月に新居での生活を開始。ご主人は花粉症もヘルペスの症状も見られなくなり、服薬が必要なくなって病院とは無縁に。奥様の蓄膿症も明らかに軽減し、新しい薬の服用でほぼ完治に至った。息子さんの中耳炎も症状が治まり、投薬から解放。

多額の医療費から解放

家族全員が風邪をひいてもすぐに治るようになり、それまで支払っていた一年4～5万円の医療費もほとんどかからなくなって家計の負担も減少。

CASE 6　京都府木津川市 M様邸
施工：住医学研究会事務局まで

血液の免疫力が向上

1ミリも嘘の無い家づくり
「0宣言」を取り入れた住まい

日本赤十字社から強い免疫力を持つ「2千人に1人の血液」と評価された

M様の家は京都で137年続くお茶問屋。ご主人はその4代目だという。ご実家の敷地には、お茶を煎り、袋詰めする工場と連なって築100年を超える古民家が建っていた。

「結婚してからは実家に近いマンションで生活をしていましたが、娘が小学校に入学する前にマイホームを建てたいと、検討を始めました。ただ、親父はよく『俺の目の黒いうちは、建て替えたらあかん』と言っていましたし、別の場所に土地を探して建てようと考えていたんです」とご主人。ご夫妻で住宅展示場に出かけ、さまざまなハウスメーカーの話を聞いたそうだが、どうもしっくりこない。なぜ24時間換気システムが必要なのかなど、腑に落ちないことが多かったそうだ。

「0宣言の家」を知ったのは、ちょうどその頃。お住まいの近くで家づくりセミナーが開かれることになり、先に関心を持たれたのは奥様のほうだった。「0宣言の家」の提唱者である澤田升男氏の著書を読み、「この家がいい！」と思われたという。そして、ご夫妻で一緒にセミナーに参加されると、ますます気持ちは高まった。「澤田さんの話を聞いて、24時間換気の謎とか、ハウスメーカーで納得できなかったことがようやくわかりました」「やはり、本物を使っている住宅がいいと思いました」と、ご夫妻は振り返る。

その後、「0宣言の家」のモデルハウスに宿泊体験をすることとなり、ご夫妻はご主人のご両親にも声をかけ、皆さんで一緒の時間を過ごされた。すると、「今まで家の建て替えをしたがらなかった親父が、『うちの家を潰してええぞ』と言ってくれたんです」とご主人。「家業を継いだ私が毎日実家に通うことを気遣ってくれたこともありますが、『0宣言の家』を体験して、この家ならと感じたのかもしれません」。お父さんの同意を得て、M様は8年前にご実家と事務所の建物を「0宣言の家」に建て替えをされた。できるだけ空間を広く使いたいというご夫妻の要望を生かし、廊下や間仕切りを最低限に抑えた住空間は、開放的で穏やかな雰囲気に満ちている。

住んで実感されているのは、夏に涼しく、冬に暖かいこと。年間を通して室内の温度が安定しているのも、「0宣言の家」の魅力だ。「夏は木陰に入ったような心地よさを感じます。冬は蓄熱暖房機が1台あるだけで、2階まで暖かくなります。以前の実家は、部屋ごとにストーブが必要で、障子を開けると暖かい空気が逃げてしまい、また暖めなければいけませんでしたから、経済的でもありますね」と奥様。

また、健康面についてお聞きしてみ

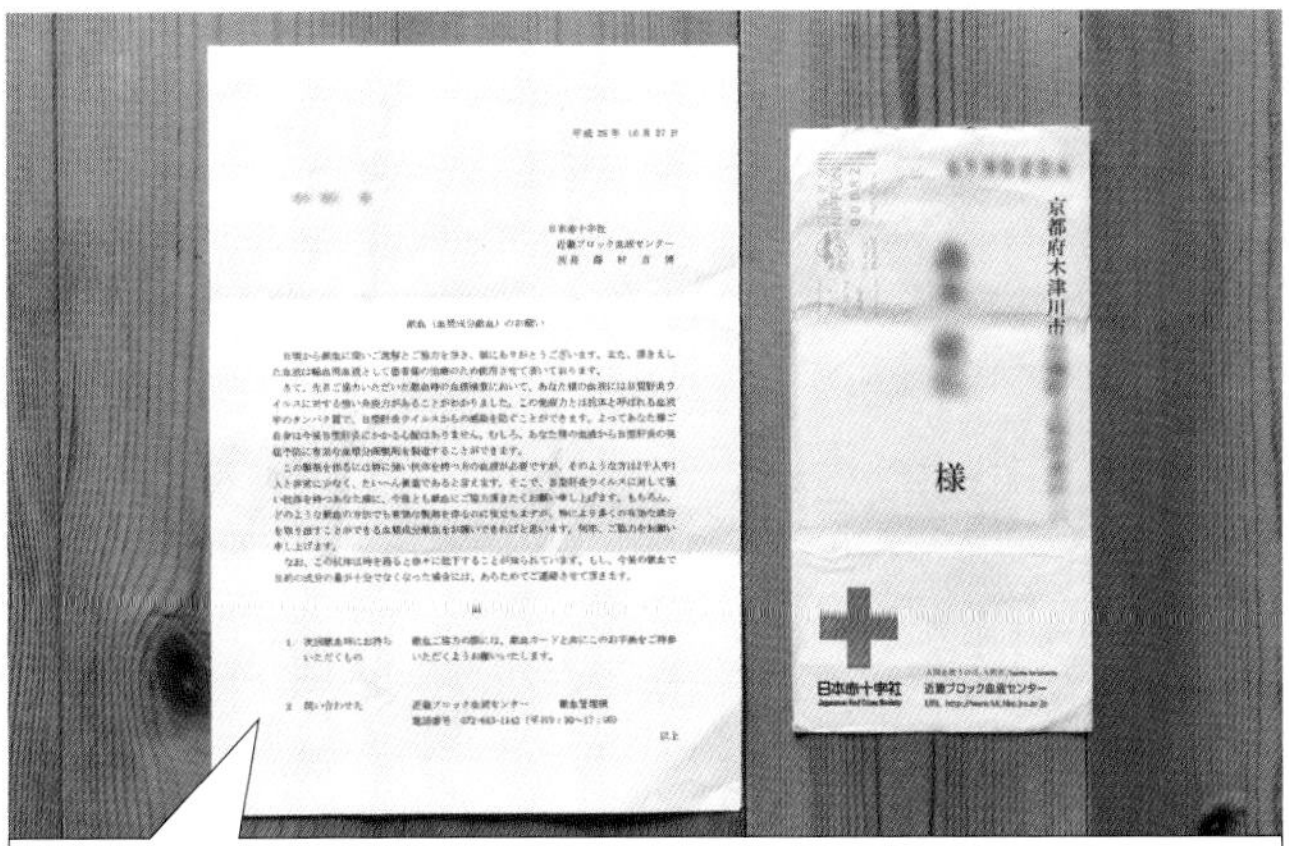

赤十字から“お願い”の手紙 自分の血から薬ができる?

「0宣言の家」で暮らし始めて3年、買い物途中、ほんの暇つぶしのつもりで献血したのがきっかけだった。その後、しばらくして日本赤十字社からご主人あての手紙が届いたそうだ。手紙には、ご主人の血液にB型肝炎ウイルスに対する強い免疫力があるとわかったこと、そのため自身がB型肝炎にかかる心配がないこと、そして、その血液からB型肝炎の発症予防に有効な血漿分画製剤を作ることができ、こうした血液を持つのは2千人に1人であることが書かれていた。

「主人の血でこうした薬ができるなんて、びっくりしました」と、奥様。もちろん当のご本人も驚かれたが、以来、積極的に献血を行なっているそうだ。「今までに30回以上は行きましたね。この免疫力の抗体は徐々に減ってくるもので、成分量が十分でなくなったら教えてくれるそうですが、定期的に献血に行っていてもまだその連絡はありません。それに、献血のたびに血を調べてくれるのですが、コレステロールも範囲内ですし、特に大きな問題もありません。健康でいられるのは、この家に住んでいることも関係しているかもしれませんよね」

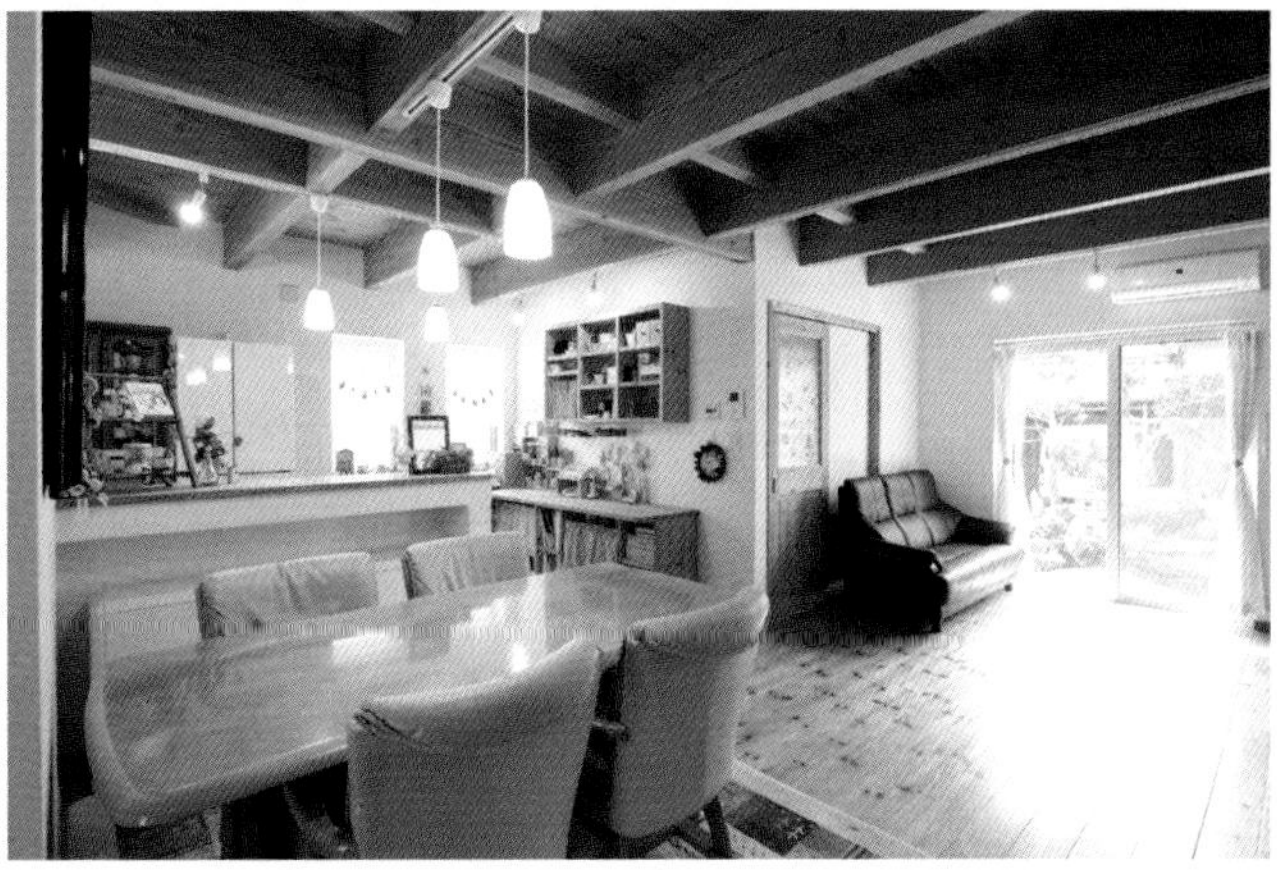
LDKに設置した蓄熱暖房機がご家族のお気に入り。「1階の天井から熱が伝わるようにしてあるので、2階は床暖房を入れているみたいなんですよ」と奥様

「白は汚れるというイメージがあったけれど、思い切って白にして良かった」とご主人。8年経過しても真っ白な外壁は美しいまま

床や壁、天井、建具に使用された無垢材は、年月とともに味わいのある色へと変わっていく

ると、同居されたM様のお父さんの血圧に変化が見られたそうだ。「親父は5年前に亡くなったのですが、最晩年はこの家で暮らしました。透析を受けていて、ずっと血圧が高めだったのに、この家に引っ越してから血圧が安定したんです。お医者さんからそう聞いた時には、やはり、『0宣言の家』がいいのかなと感じました」とご主人が話してくれた。そして、ご自身の体にも、目に見えない変化があったかもしれないという。「たまたま献血をしてみたら、日本赤十字社から手紙をもらって、僕は2千人に1人の血だというんです（詳細は左上のコラム）」

さらに、奥様にも健康面についてお聞きすると、「私も娘も、もともと大きな持病があったわけではありません。ただ、思い返してみると、風邪をひかなくなったし、病院にもまったく行かなくなりました。日々健康に過ごせています」と、笑顔。建て替えから8年。ご夫妻と娘さんは、以前にも増して健やかな毎日を送っている。

M様ご家族のこれまで

お父さんの血圧が安定

「0宣言の家」に入居する10年ほど前から人工透析を受けており、血圧が高めの状態がずっと続いていた。入居してしばらくすると、血圧が安定してきて、亡くなる前までその状態を保つことができた。

「0宣言の家」は、住む人に優しい住環境を作り出す。「この部屋でずっと過ごしていたことも良かったのでは」と、奥様。

ご主人の血液の免疫力が高いことが判明

「0宣言の家」で暮らして3年ほどたった頃、たまたま献血に協力したところ、日本赤十字社からご主人がB型肝炎ウイルスに強い免疫力を持つ血液の持ち主であることを知らされる。

その後現在までの5年間に30回以上の献血を行っているが、免疫力の抗体は依然高い状態を維持している。

ご家族そろって健康に

もともと持病をお持ちではなかったご夫妻、娘さんだが、「0宣言の家」で暮らす以前は、風邪をひいて病院に行くこともあった。しかし、現在は、まったく病院に行かない生活が当たり前になっている。ご主人は、「周囲からコレステロールや血圧を心配されるんですが、全然正常な数値ですよ」と話す。

全国で活躍するベテラン医師が語る 住まいと健康

Doctor's File

「住まい」と「健康」は切っても切れない因果関係にあることが
医学的見地からもわかり始めています。
体と心の健康にはストレスの少ない環境が欠かせません。
これまで治療を受けるだけだったクリニックの空間にも、
近年さまざまな工夫が施されています。
住医学研究会の活動に賛同する
全国で活躍する3人のベテラン医師たちに、
それぞれのクリニック独自のこだわりを伺いました。

統合医療 クリニック徳
高橋 徳 院長

自然治癒力を引き出す
統合医療で、「薬ゼロ」に

Doctor's File.1
Takahashi Toku

P36

柏瀬眼科
柏瀬 光寿 院長

患者さんのニーズを第一に考え、
地域医療の充実を目指す。

Doctor's File.2
Kashiwase Mitsuhisa

P40

アーニスト歯科クリニック
村田 健 院長

病因を除去して全身を健康に。
歯科治療を通して笑顔を増やしたい

Doctor's File.3
Murata Takeshi

P44

Doctor’s File. 1

自然治癒力を引き出す統合医療で、「薬ゼロ」に

統合医療 クリニック徳
高橋 徳 院長

東洋医学を最先端医療と位置付けるアメリカで、
鍼灸治療のメカニズムを20年にわたり研究。
帰国後、東洋医学と西洋医学を組み合わせた「統合医療」で、
薬に頼らない治療に当たっている高橋医師。
その驚きの結果と、コロナ禍のストレスにも効く
「自宅でできるセルフケア」についてお話を伺いました。

西洋医学は慢性の病気が苦手

統合医療とは、一言でいえば、東洋医学と西洋医学を合体させた医療のことです。西洋医学はもともと「戦争医学」と呼ばれていたくらいで、急性期の病気やケガの治療を得意としています。その代わり、戦争で発達した医学だけに、高血圧症や糖尿病、肩こり、腰痛といった慢性の病気は苦手。一方、長期的な治療と向き合う慢性期を得意とするのが東洋医学で、両方のいいところをとって治していこうというのが統合医療の考え方です。

　では、具体的に私が何をしているかというと、たとえば血圧をどうしても下げないといけない人には薬を出します。コレステロール値の高い人、眠れない人にも薬を出すことがあります。ただし、必要以上には出しません。高血圧症で薬を3種類ぐらい飲んでいる人がいますが、私は1種類にします。メインは鍼灸や漢方薬。そして、腹式呼吸や散歩の仕方を教えます。西洋の薬を否定するわけではありませんが、なるべく減らしながら、できたら「ゼロ」にして、生活習慣を変えていく。そのコンビネーションが重要だと思っています。

鍼灸治療で、肩こりはもちろんアトピー、うつ、緑内障、すべて回復します。

高橋 徳（たかはし・とく）院長

神戸大学医学部卒業。関西の病院で10年間、消化器外科医として胃腸疾患の医療に従事するかたわら、鍼治療を習得し慢性疼痛の患者に応用。1988年、渡米し、ミシガン大学にて鍼灸治療の作用機序の解明研究に着手。デューク大学教授、ウィスコンシン医科大学教授を経て帰国。2016年、クリニック徳を開院。ウィスコンシン医科大学名誉教授も務める。

石油由来の西洋薬が症状を悪化させることもある

東洋医学をメインにしているのは、患者さん自身の自然治癒力を引き出すためです。たとえば、腹式呼吸を覚えるだけで、血圧は下がります。下腹をふくらませるように息を吸い、へこませながらゆっくり息を吐く。これを5分ぐらい続けると、リラックス作用のある副交感神経が刺激されて自律神経のバランスが整い、血圧が下がるのです。それを実際に体験することで、患者さんも「腹式呼吸さえやれば薬を飲まずに済むんだ」とわかる。そうやって薬をやめてもらう人もいます。

当クリニックには、患者さんの5割近くがうつやアトピーで来院されていますが、うつ、アトピーもまた、薬だけでは改善しません。むしろ薬なしで自然に治るケースが多く、うちでは抗うつ剤やステロイドといった薬を減らすところから始め、鍼灸や漢方を中心に、腹式呼吸・運動・栄養の指導、あるいはヨガなども行い、自律神経に働きかけて自然治癒力を高めていきます。

では、なぜ薬では治らないのでしょうか。西洋の薬、すなわち化学薬品の多くは石油から抽出したもので、体内では異物と認識され、症状が改善しないばかりか、かえって悪化させたり、重大な副作用を起こしたりする場合があります。もちろん必要な薬もありますが、「病院で薬をもらったから安心」ではないのです。

そもそも、「うつは病気ではない」というのが私の考えです。たとえば、職場の上司と合わないことがきっかけでストレスをため込み、仕事が思うようにできなくなったり、会社に行けなくなったりするのがうつの状態ですが、「悪いのは自分」と責め続けるのではなく、配置転換を願い出ることで、すっかり元気になる人もいます。そこを無理やり薬で何とかしようとしても、原因がなくならない限り治りません。治らないから薬が増え、ますます症状が悪化する。そうなってからクリニックに来る人も少なくありません。

最も大事なのは、患者さん本人を「治る」気にさせること。本来、人間の身体は勝手に治るようにできているのです。それを間接的に補助するのが、鍼灸をはじめとする伝統療法です。医者や薬に頼らず、自分の力で少しずつでも良くなっていくと自信がついて、無意識のうちに身体も「治していこう」という気になりますし、治り方も薬とはまったく違います。

明るく広々とした待合スペース。ミツマタの木で覆われた中央のオブジェは森の巨樹のよう。眺めているだけで視覚が刺激され、リラックス効果も満点。ここでヨガや気功のレッスンも行われる

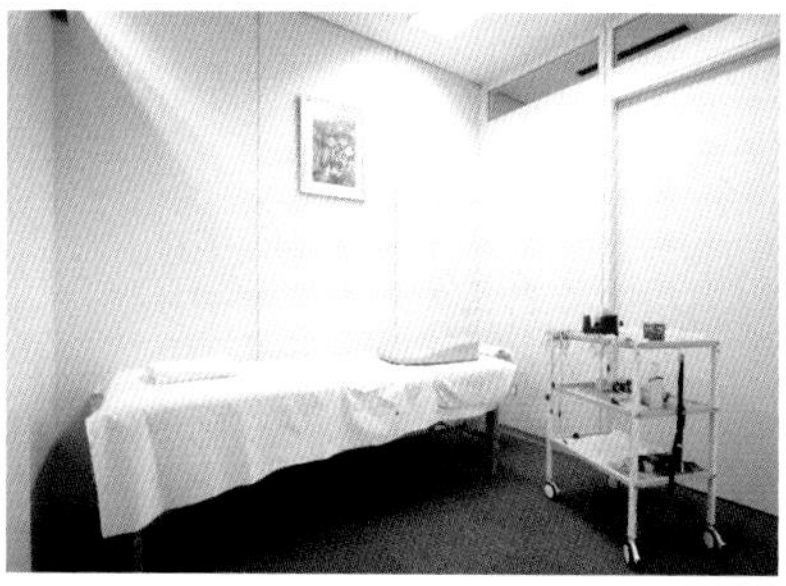

診察は気の流れのよい空間で行われる。患者さんの8〜9割が高橋医師の鍼灸治療を受けるため来院するという

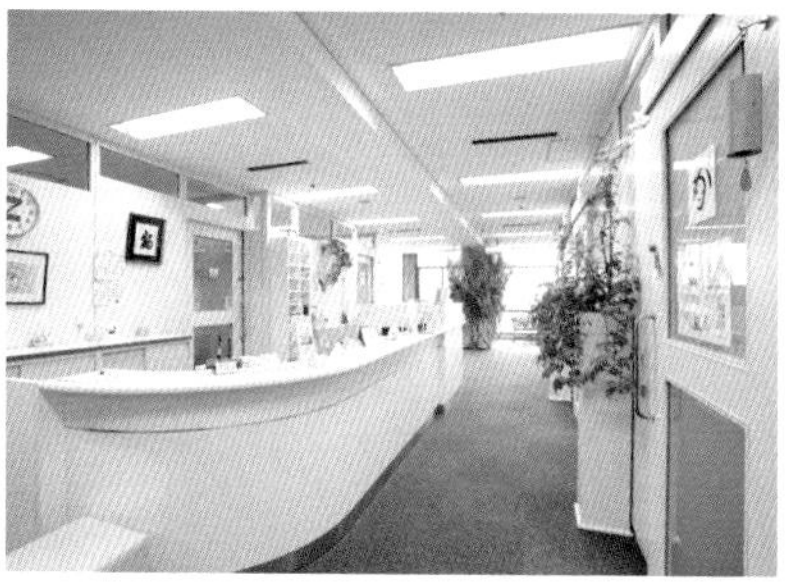

白を基調にした落ち着きのある雰囲気。左が受付、右が4つに分かれた診察室、奥に広がっているのが待合スペースだ

多くの鉢植え植物のほか、ヒーラーが描いた美しい花の絵も飾られている。クリニックのそこここに癒やしの仕掛けがある

ストレスを緩和する 幸せホルモンは自分で出せる

今は長引くコロナ禍で、不安やストレスを感じる人も多いでしょう。ご自身や大切な家族の心身の健康を維持するために、有効なホルモンがあります。それが「オキシトシン」、別名「幸せホルモン」です。

もともとは妊娠、出産期の女性から出るとされていた愛情ホルモンですが、実は、万人から分泌され、ストレスを抑える生理作用があることが、2005年ぐらいからわかってきました。当時、私は鍼灸の研究のためアメリカに渡っており、オキシトシンの研究に10年を費やした結果、五感の刺激によって、自らオキシトシンを分泌することもわかってきたのです。

たとえば、「美しい景色を見ると癒やされる」と言いますが、メカニズムとしては、そのとき、脳の視床下部からオキシトシンが出て、自律神経が調整されます。ほかにも、ストレスを抑える、痛みを抑えるという3つの大きな作用があり、その結果、心身が元気になるのです。それが、先ほどの「自然治癒力」にも関係してきます。

五感の刺激ですから、美しい景色を見たとき以外にも、美味しいもの

待合室では植物のおしゃべりも聞こえる。植物が出す周波数を機械で音に変換。ピアノ音楽のように聴こえることも

水琴窟も心身をリラックスさせるための小道具の一つ。耳を澄ませると、不規則な水滴音が聴こえてきて心地いい

を食べたとき、いい音楽を聴いたとき、いい香りをかいだとき、それから、誰かに親切にしたり（されたり）、ペットと触れ合ったりしたとき、オキシトシンが出て、幸せな気持ちになります。それが結果としてストレスを取り去り、不調を訴えていた内臓疾患も収まって身体が楽になるのです。

今のように、思うように外出できない、人と会えないというときは、家で美味しい料理を楽しんだり、いい映画を観たり、つま先立ちをして足の太い筋肉を使うことで脳を刺激するのもいいでしょう。オキシトシンの作用でリフレッシュされ、絶好のストレス対策になるはずです。

西洋医学の足りない部分を統合医療で補っていくことで、病気が治っていく可能性は高い。

病気になりやすい家となりにくい家の違いは？

一方、ストレスと住環境の関係を医学的に見たとき、合成ペイント（油性塗料）はよくないと思いますね。ある患者さんが、「新しい家に引っ越して、においが気になるだけでなく、全身に発疹が出てきた」と、診察に来られたこともあります。

人類の歴史で、石油製品だらけの家はたった50年ぐらい。それまでは無垢の木を使い、自然の環境で暮らしてきたのですから、もっと自然に帰らないといけないと思います。これから家を建てるなら、健康のためにもコンクリートはやめて木造に。なるべく窓を大きくして、通気性をよくし、冷暖房はできるだけ使わない生活が望ましいように感じます。

すでに家を建てている人であれば、気に入った絵や写真を飾る、観葉植物を置く、アロマやお香を炊くなど、五感に刺激を与えて、オキシトシンが出やすい〝仕掛け〟をつくるといいかもしれません。

当クリニックもビルの中にありますが、待合スペースの大きな窓からは目の前にある公園の緑が一望でき、視覚の刺激を提供しているほか、大小さまざまな植物があり、水琴窟が静かに響いている。居るだけで気持ちがよくなるスペース。それが本物のクリニックだと思います。この先も、患者さんにリラックスしてもらうためにいろいろな工夫をしていくつもりです。

統合医療
クリニック徳
〒460-0008
愛知県名古屋市中区栄2-10-19
名古屋商工会議所ビル11階
☎052-221-8881
https://www.clinic-toku.com

Doctor's File.2

患者さんのニーズを第一に考え、地域医療の充実を目指す。

柏瀬眼科
柏瀬 光寿 院長

親子3代にわたって眼科診療を行う柏瀬眼科。
3代目を継承する柏瀬院長はほかの医院が行わない治療を通し、
患者さんから厚い信頼を得ています。
人との距離が遠い今の時代だからこそ大切にしたい
地域医療のあり方についてお聞きしました。

足利の地元に這いつくばった医療を行いたい

柏瀬家はここ足利で22代続く古い家系です。1790年に15代当主の紋三郎が医業を営み始め、以降、代々医業（主に内科）を継承、祖父の代から眼科医になり、私の代で医師8代、眼科医3代となります。しかし、若い頃は後継者としての心構えもなく、家業を継ぐことが嫌でした（笑）。

考え方が大きく変わったのは、1997年にネパールで医療活動をした経験です。そこは医療施設のない地域で、学校の教室を改装して急造した手術室でホコリが舞う中、白内障の手術が行われていました。術後の患者はワラを敷き詰めた床に横たわり、翌日、眼帯を外すと昨日までと一変した見え方に大声を上げて驚き、感動して涙を流す人もいます。その光景を見て、初めて気づいたのです。地元の人たちのために医業を継承し、信頼を得てきた先祖の医療者としての誇り、喜びが自分の中にもあることを。

その後、インドに一年間住んで眼科診療にいそしみ、帰国後も年末年始は短期間の海外ボランティアを続けながら、私が目指すべき地域医療のあり方を考え続けました。

子どもの専門外来がある日は、
白衣より親しみがもてる
作務衣を着て診察しています。

柏瀬光寿(かしわせ・みつひさ)**院長**
1968年生まれ、栃木県出身。1994年、東京医科大学卒業後、同病院眼科入局。2000年、国立感染症研究所に留学。2002年、東京医科大学病院を退職し、インド・ダラムサラの病院で1年間の医療活動に従事。帰国後、柏瀬眼科副院長に着任。2006年、クリニックの新築移転とともに院長となり現在に至る。東京医科大学兼任講師。

患者さんのニーズに応え ほかの医師がやらない診療も

その一つが、ほかの眼科医がやらない診療を行うことです。医院の移転を機に、視覚障がい者のリハビリでもあるロービジョンケア外来を開設するとともに、斜視や弱視の診療、網膜外来、往診も手掛けることにしました。

ロービジョンケアとは、視覚障がいのある人たちの残っている目の機能を使って、生活の質を上げましょうという治療のことです。患者さんごとの困りごとやニーズを聞き出し、優先順位をつけて一つ一つクリアしていくため、手間も時間もかかりますが、その分だけ患者さんとの距離が近くなり、すてきな笑顔をたくさん見ることができます。

往診もやはり時間がかかります。診察は5分、25分はご家族の話を聞いています。でも、その患者さんがどういう環境で生活をして、何に困っているか、行ってみなければわかりません。

最近、気になるのは子どもの近視の増加です。近くの作業が多いと、その状態でピントが合うよう眼球が後ろに伸びるため、網膜も引っ張られて薄くなり、将来、網膜剥離や緑内障になるリスクが高まるのです。近視の進行抑制&予防も含めた独自のトレーニング法を模索しているところです。

よそがやらない試みとして、気導術を使って腰や肩など身体の痛みを和らげる治療も行っています。毎日、鎮痛剤を手放せなかった人が、最初は3日、今は一週間以上、薬なしでいられるようになった例も。患者さんとの間に信頼関係があれば、もっといろいろなことができると思っています。

地域の眼科医全体で患者さんのニーズに応えられればいいというのが私の考えで、できることをお互いに補い合い、トータルでみなさんが安心して暮らせればいい。それも地域に根差す医師の役割だと思うのです。

その代わり、地元を守る医師として厳しいことも言います。ここを教育の場として、挨拶をしない子どもは診察しません。それが知れ渡って、最近は黙っていても親御さんが挨拶させるようになりました(笑)。

和を基調とした外観が、足利市の歴史と文化に配慮した優れた建造物と認定され、建築賞を受賞

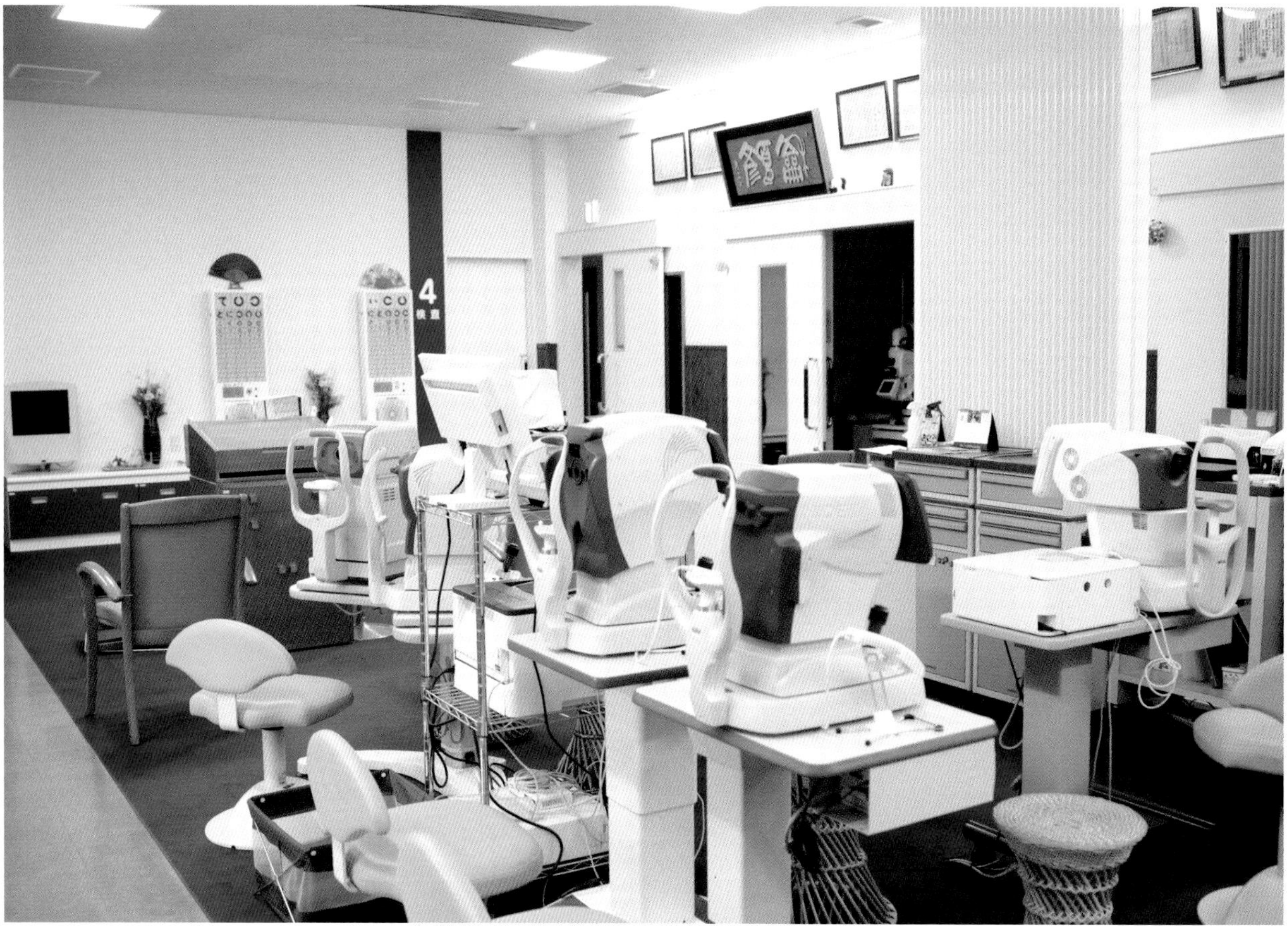

黄土色の硬いタイル部分は障害物のない「安全ゾーン」、青色の軟らかいカーペット部分は医療器械がある「危険ゾーン」と区分けし、視覚障がいがあっても足裏感覚で安全に移動できる

白い便器の背面を濃い色の壁にすることによってコントラストをつけ、いち早く目的を達せられるよう配慮

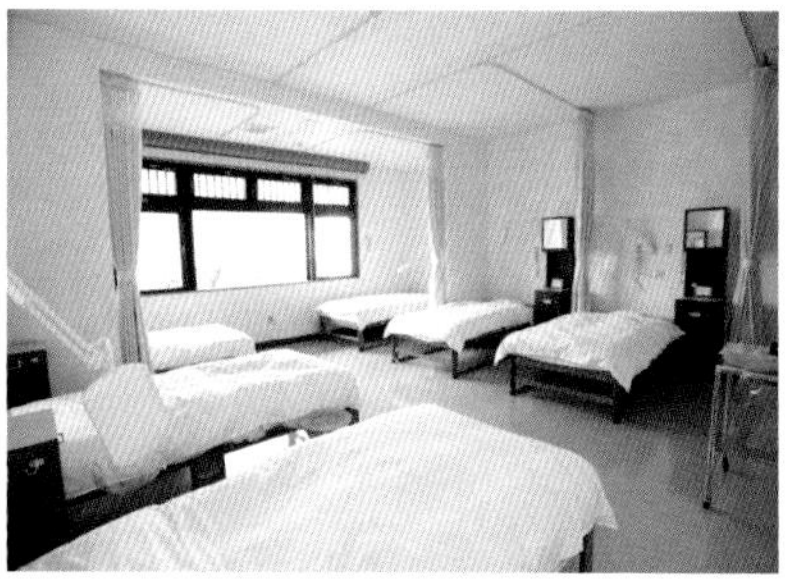

治療後や手術後、安静に専念できる病室を用意。漆喰の壁には「足利学校」をはじめ、さまざまなレリーフが彫られている

柏瀬眼科では、一般診療だけでなく斜視・弱視やロービジョン（低視力）ケアも手掛ける。こちらはその訓練室

視覚的バリアフリーを目指した院内設計

2006年に医院を移転したのですが、一番に考えたのは、患者さんの安全です。「目の不自由な方が、空間や障害物を認識して危険を回避しやすい。結果として、目が不自由でない方にもわかりやすい」というコンセプトで設計してもらいました。ユニバーサルデザインを担当してくださったのは、実際に視覚障がいを持つ方です。

たとえば、玄関へのアプローチ。駐車場や道路から続く赤く軟らかい歩道はゴムチップでできた「安全ゾーン」、黒く硬いアスファルトの車道は「危険ゾーン」として、足の裏の感覚と色のコントラストで認識しやすくし、患者さん自らが危険を回避できる設計になっています。玄関には「水場」も設置し、水の音を頼りに入り口までたどり着けるようにしました。院内も同じように床の素材と色を分け、「安全ゾーン」と「危険ゾーン」を知らせることで、安全に移動できるよう工夫しています。また、「トイレ」マークや「受付」「診察室」といったサインは、院内にある程度人がいても遠くから見つけられる155センチの高さに設定。検眼などの測定エリアは天井の際に照明を張り巡らせ、空間の広がりを認識しやすくしています。

ちなみに、建物は医院らしからぬ平屋の和風建築。歴史的建造物の多い足利の街並みに溶け込んだ外観にしたかったのと、医院はもともと地域におけるコミュニティの発祥地だと言われていますから、近所のおじいちゃん、おばあちゃんが診察とは関係なく集まって、井戸端会議をする場として使ってほしいという思いがあります。

内部にはできるだけ木や漆喰といった自然素材を使って、空気もきれいに。畳のベンチや院内に流れる水琴窟の音も、ここにくるみなさんの癒しになればと思っています。

畳が敷かれたキッズルーム。斜視・弱視診療に訪れた子どもたちに絵本の読み聞かせも行っている

待合室のベンチはコミュニケーションの場にも。受付には上下に照明を設けて強調。受付を見つけやすくした

薬は逆から読むと"リスク" 誰が「安全」と決めたのか？

私自身、化学物質特有のニオイが苦手で、自宅も同じようなつくりにしています。「人間はお金を稼ぐために健康を犠牲にする。そしてそのお金を使って健康になろうとする」という笑えない話がありますが、最初から健康に留意して生活をすれば、年を取っても余計な医療費はかかりません。家はその最たるものではないでしょうか。

私がよく患者さんに言うのは、「薬は逆から読むとリスク。薬は誰かが『安全』と決めた化学物質なんだよ」。そういう意味では家に使われる化学物質も一緒です。誰かが「安全」と決めた化学物質は、当然のことながらリスクを伴います。人間の身体は絶対的にピュアであり、室内の悪い空気を常時吸い込んでいたら、シックハウス症候群やアレルギーなどの過剰反応が起こっても不思議はないのです。

大きな視点で見れば、使う業者が真剣に考えるべきですが、住む側も使われる素材にもっと関心を持ち、意識していく時代だと思います。

困っている患者さんのため、
地域のみなさんのために、
できることを全力で行う。

柏瀬眼科
〒326-0052
栃木県足利市相生町386-1
☎0284-41-6447
https://kashiwase.com/

Doctor's File.3

病因を除去して全身を健康に。歯科治療を通して笑顔を増やしたい

アーニスト歯科クリニック
村田 健 院長

「歯科治療を通して全身の健康をサポートしたい」
そんなコンセプトを掲げて16年前に開院した村田医師。
さまざまな症状を引き起こす食いしばりをなくし、
病気になりにくい身体を自分でつくる
3つのヒントを教えていただきました。

歯と舌の正しい位置を知っていますか？

近年、「歯がしみる」「歯がグラグラする」「歯茎が痛い」「あごの関節がカクカク鳴る」「口が開けにくい」……と訴えて来院される患者さんが非常に増えています。

その大きな要因が「食いしばり」です。食いしばりとは、上の歯と下の歯が接触する必要のないときに、接触している状態のこと。

では、食いしばっていいのはどんなときかと言うと、「食事のとき」「つばを飲み込むとき」「力を入れるとき」だけなのです。1日のうち、せいぜい20分。残りの時間は離れていないといけないと言われています。しかし、実際のところは100人中99人の方がかなり長い時間、食いしばっていると考えられます。

日中はまだ意識して歯を離せばいいのですが、睡眠中は意識がなくなるため、噛む力が強い方だと体重の15倍、1トン近い力で噛むことになります。すると、歯が弱いと歯が欠けたり、詰め物やかぶせ物が取れたり、骨が弱いと歯が揺れてくるのです。歯も骨もしっかりしている方はあごの関節を痛めるので、いわゆる顎関節症の症

お口のケアからトータルに健康を考えています。生活改善も重要なステップです。

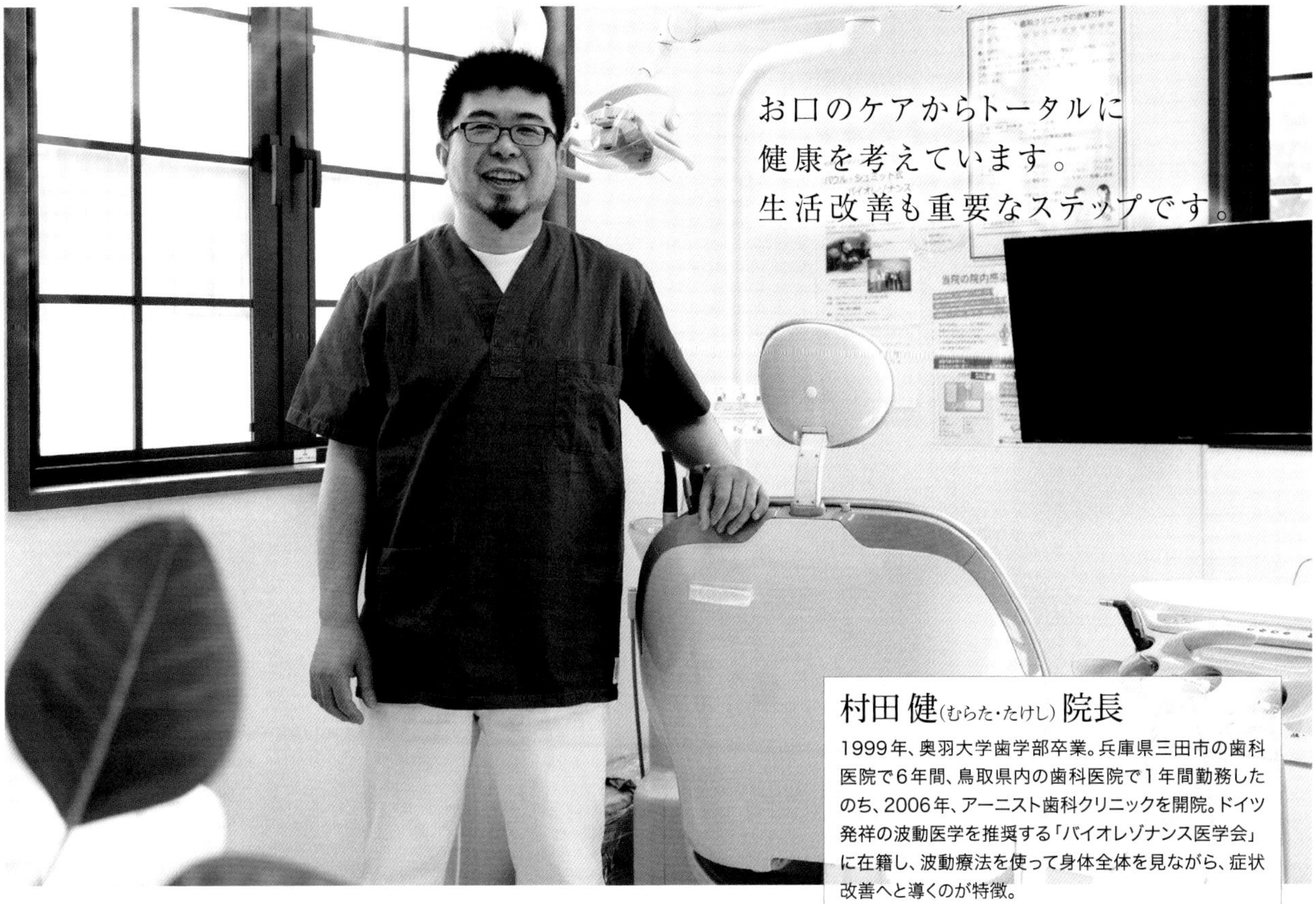

村田健（むらた・たけし）院長

1999年、奥羽大学歯学部卒業。兵庫県三田市の歯科医院で6年間、鳥取県内の歯科医院で1年間勤務したのち、2006年、アーニスト歯科クリニックを開院。ドイツ発祥の波動医学を推奨する「バイオレゾナンス医学会」に在籍し、波動療法を使って身体全体を見ながら、症状改善へと導くのが特徴。

状が表れます。朝起きたとき、あごがだるいという方もいますね。

食いしばっていない"正しい状態"は、上下の歯を離し、上の前歯の裏の歯茎がぷくっとふくらんでいるところ（切歯乳頭）に舌の先が軽く付いていること。やってみると、だいたいの方は下あごが前に出ます。口がぽかんと開かないこともわかるでしょう。

その状態でほとんどの時間を過ごすと、お口の健康も守られますし、鼻呼吸をすることで細菌やウイルスが体内に入るのをブロックし、感染症予防にもつながります。食いしばらないことが、たくさんのメリットを私たちにもたらせてくれるのです。

食いしばりを止めると全身の健康度も上がる

では、歯と舌が正しい状態を維持できないのはなぜでしょうか？　原因は大きく3つあります。

1つ目は、身体の中で細菌が増えていること。要因は2つです。1つは、口呼吸。空気と一緒にホコリや細菌、ウイルスを吸い込み続け、体内で病原体が繁殖しやすくなります。また、口呼吸でのどが冷やされることで同様の状態が起こったり、風邪を引きやすくなったりします。もう1つは、冷たい食べ物・飲み物の摂りすぎにより、身体が冷えた状態にあることです。のどとお腹を冷やすと、細菌が外から入ってこなくても、体内で繁殖しやすくなるといわれています。細菌の増殖によって全身の疲れ、体調不良、睡眠の質の低下などを引き起こし、無意識に食いしばってしまうのです。

2つ目は、化学物質の問題です。みなさんが普段お使いの石鹸、化粧品、シャンプー、洗剤の多くには、農薬、保存料、着色料、乳化剤、安定剤など環境ホルモン（内分泌かく乱物質）が含まれています。それらを繰り返し使うことで免疫異常を引き起こし、人によってはぜんそくやアトピー性皮膚炎といったアレルギー症状が出る場合があります。それでますます口呼吸になり、舌が下がってしまうために、口腔内で正しい状態を維持することができないのです。

3つ目は、電磁波障害です。オフィスでのパソコンの使用はもとより、学校のオンライン授業、携帯電話の使い過ぎなどによる記憶力や注意力の低下、うつ症状など、健康被害が指摘されています。ストレスを感じると、人は上下の歯を接触させてストレスの緩和をはかろうとするため、歯ぎしりや食いしばりが起こるのです。

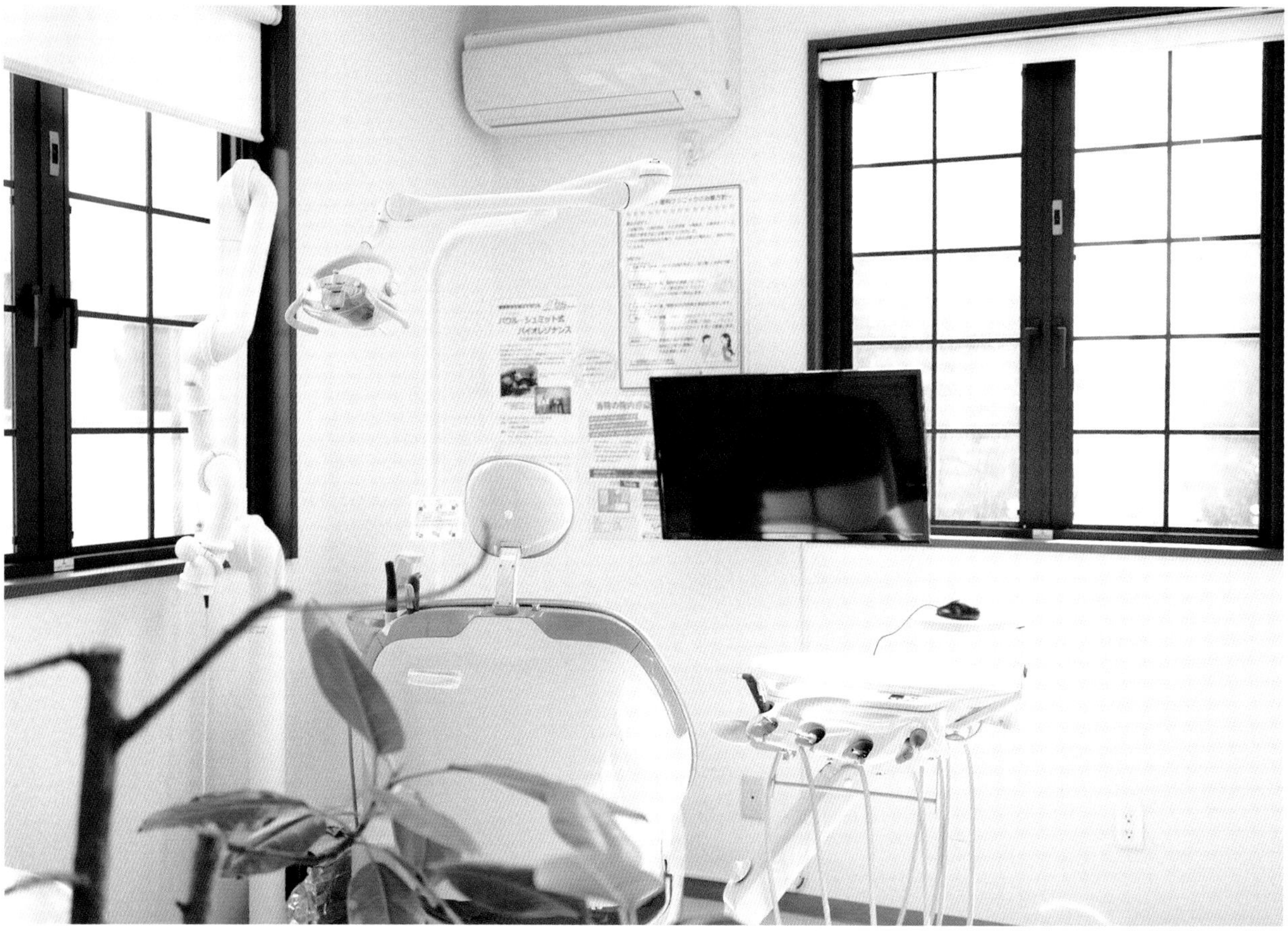

開放的で明るい雰囲気の診療スペース。一人の患者さんに数時間かけることも珍しくなく、治療の説明やホームケアのアドバイスなどをするためのテーブル&イスも同スペースに用意されている

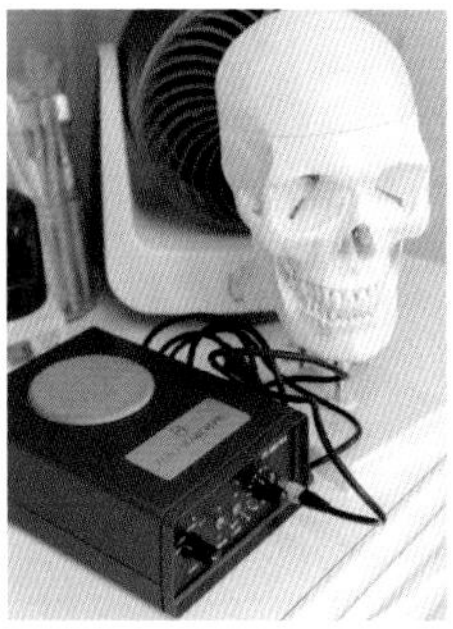

波動を駆使し、患者さんの身体に負担をかけず検査を行う専用機器。症状の原因がどこにあるか突き止める

待合室には除菌水の噴霧器も多数設置。ほとんどの感染症の予防、院内感染を防ぐ効果が期待できるという

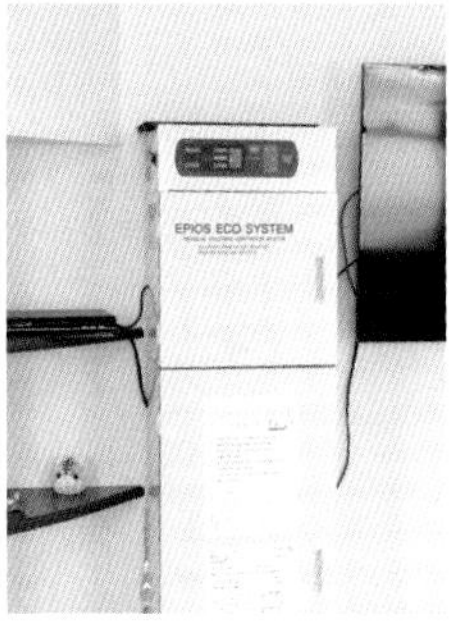

強い殺菌効果があり、細菌の増殖を防ぐ除菌水を生成するシステムを導入。すべての蛇口から除菌水が出る

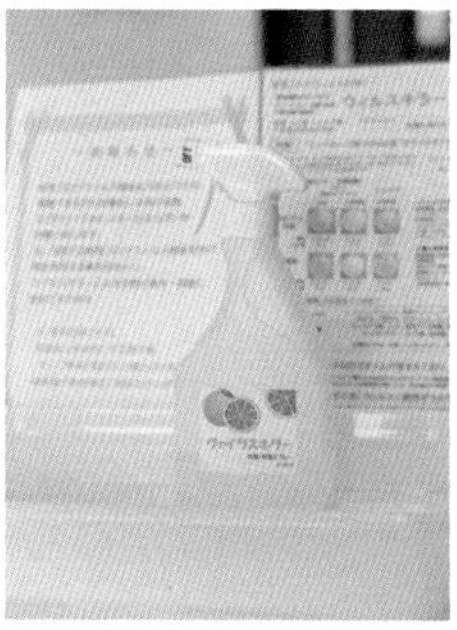

入り口には手指の消毒用スプレーが置かれている。100%オーガニックで除菌・抗ウイルスに効果があるそう

ホームケアにも利用可能な除菌水。この水を含んだまま歯磨きするだけで、口内がしっかり殺菌される

この3つをできるだけ避けるようにすると、自然に舌が上がりやすく、食いしばりにくくなります。同時に、全身の健康度が上がることもおわかりになるのではないでしょうか。

睡眠中の食いしばりが気になる方は、舌の位置を正しい状態にした上で、唇が開かないよう隙間なくテープを貼ると効果的です。私自身、スポーツテープで試したところ、朝まで正しい状態を保つことができました。イビキや無呼吸症候群、インフルエンザ対策としてもおすすめします。

病気の5つの原因を除去。環境ホルモンはゼロに！

当クリニックでは、病気になる原因を5つ（①金属汚染　②ウイルス・細菌などの潜在感染　③化学物質による汚染　④電磁波障害　⑤精神的ストレス）に分類し、まずは除去することを中心に治療をしています。

たとえば、治療の際、除菌水がすべての蛇口から出るようにしています。患者さんが口をゆすぐのも、治療中のお水も、すべて除菌水です。そうすることで、虫歯菌や歯周病菌の治療に効果が期待できるのはもちろんのこと、水道水に一定程度いる細菌を除去し、切開や抜歯後の傷口に細菌感染を起

細菌や環境ホルモンを
身体に入れない、増やさない。
そうすれば自分で健康を守れる

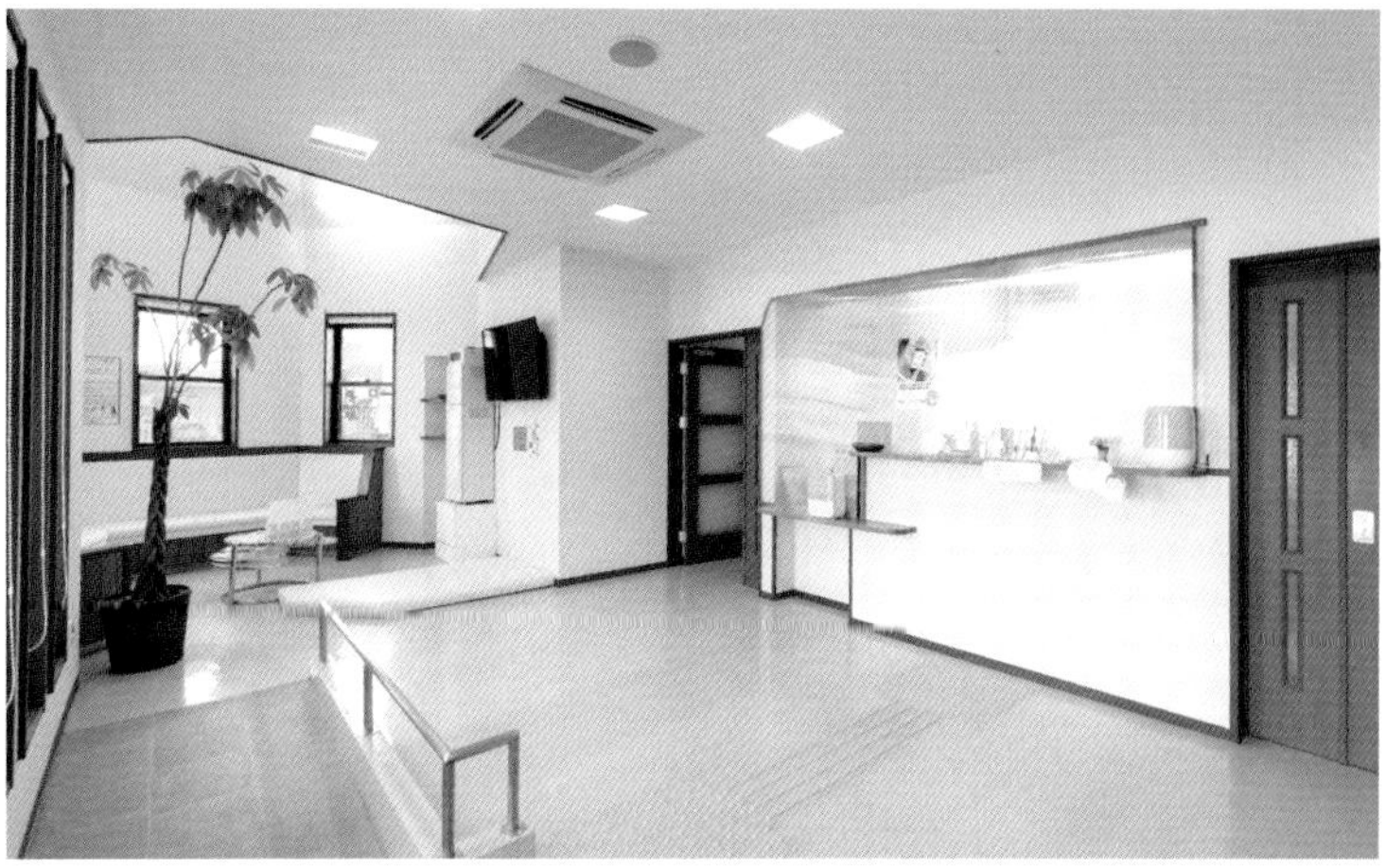

車いすでも来院できるよう、バリアフリーに設計された院内の入り口。写真右手が受付、奥が待合スペース。高天井で縦に伸びる空間が気持ちいい。外観同様、立体感のある造りで、クリニックであることを忘れてしまいそう

こさせないようにします。

菌をゼロにはできませんが、お口の中は体内でもっとも菌が多いところです。そこを削ったり掃除したりする立場としては、細心の注意を払う必要があると思っています。

また、環境ホルモン（内分泌かく乱物質）をゼロにし、身体にやさしい材料を世界中から集めて治療にあたっています。先ほど、化粧品やシャンプーに環境ホルモンが含まれていると述べましたが、実は、歯科で詰め物・かぶせ物にするプラスチックにも環境ホルモンが入っていることが多いのです。これが原因で、躁うつや不妊、ぶどう膜炎、間質性尿路症、側弯症といった病気を引き起こす可能性があり、安全な材料との置き換えも私たちの重要な役目だと考えます。実際に、産婦人科医と協力して不妊治療にあたるケースもあります。

口呼吸はよくないが、呼吸する壁は健康にいい！

治療後は、5つの病因をなるべく身体に入れないためのアドバイスを行います。

たとえば、「のどとお腹を冷やさない」という話をしましたが、血圧が上がる原因として後頭部の冷えも挙げられますので、全身を冷やさないようにアドバイスしたことで、「動悸が減った」とおっしゃる方もいます。

また、口呼吸されている方には花粉症、アレルギー性鼻炎が多いので、「洗濯物はできれば室内干しで」とお話しています。

ただ、そこは住環境とも関係してくると思います。昔の家は調湿性のある漆喰の壁が当たり前でした。今はビニールクロスが多用され、「室内に干さないで」と言われることも多いそうです。しかし、いわゆる「呼吸する壁」であれば、洗濯物を干しても室内の湿度が上がりにくく、ダニやカビも繁殖しにくくなります。

寝る環境にしても、環境ホルモンが使われていない部屋でストレスなく眠り、身体をリセットしていただきたい。住む側が自分たちの健康を考え、建材などを念入りに調べて業者を選ぶことも大切だと思います。

アーニスト歯科クリニック
〒683-0845
鳥取県米子市旗ケ崎6-19-37
☎0859-48-1184
https://www.earnest-dc.com

家でテレビを見ながら病気を癒やす時代がきた！

長年、日本の環境保全分野における技術革新に貢献し、「日本のエジソン」と呼ばれる西堀貞夫氏。20年前から、その技術を健康分野に応用しはじめ、「人が簡単で安全に免疫力を取り戻す方法」を研究。技術の粋を集めて開発した、世界に類をみない音響免疫装置『音響チェア』がもたらす健康で幸せな未来とは？

NGO音響免疫療法学会 会長

西堀 貞夫

最強の免疫力は胎児が教えてくれた

20年以上にわたって、「最も簡単かつ安全に、人が免疫力を取り戻し、健康を取り戻すためにはどうしたらいいか」研究を続けてきました。たとえば、室内に貼るだけで汚れた空気を殺菌・浄化し、花粉症などを忘れさせる光触媒和紙は、古紙（新聞）を再利用した開発商品で、通商産業大臣賞ほかさまざまな賞を受賞しています。そんな私が、今度は音で人を健康にしたいと研究した末にたどり着いたのは、「胎児」でした。

人を健康にするという考え方の中には、若返り（アンチエイジング）の考え方が入ってきますが、究極のアンチエイジングが何かといえば、「赤ちゃんに戻す」ことです。健康についても同じことがいえます。生まれたばかりの赤ちゃんは、健康そのもの。免疫力が非常に高いのです。

では、赤ちゃんよりさらに健康な存在とは何でしょう？　そして、その存在はどこにいるのでしょうか？　答えは、お母さんの羊水の中にいる胎児です。

人間としてもっとも高い免疫力を持っているのは胎児のとき。胎児は、胎内にいる280日のあいだ、その体温を38℃に保ち続けます。体温38℃といえば、大人の平熱より1℃以上高く、米国アルバート・アインシュタイン医科大学は、「体温を1℃以上上げるとウイルスを殺す免疫力が5〜10倍になる」と発表しています。新型コロナウイルスが世界中で流行している現在、体温を上げ、免疫力を上げることは人々の切実な願いともいえるでしょう。

それでは、胎児が体温を38℃に保ち続けるしくみとは何でしょう？　キーワードは、「羊水内に伝わる音波」を「脊髄から聞く」ことです。

私はそれから、羊水という液体の中で縦横無尽に起こり続ける〝波紋〟と〝うねり〟を「羊水の響き」と呼び、胎児が「脊髄」から絶え間なく響いてくる母親の鼓動や脈動を聞くことで、成長と免疫を活性化する構造を集中的に研究するようになりました。

そして、世界で初めて、胎児が体温を38℃に保つしくみを解明。「羊水の響き」と同じ振動で「脊髄」から音を聴かせることにより、内臓、細胞などを震わせて全身の血の巡りをよくし、血流が生み出す摩擦熱によって安全に大人の体温を1〜2℃上昇させ、免疫力を向上させる『音響チェア』の開発に成功したのです。

使用方法は至ってシンプルです。写真の椅子に深く座っていただき、映画を観たり、テレビを見たり、音楽を聴くだけ。途中で寝てしまってもかまいません。映画を1本観終わる頃には、ほとんどの方の体温が1〜2℃上がっています。中には上がりすぎてしまう方もいますが、それは体内の悪いところ（たとえばがん細胞など）を自分の熱で攻撃しているときに起こりやすい現象です。

そう考えると、外から温熱を当てるというような方法でもなく、薬もまったく使わずに、体温と免疫力を上げることのできる「最先端医療」といえるかもしれません。

西堀氏が開発、発明した『音響チェア』。お母さんの「羊水の響き」をよみがえらせる技術が詰まった椅子に座って音楽などを聴くだけで、脊髄から全身の細胞に響きが伝わり、胎児同様、体温・自己免疫力が高まるという

エンターテインメントと医療の融合に海外も注目

この『音響チェア』をエンターテインメント事業と組み合わせ、映画館やテーマパーク、遊園地など、多くの人が笑顔になる場所で活用すれば、国民の健康度は確実に上がるでしょう。もっと言えば、自宅にホームシアターをつくり、大画面のテレビと『音響チェア』をつなげば、家にいながら心と身体を癒やすことができます。

実は、アメリカのハリウッドや中国がすでにこの技術に注目しています。中国政府は実際に、高齢者を大切にするモデル事業として、認知症の予防と治療のために『音響チェア』の病院への導入を決めました。

ではなぜ、『音響チェア』が認知症予防と治療になるのでしょうか？　人間の身体の80％は水分でできています。音の響き（倍音）は空気中より水中のほうがより伝わりやすく、その振動により頭蓋骨をゆるめ、脳への血流をよくし、動きの鈍かった脳を再び活性化させるのです。

特に日本では、ほとんどの医療機関で高血圧症の治療として薬を処方し

NGO音響免疫療法学会 会長 西堀貞夫

ますが、飲み続けることで血流が弱くなり、認知症を引き起こすと考えられます。「日本人は世界有数の薬好き」とも言われていますが、薬に頼らず、椅子に座って楽しみながらずっと健康でいられたら、これほど幸せなことはありません。

ちなみに、航空会社のパイロットは、厳しい決まりによって高血圧の薬はもちろんのこと、風邪薬、目薬さえ禁じられています。薬の成分がどのように作用するかわからないというのが理由ですが、「薬は必ずしも安全ではない」という何よりの証拠ではないでしょうか。

『音響チェア』の周囲に聖地と同じゼロ磁場が出現

さて、お母さんの「羊水の響」きを再現し開発した『音響チェア』ですが、驚くことに、地球や人体と同じく磁気を発生する装置であることがわかりました。私が会長を務めるNGO音響免疫療法学会の音響ルームにはチェアが5台あり、そのまわりで磁極が渦状に出現する「ゼロ磁場」現象が発生していたのです。

三重県の伊勢神宮をはじめ、長野県の分杭峠、諏訪大社、愛知県の豊川稲荷、和歌山県の高野山など、日本各地には「ゼロ磁場」があります。それらが人々からなぜ「聖地」「パワースポット」と呼ばれ、多くの人が集まるのかといえば、こうした場所に身を置くことで「気」がよくなり、病が回復したり、体温が上がって免疫力が高まったり、物が腐りにくくなるなど、不思議な現象が起こるからです。

音響ルームの中でも特に「気」の強いスポットでは、方位磁石の針がグルグル回りはじめます。写真のように磁石をいくつか並べてみると、S極とN極の力がぶつかり合い、お互いの磁力を打ち消し合っている様子がよくわかります。実際に、この部屋に入るだけで、普段36℃程度の体温が37℃を超える方がほとんどです。

それだけではありません。私たち人間にも生体磁石が備わっており、この場にいると磁石のエネルギーが増すのです。すると、同じく磁力を帯びたクリップが簡単に手に吸いつくようになります。『音響チェア』を体験したあとでは、人体の持つ磁力は一層強くなります。

その理由は明確です。私たちの血管を流れる血は真っ赤ではなく、「鉄」の色をしています。血をなめると「鉄」の味がするのはご存知でしょう。それは、血液の主成分である赤血球に含まれるヘモグロビンに鉄が入っているからです。そして、鉄は磁力を帯びる性質を持っている。磁力は運動量が多いほど強化されます。つまり、『音響チェア』に座り、血流がよくなると磁力の流れも強くなるということです。

ただし、チェアの内部に強い磁石が入っているわけではありません。主要なしくみは次の通りです。

一つはイスの背中部にあるスピーカーに中空ストローファイバーを網状に重ね、「羊水の響き」を再現するとともに2つの共鳴を起こします。一つの音源に対してストローはたくさんの数があり、異なるストローの中にたくさんの同じ周波数が存在することになり、それら同士が共鳴を起こし、音波の振幅が大きくなります。もう一つは、中空ストローファイバー網構造体は人工血管ですから弾力があり、あずけた背中とぴったり密着。空気を通さず、骨伝導によって脊髄・頭蓋骨へと直接、音波が伝わることになります。すると、胎児が羊水の中で音を聞いているのと同じ状況になる＝録音したCDの音源が体内から響く生音になるのです。

しかし、胎児ではない大人の大きな身体をすみずみまで振動させ、体温

『音響チェア』の周囲では、磁極が渦状に出現する「ゼロ磁場」現象が発生。十字に置いた磁石の針がバラバラな方向を向いている

同じ場所ではハサミやクリップが磁力を帯び、磁石化して互いに引き合う。人間も生体磁力が高まり、指で連なるクリップを持ち上げることができる

NGO音響免疫療法学会 会長 西堀貞夫

西堀 貞夫 *profile*

高速道路で見かける衝撃吸収材や防音装置、テレビや携帯の液晶画面、網構造体を使ったベッド素材、人工皮革に太陽光発電、光ファイバーなど特許出願件数は1200件超。その業績によって、環境大臣賞受賞「地球温暖化防止と環境保全」、通産省環境立地局長賞受賞「自動車プラスティックリサイクル技術」ほか多くの評価を受けている。『ゼロ磁場ならガンも怖くない』（ヒカルランド）など著書も多数。

最新著書
赤ちゃんはなぜ
「コロナ」「がん」を
発症しないのか？（ヒカルランド刊）

人間としてもっとも高い免疫力を保ち続けるのは胎児のとき。胎児は、胎内にいる約280日の間、体温を約38℃に保つ。そのしくみと免疫力との関係を紹介する。

を38℃にしたいわけですから、こうした共鳴をより増幅させる強いエネルギーが必要になります。そこで、ヴァイオリンの「名器」と呼ばれるストラディバリウスの構造を応用し、チェアの内部を楽器のように響かせることにしたのです。ですから、『音響チェア』は弦楽器さながらの響きに近く、「イス自体が楽器である」とも言えます。

『音響チェア』の床面には、さらに共鳴を倍以上に高める「振動共鳴板」を設置。チェア内部から出る音そのものを共鳴させることによって、音波が増大し、バイブレーターのように激しく身体を震わせることが可能になりました。

「共鳴」は古代の治療法
諸行無常の鐘の響きを再現

この共鳴のしくみは古代の治療道具とてもよく似ています。チベット医療で使われるチベタンボウルや中国映画や音楽で使われる銅鑼《ドラ》、日本のお寺にもある鐘。これらはすべて、古代に治療道具として使われていたものです。

中国に現存する最古の医学書『黄帝内経』には「5000年前にチベタンボウル、鐘の響きで病を治した」とあります。2600年前、お釈迦様は大きな釣り鐘の下に病人を座らせ、鐘をついた振動を全身に浴びせることで治療したそうです。お釈迦様は、鐘の響きで体温が上がり、自己免疫力が高まることをご存じだったのでしょう。中国には今でも「鐘は病を治す道具」という認識が残っています。

鐘の音は「諸行無常の響き」と表現されます。諸行無常とは、「万物はつねに変化し、とどまるものはない」という仏教の根幹思想をあらわす言葉ですが、それだけ「鐘」の指し示すものが大きかったからかもしれません。

その鐘に使われる材質は古代から変わらず「青銅（銅とスズの合金）」です。2020年、『音響チェア』の心臓部にも銅板を加えることとしました。これによって、チェアから流れる音源のすべてに「諸行無常の鐘の響き」が含まれることになり、響きのエネルギーも格段に向上。体温が上がるまでの速度が約3分の1に短縮されました。

ここまで音響免疫装置『音響チェア』のしくみについて解説してきましたが、これを読まれてご自身でも「試してみたい」と思う方がいらっしゃるかもしれません。先ほどお話ししたNGO音響免疫療法学会の音響ルームにて無料体験（要予約）ができますので、お気軽にお問い合わせください。

問い合わせ先（事務局）

〒141-0031
東京都品川区西五反田2-31-4 KKビル3F
TEL 03-5487-0555
FAX 03-5487-0505
NGO音響免疫療法学会ホームページ
http://www.onkyo.tokyo

医療・環境ジャーナリスト

船瀬 俊介

日本の住宅は「化学」から「自然」へシフトせよ

著書『買ってはいけない！』シリーズで、２００万部のベストセラーを生み出した船瀬俊介氏。医、食、住、環境問題を中心に執筆、講演活動を展開する同氏に、報道では見えてこない住宅の問題、家中にはびこる電磁波の怖さ、住環境と体調不良とのかかわり、そして、問題解決策について、じっくり伺いました。

デザインから入った家は必ず失敗する

「日本の住宅は30年しかもたない」といわれているのをご存知ですか？イギリスは１４１年、アメリカは１０４年、フランスは86年、それがなぜ日本は30年なのか。その理由の一つは、学校で「住育」をまったくしていないことです。家がどうやってつくられているのか何も知らない消費者が、「すべて建築家にお任せします」と言うからです。

しかし、みなさんがプロだと思っている建築家も、実際のところ、どんな材質、建て方がその土地に合うのかよくわかっていません。

日本は世界森林大国トップ3なのに、デザイン教育ばかりで木造建築をしっかり教えてこなかった。建築学科を出ても、「切妻屋根」の形も「漆喰」も知らない人がいます。1951年に田中角栄が「木造建築禁止令」を通したことで、それから36年間、公共建築はコンクリートになり、木造建築の暗黒の時代が続いたのです。

一般住宅もデザインばかりが優先され、一番大事な家の躯体にお金をかけないようになりました。木造住宅でかかる木材の費用は全体のおよそ1割といわれています。1000万円の家なら木材はたった100万円。それを2割にしてごらんなさい。家の寿命はあと30年ぐらい簡単に延びるでしょう。

私はよく「建ててはいけない大手ハウスメーカー」と言うのですが、そもそもナショナルブランドのハウスメーカーがあるのは、世界中を見ても日本だけです。北海道から沖縄まで、気候も風土も違うのに、全国どこでも同じ家を売るのはおかしい。ローカルビルダーが世界の常識であり、日本の江戸期がそうであったように、地元の大工が試行錯誤を繰り返し、その土地、その土地の風土に即した家をつくってきたのです。体験科学から導き出された建築様式が伝統であり、それは建築家ではなく、大工がつくったものです。

また、今の日本の住宅は無垢材が少ないばかりか、459種類もの有害化学物質にまみれています。これではいつまで経ってもシックハウス症候群はなくなりません。無垢材をふんだんに使うことがなぜ大事かというと、木には優れた調湿作用があるからです。柱1本でビール瓶1本分くらいの水を常に吸ったり吐いたりするといわれています。だから家の中の温湿度が保たれ、四季を通じて心地よく暮らせるのです。

私の家も無垢材をふんだんに使った自然建築です。冬に薪ストーブを少し使うぐらいで、夏のクーラーはまったく使いません。

住宅が自然から遠ざかるほど、健康からも遠ざかっていきます。今は天然漆喰を使った家もほぼなくなりました。余計な混ぜ物をしていない天然漆喰のメリットといえば、無垢材と同じく優れた調湿性ですが、そのメリットをさらにしのぐのは、ウイルスフリーの空間ができることです。漆喰は静電気作用で、空気中に浮遊するウイルスを99・99%付着させます。住宅はもとより、老人ホームや病院も壁を天然漆喰にすれば、間違いなく健康回復に寄与するでしょう。

消費者はそういうことも知らずに、外観やデザインばかり気にしますが、家はファッションではないのですから、見るべきところはそこではありません。

「隣と違うデザインにして」と言われた建築家がデザインをいじくりまわすと、何が起こると思いますか? 設計費用がかさむ、建築費用がかさむ、気候に対する耐久性が下がる、冷暖房効率が悪くなる(機械に頼って光熱費が上がる)、そして、家の寿命が縮みます。

オーソドックスな屋根はつまらないと、軒を極端に短くしたり、反対に長くしたりすれば、採光の問題が発生します。個性的な窓にしたいと、窓を小さくしたり、大きくしすぎたりすれば、採光だけでなく換気・通気の問題が起こります。四角い家は平凡だからと、凝った形状にするほど断熱性能が落ち、壊れやすくなります。

私は、「欧米の住宅に比べて日本の住宅は2×4」だと言うんです。デザインを重視した結果、価格は欧米の2倍、寿命は4分の1。つまり、日本の住宅は欧米の8倍高い値がついているということです。

「休む」という字は「人」が「木」に寄り添っているでしょう。家づくりで失敗しないためには、安心して休める家のどこにコストをかけるか、よく考えたほうがいいと思います。

それともう一つ、もっと住宅のことを勉強して、知識を蓄え、発言する消費者にならないといけないというのが私の考えです。少しでも疑問があれば、建築家にどんどん質問してほしい。たとえば、設計図の壁に「クロス」と書いてあったとします。クロスは英語で「布」のことです。ところが、日本のほとんどの住宅でクロスと称して使われているのは、「塩化ビニール」。これには発がん性があります。アメリカなら詐欺で訴えられ、何千件と裁判が起きる話です。

欧米は、極貧困層向けの粗悪な住宅にはやむを得ず塩化ビニールを使います。しかし、日本では10軒のうち9軒はいまだに塩化ビニールが貼られていて、「クロス仕上げいたしました」と言われて「きれいですね!」と喜んでいる。でも、ビニールハウスに高額を支払うなんて、知っていたらお断りでしょう? だったら「クロスの素材は何ですか?」と先に確認すべきです。

わからないことは、「この成分は何ですか?」「どんなメリット、デメリットがありますか?」と聞けばいい。それが自分の住処を守り、財産を守り、大切な家族の健康を守ることにつながるのではないでしょうか。

医療・環境ジャーナリスト 船瀬俊介

電磁波は「最後の公害」止めなければ殺される

私が今、最危惧しているのは住宅に入り込む電磁波の問題です。「5G」という言葉を聞いたことがあるでしょう。みなさんがスマホなどで使用している第4世代（4G）の電波と比べ、大容量のデータをより早く送受信できるのが「5G」、第5世代の高速通信システムです。

その通信速度の速さは驚くほどで、4Gの約100倍。たとえば2時間の映画をスマホにダウンロードする場合、4Gでは5分程度かかるものが、5Gはわずか3秒。また、コンサート会場や球場の巨大スクリーンにライブ映像が映し出され、刺激的で迫力のアングルが楽しめると、マスコミが盛んにあおっています。

しかし、5Gには実は大きな問題があります。使用している電波の波長が4Gより短いため、電波が短い距離しか届かない。スマホの電波として使用するには、小型基地アンテナを現在の4Gの2〜3キロに1基に対して、20〜100メートルおきに設置しないと実現化できません。

それはすなわち、世の中の至るところにアンテナがすき間なく設置されるということ。私たちは常に電磁波に照射され、人体に与える電磁波の影響は4Gの10倍ともいわれています。

電磁波問題の世界的権威、ロバート・ベッカー博士は、電磁波には次の10の害があると言っています。

①成長細胞にダメージを与える
②発がん性がある
③がんの成長を促進する
④催奇形性がある
⑤神経ホルモンを阻害する
⑥自殺、異常行動を起こす
⑦生体リズムを破壊する
⑧ストレス反応を引き起こす
⑨免疫力を低下させる
⑩学習能力を低下させる

家庭内のWi-Fiの普及とともに、生活空間でも4Gの電磁波を長時間浴び続けるようになり、現在も頭痛や不眠、めまいなどに悩まされている人が増えています。電磁波に敏感に反応する症状は電磁波過敏症と呼ばれ、ひどい場合は意識障害といった危険性も指摘されています。

また、電子レンジ内に体を入れたかのように、体の各部に炎症を起こす可能性もあると、電磁波が人に与える影響に詳しい丸山アレルギークリニックの丸山医師は言います。丸山医師によれば、特に目が電磁波に弱く、黄斑変性症や網膜剥離を引き起こす場合もあるそうです。発がん性も懸念され、特に肺がん、乳がんとの関連が疑われています。

5Gは4Gより波長が短い高周波ですから、さらに危険度は増すと言えるのです。

ベルギーではもともと電磁波に対して厳しい基準が設けられており、今のままでは5G導入ができないことから、見送りを決定。ベルギーの環境大臣は、「ブリュッセルの人々は、利益のために売れる健康なモルモットではない」と述べています。

スマホの電磁波から身を守るために、せめて留意していただきたいのは次の3つです。

①通話はイヤホンを使用し、なるべく距離をとる
②充電中に通話はしない
③枕元に置いて就寝しない

私は5Gの普及を前に、「5G反対同

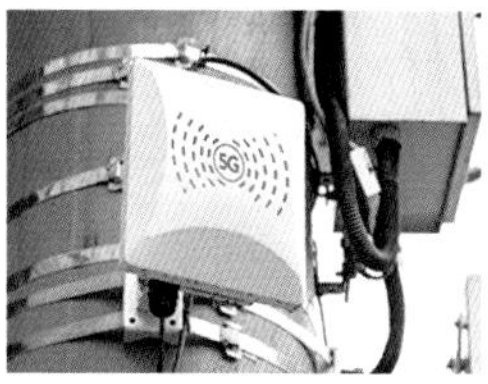
20〜100m間隔で電柱に設置

オフィスの窓に設置

マンホール下に5Gアンテナ埋設

第5世代の高速通信システムとして注目される「5G」。便利さと引き換えに、人体に与える電磁波の影響は10倍ともいわれている。新たな健康被害を生み出してはいけないと、船瀬氏は「5G反対同盟」を結成した。
5G反対活動メンバー登録はこちら→ https://ws.formzu.net/fgen/s77906808/

盟」を結成。クラウドファンディングを実施して、2度にわたって5G防御製品の開発や、5G導入阻止ビデオの制作、5G反対活動に必要な資金を調達しました。ご支援いただいた方々への返礼品は、電磁波をブロックする「健康関連商材」をリターンとしました。

最後の公害「5G」が加わった未来に、子どもたちは生き続けることができるのか、非常に不安です。

代替医療系セカンドオピニオン制度を提案しています。
構築できましたらお知らせするので、ご参加ください。
◆健康セカンドオピニオン制度 参加フォーム
https://ws.formzu.net/fgen/s92653733/
新版
ショック!! やっぱりあぶない
電磁波
船瀬俊介
リニア 5G 家族におそいかかる新たな脅威
「見えない危険」
電磁波タブーを暴く！

船瀬 俊介 *profile*

ジャーナリスト、評論家。1950年、福岡県生まれ。大学在学中より生協活動に携わる。日本消費者連盟の編集者を経て1986年独立。1996年に共同執筆した『買ってはいけない』が大きな反響を呼び、主に消費者・環境にかかわる分野の著書の執筆、講演活動を続けている。船瀬俊介 公式HP http://funase.net/ 無料メルマガ配信中！

最新著書
新版 ショック！！やっぱりあぶない電磁波
（花伝社刊）

危険な5Gの未来を予測。海外基準の60 ～ 100万倍！日本だけ甘すぎる規制で街中が電子レンジ状態に!? 家族に襲いかかる新たな脅威、「見えない危険」電磁波のタブーを暴く。

体調不良の原因は住宅
室内汚染から身を守れ！

今は、体調不良の原因がわからないという人がすごく多くなっていますが、最大の原因は自分の家。地球上で最も化学物質に汚染された空間はどこですか？ と聞かれたら、それは室内です。

先述したように、家の中には459種類の有害化学物質が使われ、壁は発がん性のある塩化ビニールで覆われています。その壁紙を貼るための大量の接着剤にもホルムアルデヒドという有害化学物質が使われています。それらが気化（揮発）し、家中に立ち込めているのです。

恐ろしいのは、その汚染された空気を呼吸によって吸い込んでいることです。最も小さな粒子は血流にまで侵入し、心臓や脳の疾患を引き起こしたり、がんを誘発したり、神経系に影響を及ぼすこともあります。

しかも、それらは人間の免疫で除去したり、消化したりすることができません。化学物質は近代以降につくられた新しい物質で、人体はそれに対して免疫機能も解毒機能も持っていないからです。

そこにさらに電磁波ストレスが加わっているのが、家の中なのです。見えない有害物質によって、われわれは絶えず危険にさらされていることを認識してほしいと思います。

しかし、知識さえあれば、何らかの手を打つことができます。

住宅を建てるときのキーワードは2つだけ。「シンプル」&「ナチュラル」です。医学の父と呼ばれる古代ギリシャのヒポクラテスは、「自然に近ければ、病から遠ざかる。自然から遠ざかると、病に近づく」と語っています。家に置き換えれば、建材はすべて自然素材にするのが一番です。

そして、デザインより構造材を優先し、極力メンテナンスしやすい家を目指したほうがいい。迷ったときは、どちらがよりシンプルか、どちらがよりナチュラルか、自分に問いかけてみてください。カーテンやファブリックも、ノンケミカルなものをおすすめします。

電磁波対策としては、分電盤を二系統にすることを提案します。夜寝る前に寝室だけ電場をカットし、完全に電磁波をシャットアウトするのです。就寝中だけでもストレスから解放されれば体の緊張が減り、ぐっすり眠れます。翌日の体調の変化に、あなたはきっと驚くはずです。

歯科医が選んだ
「0宣言のクリニック」

患者にとってより良い環境で診療するために

清らかな水と空気が自慢の村で、一軒しかない歯科医院「小笠原歯科」。患者さんにとって、より心地よいクリニックを追究して選んだのは、『0宣言の仕様』で診療施設を建てることでした。そこに込めた思いと、それを形にしたクリニックの全貌をご紹介します。

小笠原歯科 院長

小笠原 榮希

快適、安心、機能で選んだ『0宣言』

福岡県の南部に位置する八女市は、日本有数のお茶どころとして広く知られています。その中でも、とりわけ自然豊かな山合いの小さな村に小笠原歯科はあります。

医院長の小笠原榮希さんがこの地で歯科医院を開業したのは17年前。県内の大学病院に小児歯科の専門医として勤務していましたが、義父の歯科医院を継ぐため、この土地に移り住んで来ました。

「この村で歯医者は当院だけです。以前は子どもを専門に診ていましたが、今は全ての年代が対象です。子どもから年配の方まで、『村みんなのホームドクター』として頑張っています」と話す小笠原さん。村唯一の歯科医院として虫歯治療などの一般的な歯科治療はもちろん、噛み合わせ矯正や歯列矯正、老人福祉施設への往診、時には昼休憩を潰してまで治療に対応することもあり、村の人たちからは厚い信頼が寄せられています。

そんな地域に密着した医療を実践している小笠原さんがこだわりを尽くして新設したのが、『0宣言の家』仕様の診療施設です。完成

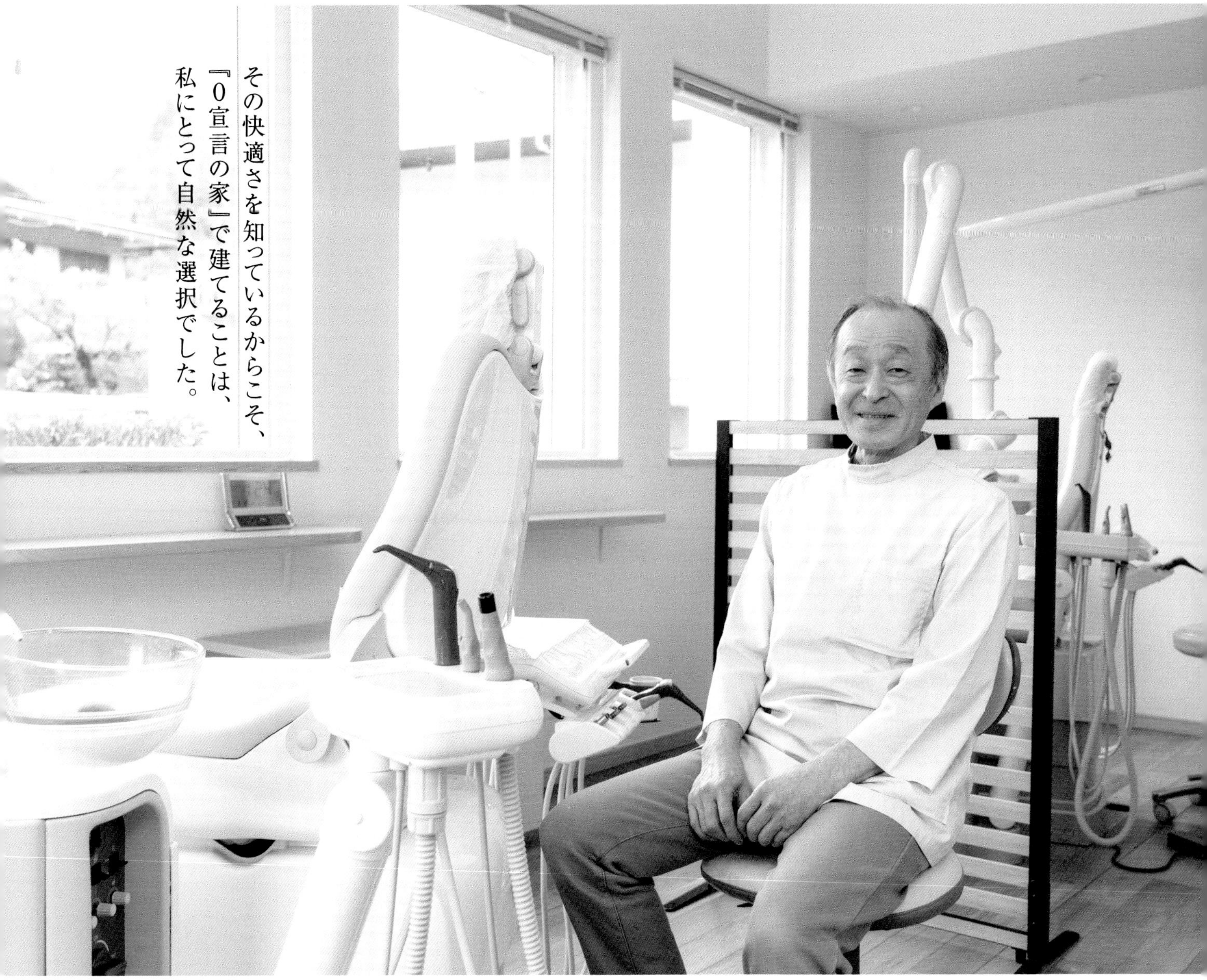

その快適さを知っているからこそ、
『0宣言の家』で建てることは、
私にとって自然な選択でした。

「体が元気な限りは、村のために頑張りたい」と話す小笠原榮希さん。山間部の過疎地ゆえ、医療格差や医療従事者の後継者不足が課題となる中、唯一の歯科医として長年大学病院で培った技術を活かし、村でこれまで行われていなかった歯列矯正、噛み合わせ矯正を診療に取り入れている

したのは約1年前。それまで使用していた診療室は、この土地に越してきた際、応急的に建てたものだったため、「狭くて、使い勝手が悪かった」といいます。そこで、もともと5年前にご自宅を『0宣言の家』で建てていたことから、次にクリニックを建てる時は『0宣言の家』仕様にすると決めていたと言います。

「私自身が『0宣言の家』で暮らし、体へのやさしさ、断熱性の高さを体感していました。それを診療室に活用しない手はないなと。それに、山や川などの自然に囲まれた場所で、化学物質にまみれた建物はそぐわない。『0宣言の家』で歯科医院を建てることは自然な流れだったと思います」。そうして完成した新たな診療室は、〝歯医者らしくない〟が魅力となっています。

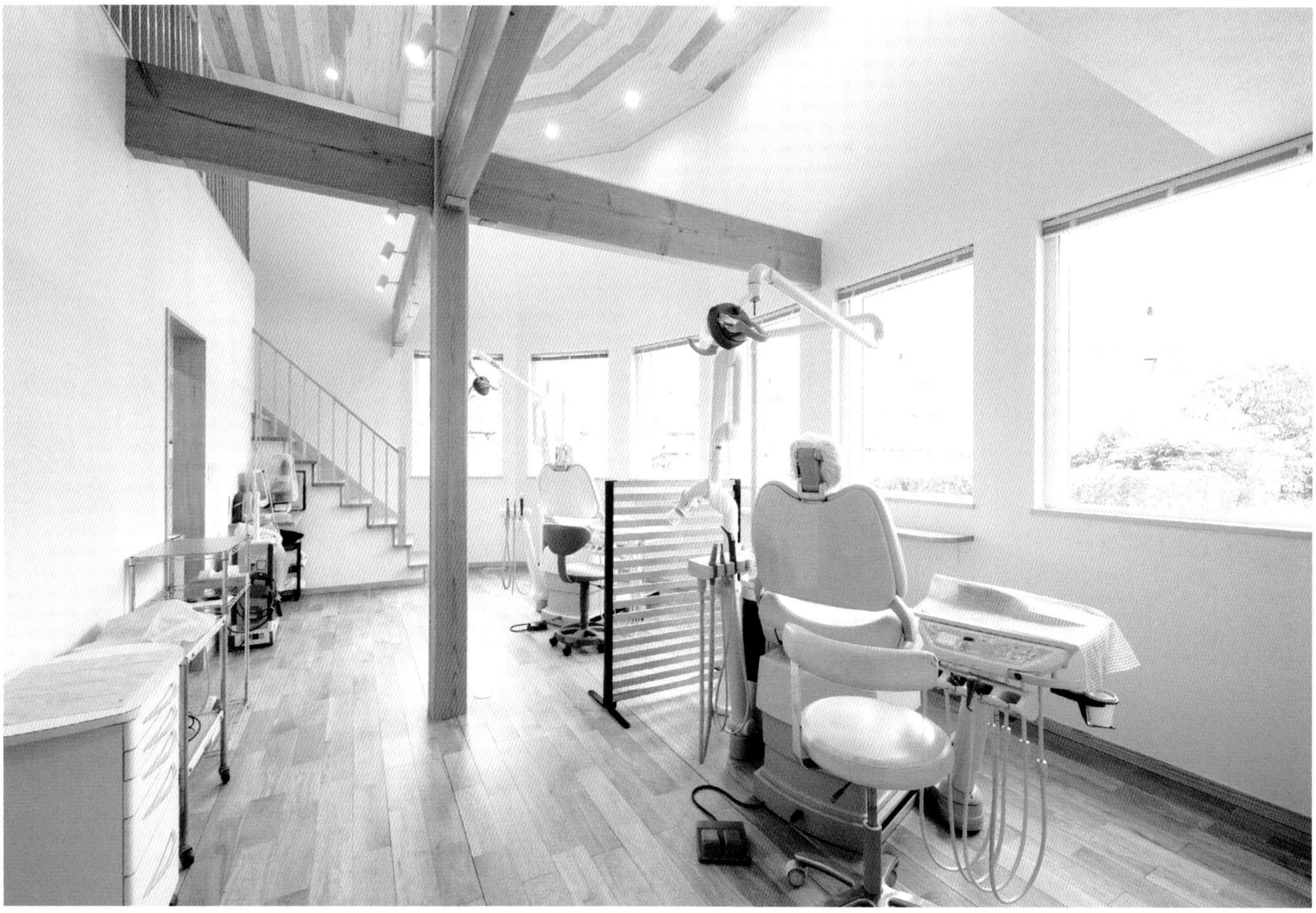

診療室は天井が高く、木の温もりがあふれる空間。アール型の壁にある大きな窓からは、4つの山が連なった「耳納連山」が一望できる。また、漆喰壁の消臭効果で医薬品の匂いはなく、歯科医院であることをまったく感じないという程、診療に来た子どもがうっかり寝てしまうのも納得の心地よい空間

歯科技工のスペースは、漆喰の白で統一した清潔感あふれる空間。壁面棚を設け、薬品や備品などを収納。コンパクトな広さながら、作業スペースをしっかり確保している

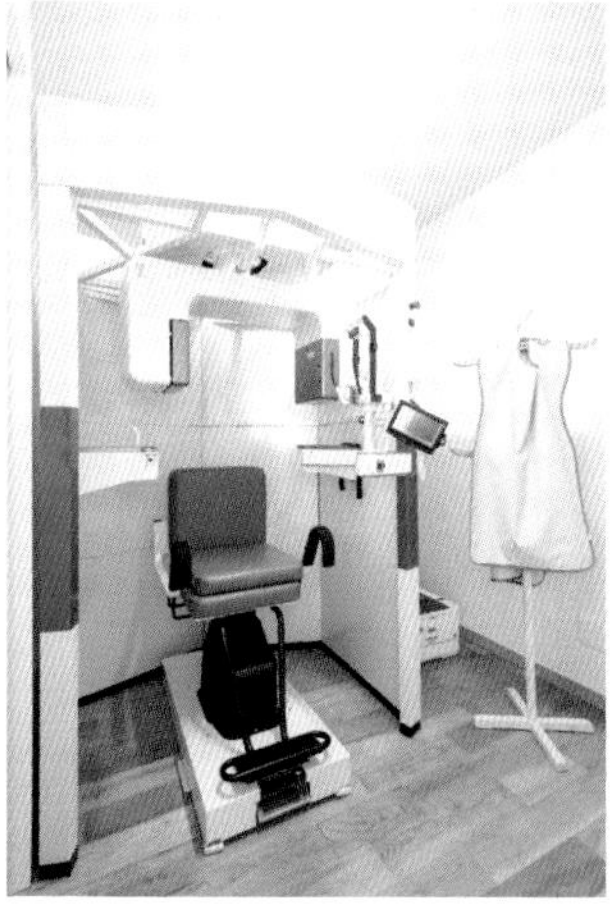

レントゲン室の壁は、鉛ボードを貼った上から漆喰を塗っている

診察室はまるでリビングのようなリラックス空間。

子どもが寝てしまう程心地よい診療室

ドアを開けた瞬間、玄関からふんわり漂うやわらかな木の香り。診療室に入れば、天然木をふんだんに使った開放的で温かみのある空間が広がり、歯医者特有の薬品の匂いはまったくしません。それどころか、足裏にやさしくフィットする天然木の床、味わいのある壁の漆喰、深呼吸したくなる清々しい空気感は、まさに『0宣言の家』そのものです。

「ここに初めて来た患者さんはみなさん、『歯医者じゃないみたい！』と驚かれるんですよ」と笑顔で話す小笠原さん。歯医者を怖がる小さな子どもも、診療ベッドの上で熟睡してしまうことがあるそうです。

「無機質で冷たい印象にはしたくなかった」という小笠原さんの言葉通り、リラックス感あふれる診療室。その中でも、とりわけ目を引くのが、大きな窓から見える雄大な山の景色です。春は桜、夏は新緑、秋は紅葉、冬は雪景色と四季折々のパノラマビューが広がり、これもまた〝歯医者らしくない〟魅力の一つ。この景色を楽しみに来院する患者さんもいるといいます。

そして、小笠原さんが『0宣言の

玄関は住居のような雰囲気で、心地よい木の香りとともにやさしく迎えてくれる

患者さんをお迎えする受け付け。壁面棚の扉も天然木をあしらい、木の温もりが感じられる。クリニックのロゴをあしらった背面は、天然木を組み合わせたモザイク貼りで仕上げ、ちょっとしたアクセントに

木の温もりに包まれて 待ち時間も心地よく

自宅奥に新設した歯科医院は、自宅とデザイン、色を統一した

待合室は窓から自然光が差し込み、ほっとできる空間。鮮やかなグリーンのベンチともマッチする

HOUSE DATA

□敷地面積
103.25㎡(31.23坪)
□延床面積
172.13㎡(52.06坪)
□工期
5カ月
□構造
木造在来軸組パネル工法
□断熱
［クアトロ断熱］
内断熱(充填):セルローズファイバー
外断熱:ネオポール
遮熱塗り壁材:セレクト・リフレックス
調湿効果内壁:スペイン漆喰
□屋根材
ガルバリウム鋼板
□外装材
遮熱塗り壁材(セレクト・リフレックス)
□床材
ナラオイル仕上
□内装材
スペイン漆喰
□施工
津留建設

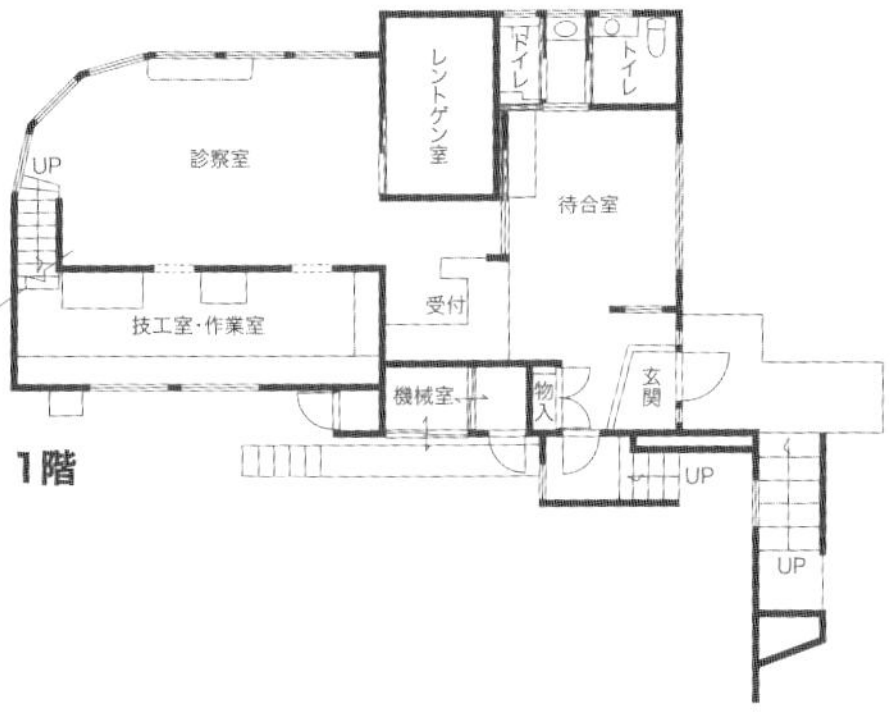

1階

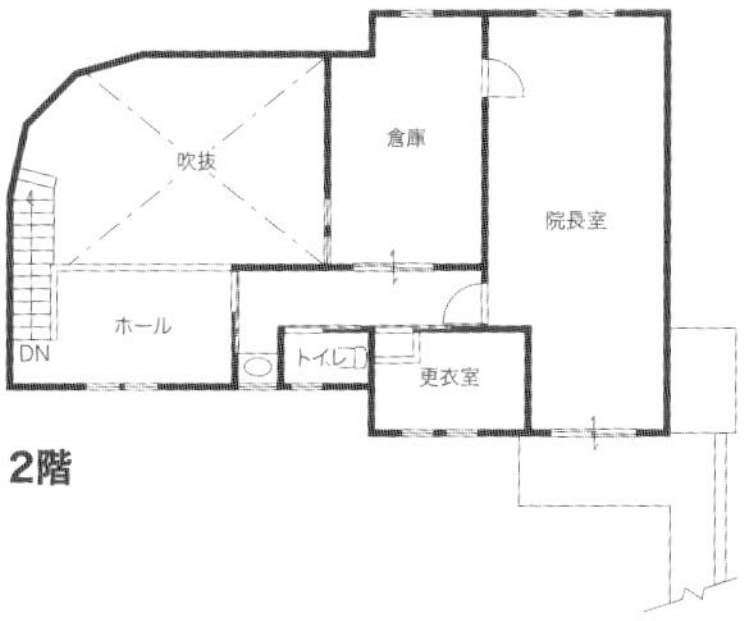

2階

家』仕様にこだわった理由がもう1つ。それが「断熱性能」です。というのも、小笠原歯科がある地域は山間部のため、冬はマイナス10℃になることもあり、3月でも雪が降る日もあります。しかし、そんな底冷えする日でも医院全体がポカポカと暖かく、心地よく過ごすことができます。また、夏のジメジメ感もなく、医院全体をエアコン1台で快適な涼しさに保つことができたといいます。

「この土地で開業して17年。引退を考える年齢ですが、体が元気なうちは村の人たちのためにも、まだまだ歯医者を続けていくつもりです」。そんな村を思う小笠原さんの思いを、『0宣言のクリニック』がしっかりと支えています。

OGASAWARA DENTAL CLINIC
小笠原歯科

小笠原歯科
〒834-0201 福岡県八女市星野村12018
☎0943-52-2036

建築のプロが選んだ
「0宣言のオフィス」

東京支社を「0宣言」仕様の「健康オフィス」にリニューアル

ビルのメンテナンスや築古物件の耐震補強など、「建物の安全」に25年以上携わってきた株式会社キーマン。『0宣言』との出合いから、「建物の健康」に意識が向いたと言います。新オフィスでの驚きの体験を語っていただきました。

株式会社キーマン 東京支社
代表取締役社長
片山 寿夫

住環境で健康ってどういうこと?

私たちの会社は、これまで長く、耐震補強に特化し、古い建物の延命効果を図って安全性を高め、価値を上げる再生事業を行ってきました。

「0宣言」との最初の出合いは、『医師が薦める本物の健康住宅』です。当社のオーナーは、もともと健康に関心がありました。仕事が忙しく、不摂生から体調を崩し、オーガニックな食事で10年かけて体質改善した経験があったからです。その雑誌には、「化学製品を一切使わない、自然に近い住環境が健康に良い影響を与える」と書いてあり、自然素材の住宅には、オーガニックな農作物が人間の免疫力を上げるのと同じような効果があると謳っていました。

しかし、当社はそれまで国が推奨するF☆☆☆(フォースター)などの建材が安全だと信じ切っていましたので、建材に対して疑問を抱いたことがなかった。「え、それはどういうこと?」という衝撃を受けるとともに、これは、「0宣言」を提唱されている澤田さんにお会いしなければと思い、コンタク

「0宣言オフィス」で
働く人も健康に。
みんなの笑顔が増えました。

「オフィスで過ごす長い時間、健康にとって本当に良い環境が提供できたら、自分も社員も幸せになると確信しました」と片山さん

トを取りました。

澤田さんのお話を聞いて、「目からウロコ」だったとオーナーは言います。しかし、何事も自分が経験しなければ気が済まない性分で、早速、自宅マンションの分電盤と浄水器を替え、IHクッキングヒーターをラジエントヒーターに変えたところ、それだけで体が楽になり、よく眠れるように。仕事への集中力も増しました。そこで、自分たちのビジネスにも取り入れ、お客様に提供したいという想いに至ったのです。

ちょうどその頃、東京支社の移転が決まっており、急遽、設計を「0宣言」仕様に変更しました。スケジュールがぎりぎり間に合ったことで、「これは幸先がいい!」と感じましたね。

まず、壁をスペイン漆喰にしました。漆喰は調湿性に優れ、結露・ダニ・カビを防ぎ、脱臭効果があります。床は無垢のナラ材の下に「愛工房の杉」を重ねて二重の床に。分電盤も替え、テラヘルツ加工された光に変化させました。テラヘルツ波は、抗酸化力を高め、弱った細胞が元気になる効果があると言われ、医療の現場で活用するための研究も進んでいます。

パソコン仕事も多い職場だが、「肩こりが減って、目の充血が減った」と話す社員さんも。冬場の静電気もなく、ストレスも減ったとか

廊下を含めて床材はすべて無垢。「木の感触が気持ちいいので、僕らはスリッパも脱いでいます」と片山さん

木の香りが心地いい応接室。このオフィスに移転してから、社内打ち合わせが増えたそう

打ち合わせのみならず、ミニセミナーの開催やモデルルームとしても活用している会議室

わざわざ靴を脱いでもらうオフィス

新事務所の特徴を一言であらわすなら、「わざわざ靴を脱いでもらうオフィス」でしょうか。一年を過ごした私たちの実感として、床が本当に気持ちいいのです。夏涼しく、冬は床暖房を入れなくても暖かく、自然のぬくもりにあふれています。それで、お客様にもあえて玄関で靴を脱いでいただいています。私も含め、男性社員の多くは、スリッパもはかないほどです（笑）。

それができるのは、ホコリがたまらないことも影響しています。これは電磁波対策と静電気防止の効果があるテラヘルツ加工された分電盤のおかげでホコリ同士が結合せず、ホコリはあるはずなのに、かたまりにならないのです。机や椅子を動かしてもホコリが見えないのには、社員もみんなビックリしていました。

また、空気がとてもきれいで、花粉症が流行る時期でも、オフィスに入ると鼻がぐずぐずしません。それをお客様にお話しすると、「あ、たしかに鼻がすごく楽です！」とおっしゃいます。

しかし、この事務所に移転して

入り口に入った瞬間、まず爽やかな空気が迎えてくれる。木のぬくもりをじかに感じてもらおうと、来客者にはあえて靴を脱いでもらうという

HOUSE DATA

□敷地面積
192.45㎡(58.32坪)
□延床面積
192.45㎡(58.32坪)
□工期
2カ月
□構造
鉄骨鉄筋コンクリート造
□断熱
調湿効果内壁:スペイン漆喰
□床下地材
柄板12㎜
□床材
ナラ18㎜
□内装材
スペイン漆喰
□その他
テラヘルツ分電盤、MINAMI®採用
□施工
キーマン

株式会社キーマン 東京支社
〒104-0031 東京都中央区京橋3-14-6
斎藤ビルヂング7階
☎03-6661-0288
https://www.keyman.co.jp

からの一番大きな変化は、お客様が増えたことかもしれません。商談で一度いらっしゃった方がこの快適な空間を気に入り、「会議室を使わせてほしい」「ミニセミナーを開かせてほしい」とおっしゃるのです。そこに集まった方々も集中して話を聞いてくれると、大変喜ばれています。

　すると、社員も自信を持ってお客様をお呼びできるようになったんですね。それまでは外で打ち合わせをすることが多かったのですが、出向いて紙を広げて説明するより、この空気を感じながら「0宣言」の良さをお伝えすると、「これだったらいいね」と言っていただける。健康的な環境の影響に驚き、良さを実感した私たちだからこそ、お客様に大切なことを伝えられると思っています。

無垢材と漆喰で包まれた保育園で子どもたちを健やかに育む

3人の子どもをもつ青木俊介さんは、「理想の保育園をつくりたい」と一念発起。広島市の住宅街にあるマンション内に『こどな保育園』を開きました。子どもたちの健やかな成長をめざして、内装はすべて『0宣言の家』仕様。「自然と一緒」をコンセプトに、保育園独自の取り組みも含めて注目されています。

こどな保育園 千田町
統括マネージャー
青木 俊介

3人の子どもをもつ親が選んだ「0宣言の保育園」

自然素材に囲まれた理想の保育園を実現

「子ども心を忘れない大人になってほしい」。園名にそんな願いが込められた『こどな保育園』が、広島市内にあるマンションの2階に、2019年4月1日に開園しました。床と腰壁はヒノキ、天井と壁は漆喰塗りで調湿効果に優れ、建築用の接着剤を使わない『0宣言の家』仕様の保育園です。畳スペースに使われている畳も、福岡県の畳店に発注して農薬ゼロの九州産い草を使ったもの。園児たちは全員常に素足で過ごし、見学で訪れた子どもが、誰に言われることもなく自ら靴下を脱いで素足で歩きたがるのも、自然由来のものに対するごく自然な反応といえるかもしれません。

この保育園を立ち上げたのは、自身も3人の子どもをもつ父親である青木俊介さん。3人目の子どもを保育園にと考えたとき、「こんな保育園があればいいのに」との思いが拭いきれず、「それなら自分で理想の保育園をつくろう！」と考えました。そんなときに知人に勧められて参加したのが澤田氏の講演会。その内容に衝撃

住環境も取り組みも独自色を出し
保育士からも保護者からも
選ばれるような保育園にしたい

鍼灸接骨院の事業所内保育施設の一つとして青木さんが開設したこどな保育園には、今日も子どもたちの元気な声が響く。「保護者の皆さんにとっても、この保育園が気持ちの切り替えになる場所になってくれるといいなと思います」と青木さん。管理者と保護者、両方の目線から常に保育園を見るように心がけているという

を受け、「嘘のない保育園をつくりたいという思いと『0宣言』の家のコンセプトがリンクしました」という青木さんは、前例のない保育園の実現に向けて小田原ハウジングとタッグを組んだのです。

木の香りに満ちた保育園のコンセプトは「自然と一緒」とあって、雲の形をした照明を採用したり、生き物のモチーフを壁にあしらうなどあちこちに遊び心がたっぷり感じられます。モチーフの中にある四つ葉のクローバーには、「本来クローバーは三つ葉ですが、何らかのキズが入ることで四つ葉になるのだそうです。子どもたちも小さいときの経験が糧になり、大人になってからの幸せにつながるように」という青木さんたちの切なる願いが込められています。

無垢材と漆喰に包まれた保育園で 子どもたちを健やかに育む

床と腰壁の材料となるヒノキを使い、ツガを使った木製の柵や杉で造作されたロッカーなど、子どもたちの手に触れるものはほとんどすべてが温もりある無垢材。調湿効果のおかげなのか、汗をかいた手で床を触ってもベタつくことがない。天井から吊されたペンダントライトは、空に浮かぶ雲をイメージさせるものを選んだ

陽の当たる屋外で 元気に遊べる 広いテラスも完備

子育て世帯が住みたい街として人気のエリアに開園した保育園。足腰の強い子どもを育てるべく、積極的に運動を行うようにしていて屋外にはテラスが設けられている。床にはクッション性の高い人工芝を敷き詰めているため、子どもが転んでもケガをしにくい

食事と住環境の良さで 健やかな体づくりを

保育園では、「食事と住環境から子どもたちの成長をサポートしたい」と、自然素材にこだわった内装に加え、分電盤はテラヘルツ加工で電磁波が人体に及ぼす悪影響を低減。素足で走り回る園児たちのお昼寝は農薬ゼロのい草で作られた畳の上ですが、「通常の畳とは違って、い草の香りが良いせいなのか、子どもたちのお昼寝の寝付きが良いように感じます」と保育士。併設の給食室では、国産食材を使った無添加の手作り給食を徹底しています。そして、外遊びやお散歩など自然体験を通して足腰を強くし、生きていく力の基盤となる体づくりやコミュニケーション能力の向上も重視。1人の保育士が3～4人の園児を担当する少人数ならではの手厚い保育は、経験豊かな保育士にとってもやりがいが大きいといいます。さらに、この保育園の環境は子どものみならず保育士にも落ち着きを与えていて、「ここだと子どもたちにゆったり向き合える気がします」という保育士の声もあるようです。

給食時に配膳台としても使える木製のロッカーは、高さがありすぎると転倒する危険があり、低すぎると園児たちが上に乗って落下する可能性がある。そのため、園児たちの安全面を考慮して高さも吟味してつくられ、体をぶつけてケガをしないよう角も丸く仕上げるなどさまざまな配慮がなされている

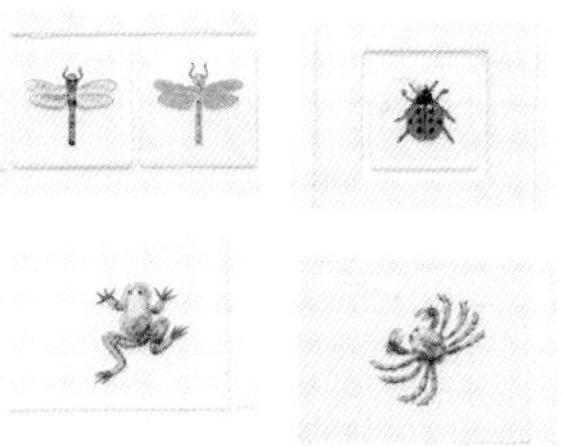

身近に自然が感じられるよう、山のトイレ側の壁にはクローバーとドングリ

2歳児以上が使う"海のトイレ"には、年齢に応じたトイレトレーニングができるよう3種類の便器を用意

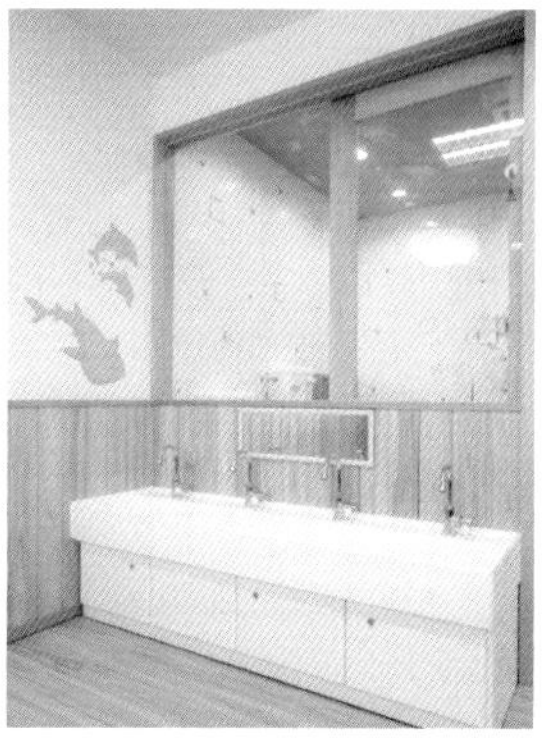

手洗い台も園児たちが使いやすい高さを吟味。壁にはイルカが描かれている

HOUSE DATA

□敷地面積
173㎡+130.58㎡(91.99坪)
□延床面積
130.58㎡(39.57坪)
□工期
3ヵ月
□構造
鉄骨鉄筋コンクリート造
□外装材
遮熱塗り壁材(セレクト・リフレックス)
□床材
ヒノキ
□内装材
スペイン漆喰
□施工
小田原ハウジング

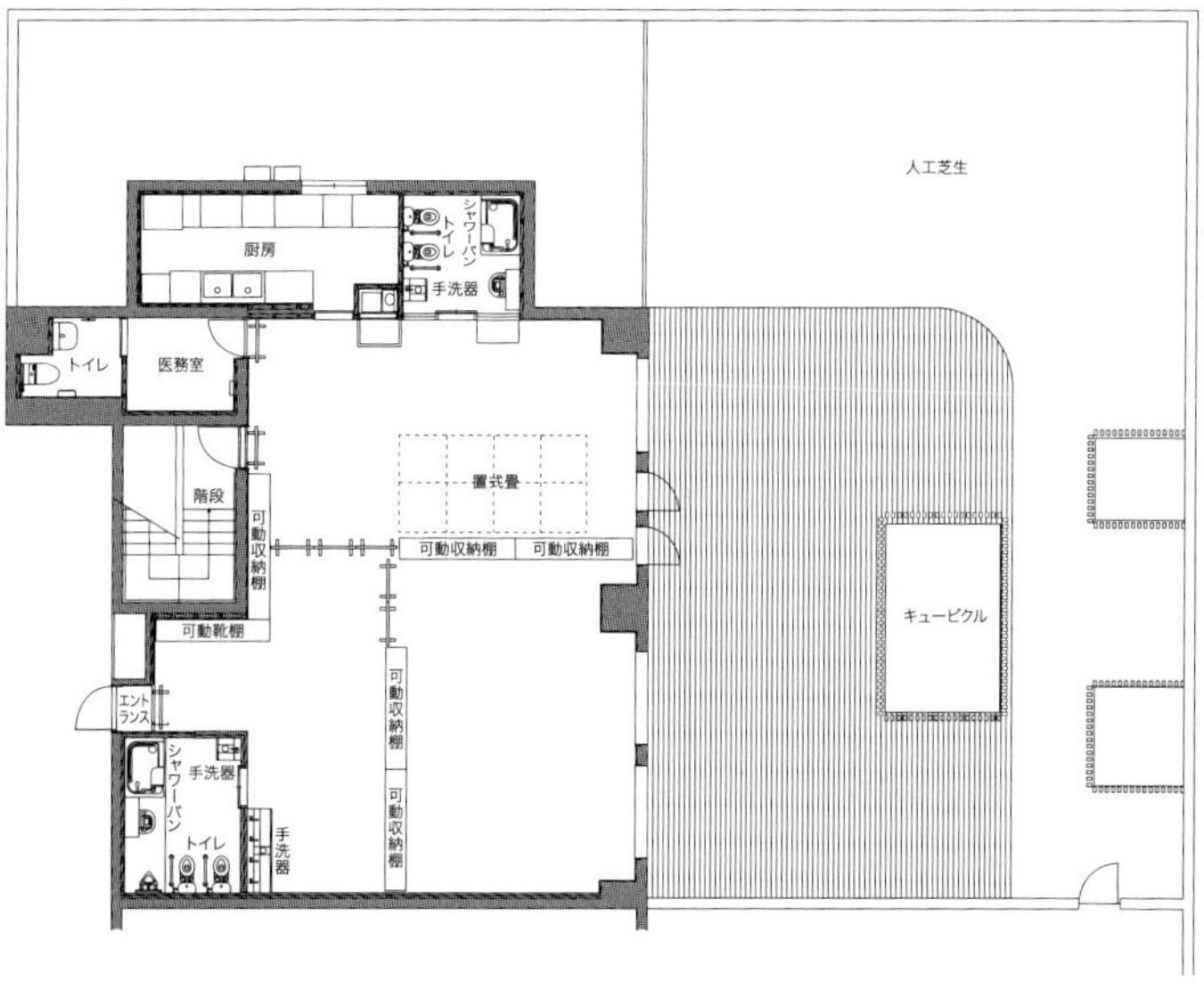

一方で、保護者への配慮も忘れず、関東地域ではすでに広く実施されている「手ぶら登園」を行っているのも一つの特色です。お昼寝用の布団は保育園が用意し、他では持ち帰りが基本の使用済みおむつも保育園で処分。これも「親御さんの負担をできるだけ軽くしたい」という思いから行われているのです。

慢性的な保育士の人手不足に加え、2019年10月からは保育園の無償化がスタートしました。そのため、保育士と保護者の両方から選ばれる保育園になっていくことが求められています。「他の保育園と差別化できなければ、今後存続していくことは難しいでしょう」と青木さん。こどな保育園の独自色豊かな取り組みには、今後も注目が集まりそうです。

こどな保育園 千田町
〒730-0052 広島市中区千田町3-4-25 2F
☎082-243-5866
https://kodona-hoikuen.jp/

空気の違いを体感できる泊まれるモデルハウス

創業から40年間。株式会社藤田工務店は地域に根ざした、木の家をつくり続けてきました。子どもふたりの4人家族を想定した間取りの体験型モデルハウスを紹介します。

株式会社藤田工務店『0宣言の家』モデルハウス

建材、工法にこだわり本当の健康住宅を追求

モデルハウスの中に足を踏み入れた第一印象は、〝空気が軽やか〟という言葉に尽きる。「食品を買うときには試食ができるでしょ。それと同じように、家も〝試食〟してから建ててほしかったんですよ」と話すのは、40年間、地域密着で本物の木の家をつくり続けている藤田工務店の藤田達男社長だ。住まう人の安全・安心と、健康に配慮し続けてきた藤田社長をもってしても、「0宣言の家」は衝撃だったそうだ。

2018年3月、「0宣言の家」に加盟した同社。澤田先生のセミナーに参加した藤田社長自らが、その講演内容に感銘を受け、即刻東京の本部へ出向き会員となった。さらに、すでに加盟している静岡県内の工務店の、施工中と完成の現場を見学。すると、建物の中に入った瞬間に「空気が違う」と実感したという。これまでもずっと、健康に留意した建材を用いて1200棟以上の注文住宅を手がけてきたが、この空気感は特別だと驚いたそうだ。地域に根ざした同社では、

無垢材の優しさが もたらすのは “家が一番”という安心感

強度と美しさを併せ持つタモ材の床が清々しいリビング。スリット窓を多用し、プライバシーの保護にも配慮している

現場見学会で実際の家を見てもらい、お客様が納得した上で契約に繋げてきた。住む人の健康に悪影響を及ぼす可能性のある新建材は極力使わない家づくりを目指してきた。だからこそ「0宣言の家」の良さを、多くの人に体感してもらいたいと2019年6月に完成したのが、本社に隣接した宿泊できるモデルハウスだ。食べ物のように〝試食〟ができるモデルハウスは、同社の思いを具現化している。

モデルハウスの外観は、モダンでユニークなキューブ型。室内の足元には、木目が美しいタモの床材が広がり、木の温もりと優しさに包まれる。タモ材は強度もあるため、子どもが少々乱暴におもちゃ遊びをしても傷が付きにくいと評判だ。また、リビングの腰壁や天井には湿度に強いサワラ材を用い、夏場をさらに快適に過ごせる工夫が凝らされている。日焼けに強い無垢材を選んでいるため、経年による印象の変化が少ないというのも特徴のひとつ。また、職人の確かな技術は、全て無垢材で造作されているドアや引き戸にも表れている。

対面式ながら独立感もある、ゆったりと広いキッチン。宿泊体験でお水の美味しさも体感して

玄関ホールからリビングに抜ける動線は、家族が必ず顔を合わせるようプランニング。キッチンに立つ奥様にとっても安心できる間取りが好評

試食するように宿泊してたっぷり一日体験を

このモデルハウスの竣工から現在までに、宿泊および宿泊予約数は、50組を超えた。健康に過ごせる家を持ちたいと、熱心に勉強している人からの問合せが多いという。日常を過ごすのと同じように宿泊することで、飲料水やお風呂に使う水のまろやかさ、寝付きの良さなども感じられる。

藤田社長は、毎朝モデルハウスの室内温度をチェックするのが日課だが、真冬の朝でも15℃を下回ることはないという。「宿泊体験をするなら、真夏や真冬、花粉の時期を選ぶと、その効果がわかりやすいと思いますよ」と自信を持って語ってくれた。また、モデルハウスで過ごしてみたり、管理していく中で、たばこの臭いが残らない、ホコリが少なく、ゴキブリなどの害虫も出ないなど、その効果は間違いないと太鼓判を押す。

実際に「0宣言の家」を建て、暮らしている施主さんからは、悩んでいた花粉症やアトピーが改善されたという手紙が届いている。そうした〝生の声〟もぜひ参考にしてみてほしい。

窓枠も大工による造作。伝統工法と本物の素材にこだわり、細かな部分にまで手を抜かない正確な技術力が伺える

北側に位置する部屋にはトップライトを設けて、日中の暗さを解消している

引き戸を閉めれば、土間収納の目隠しに。大工の細工による壁の装飾も参考にしたいポイント

大容量の土間収納を備えた玄関。壁に配した一枚板が、本物の木の家づくりを象徴するかのよう。来客と家族の動線を分けられるので、いつもすっきりとした印象を保てる

トイレには趣のある手洗いボウルを採用。洗面台の収納部分の引き戸とコーディネートし和の雰囲気に

見事な一枚板で造作した階段の手すり。吹き抜けの開放感と採光に配慮した

ガラスと木を組み合わせた引き戸も大工の造作。木目を生かしたデザイン性の高さにも注目

HOUSE DATA

□敷地面積
280.75㎡(84.93坪)
□延床面積
117.58㎡(35.57坪)
□工期
5カ月
□構造
木造在来軸組パネル工法
□断熱
[クアトロ断熱]
内断熱(充填):セルローズファイバー
外断熱:ネオポール
遮熱塗り壁材:セレクト・リフレックス
調湿効果内壁:スペイン漆喰
□屋根材
ガルバリウム鋼板
□外装材
遮熱塗り壁材(セレクト・リフレックス)
□床材
タモ
□内装材
壁:スペイン漆喰、腰壁・天井:サワラ
□施工
藤田工務店

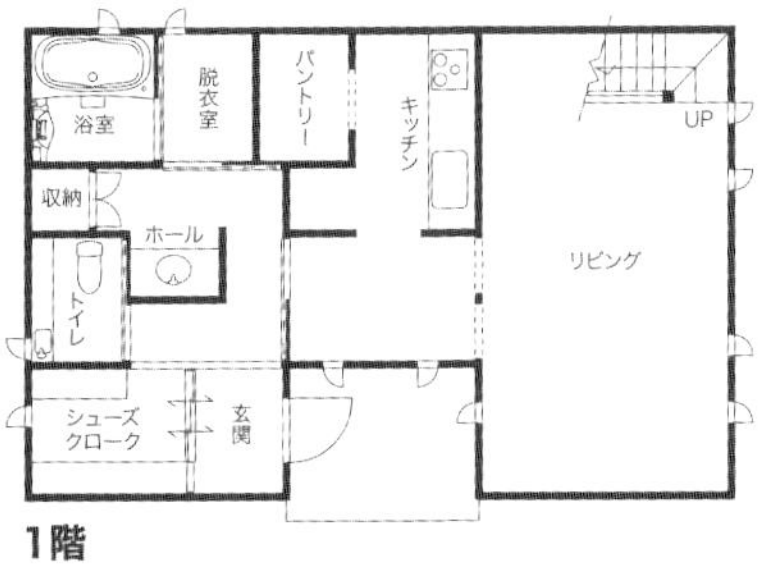

1階

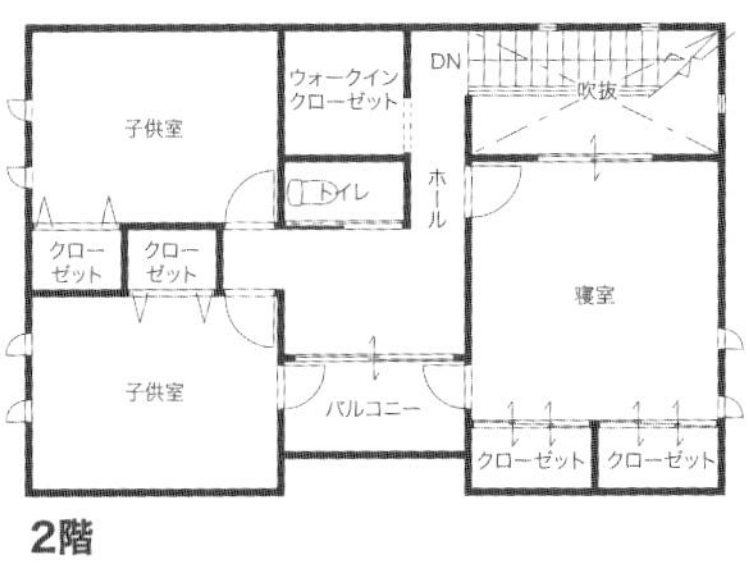

2階

株式会社藤田工務店
〒410-0873 静岡県沼津市大諏訪505-1
☎055-923-3869
https://zero-fujita.com/

健康住宅の持つ性能を最大限に引き出す個性的なデザインが目を引く

「0宣言の家」と出合うまでは、外壁だけは耐震性も考慮し合板を用いてきたが、今では「すべてが健康的な建材になりました」と藤田社長

女優

工藤　夕貴

〔特別対談〕

一人でも多くの人に本物の健康を届けたい

女優として国内外で活躍する工藤夕貴さん。
また一方、富士山麓のご自宅で自然農法を行い、
自給自足の生活をしていることも知られています。
今回の特別対談は、工藤さんが営んでいるオーガニックカフェにて、
「本物の健康を届けたい」をテーマにお話しいただきました。
本物の健康住宅を追求する澤田升男さんと、食を通して本物の健康を
伝えたいという工藤さんの思いが重なり、活気溢れる対談になりました。

自然のものから生きる力をいただく

澤田　工藤さんは、生活の拠点を富士宮に移しておられるのですよね？

工藤　そうです。長らく海外で暮らしていて、日本に帰国するとき、自分がどういう生活をしたいのかを考えました。「仕事のためには東京に住んでいたほうがいい」とも言われましたが、今まで海外に住みながらでもお仕事ができていたのだから、どこにいても同じかなと（笑）。それで、大好きな富士山を眺めながら農業のできる場所にしようと探して、この土地と出会いました。ここは近くに本栖湖というとても素敵な湖があって、今朝も友達と朝日が昇るのを見ながらサップ（ボードとパドルで水上を進むウォータースポーツ）を楽しんできました。

澤田　僕は仕事で土地を診断することがあるのですが、富士山の麓はエネルギーの高い場所の一つですね。地球の磁場による波動が人や動植物に影響

澤田 升男

住医学研究会 名誉顧問
ウェッジグループオーナー

を及ぼすことは、以前から振動医学の分野で研究されています。

工藤　私、そういうことにも興味があります。実際に農業をしていると、作物のよく育つ場所と育ちにくい場所があることを感じます。

澤田　よくご存知ですね。工藤さんは、かなり前から農業をされているそうですね？

工藤　お米を作り始めてもう13年になります。有機農業から始めて、3年目から合鴨農法に切り替えました。その後、『奇跡のリンゴ』の木村秋則さんに出会い、自然農法でお米を作るようになりました。肥料もあげず、農薬も使わず、種の持つ命の力だけで育てていくという農法です。

澤田　自然農法にこだわるようになったのは、どうしてでしょう？

工藤　29歳のときにがん検診を受けて、先生から「今のままだとがんになる可能性がある」と言われたことが、改めて自分と向き合うきっかけになりました。「このままじゃいけない。どうすればいいんだろう」と思ったときに、食べ物の大切さに気づいたんです。人には自己治癒力があるのだから、それを引き出してあげることが大切だなと。自然の中でたくましく育つお米や野菜の生命力が、私たちに生きる力をくれると思うのです。

澤田　工藤さんのおっしゃる自然治癒力を引き出すというのは、家づくりでも重要なポイントです。昨今、シックハウスによる健康被害が問題になっていますが、それは工業化製品や接着剤を多用していることが大きな原因です。ビニール製品や合板で密閉された空間は、建材から発生した化学物質を室内に閉じ込めてしまうだけでなく、壁内結露を発生させ、カビやダニの温床にもなります。だから、僕たちが提唱している「0宣言の家」は、工業化製品を使いません。自然素材を使い、工法や設備にこだわり、人に害を与えないだけでなく、人を健康にする家づくりを目指しています。

工藤　自然から生きる力をいただくというのは、食べることも、住むことも同じなのですね。

澤田　実際、「0宣言の家」に住んでおられる施主さんにご協力いただいて調査してみると、皆さんに免疫力の向上が見られましたし、その他にも健康が改善したという事例が多く寄せられています。僕たちは、病院や大学の先生がたと協同で、住まいと健康に関する研究を続けていて、こうしたエビデンスに基づいて健康住宅と言っているのは、僕たちだけです。

〝酸化〟しない住環境が健やかな体を育んでいく

工藤　人にとって住まいは、自分や家族を守ってくれるシェルターであり、英気を養う場所。人生の積立てができる大事な場所だと思います。「0宣言の家」のことをもう少し詳しく聞かせていただけますか？

澤田　「0宣言の家」では、快適で健やかな住まいを実現するために、さまざまな技術を採用しています。まず特徴としてあげられるのが断熱工法です。今の日本の住宅は、気密性・断熱性ばかり追求して調湿しません。湿度は人の体感温度と大きく関わっていて、その視点が欠けていると夏暑く冬寒いという、一年中エアコンに頼らなければいけない家になってしまいます。そこで、僕たちは「クアトロ断熱」という独自の断熱工法を開発しました。これは断熱性だけでなく調湿性にも優れた工法で、室内を常に適度な温度と湿度に保つことができます。調査によって通常の断熱工法の家に比べて体感温度が4度以上向上することがわかっています。また、調湿するため壁内結露が起きにくく、カビやダニの発生を防ぐという効果もあります。

工藤　もっと前にそういうことを知っていればよかったな。今の家は、冬になるとても寒く感じます。

澤田　冬場は特に、暖かい居室と寒い浴室などとの温度差によるヒートショックにも注意したいですよね。「0宣言の家」は、家の各所の温度・湿度にほとんど差がなく、その点でも体に負担の少ない家だといえます。

工藤　先ほど磁場やエネルギーのお話が出ましたが、そういうことも家づくりに取り入れているのですか？

澤田　電磁波というと、悪いものというイメージがありますよね。例えば、LEDやIHクッキングヒーターの電磁波が問題視されるのは、それが物質を酸化させてしまう、つまり、錆びさせてしまうからです。しかし、本当は電磁波の中にも、人の体に良い影響を及ぼす電磁波があるのです。それが「テラヘルツ波」と呼ばれる電磁波で、現在、その作用が医療分野でも注目されています。僕たちは「テラヘルツ加工」という技術を用いた分電盤で、家の外から入ってくる電気を良い電気に変換し、テラヘルツ波が放射されるようにしているのです。

工藤　つまり、家の中で使う電気自体が良いものに変わるのですね？

澤田　そうです。目に見えてわかりやすい例をお話しすると、よく「0宣言の家」にはホコリがないといわれます。ホコリは、室内の空気が酸性化し、空気中の塵やカビの胞子、ダニなどが結合してできますから、ホコリがないのは室内の空気が酸化していないということなのです。また、抗酸化作用により静電気も起きにくくなりますから、壁や床に汚れが付着しにくく、素材が20年、30年と長持ちします。

工藤　それほど違うのですか。

澤田　それから、「0宣言の家」は浄水器にも特徴があります。浄水器のフィルターに使われている高性能のセラミックボールは、遠赤外線の放射率がとても高いのです。92％という値は世界一でしょう。このフィルターを通した水道水は、遠赤外線効果とマイナスイオンの発生により細胞を活性化し、免疫力の向上、老廃物の排出など、健康面でも安心できる水になります。ちなみに、しおれた野菜も、この水につけるとシャキっとしますよ。

工藤　うちの無農薬野菜にも使ってみたいですね。

澤田　セラミックボールの原材料には、数億年前に海だった場所の土を使っています。海のミネラルは農業にも適しているので、この土を畑に撒くのもオススメですよ。

工藤　ここ数年、サツマイモなどの水を嫌う野菜の栽培に苦労しているので、その土で改善できたら嬉しいです。

澤田 升男 *profile*

1963年、岐阜県生まれ。自然素材住宅やオリジナル断熱工法を提供する会社を設立し、会員工務店800社を育て、建築界の風雲児と呼ばれる。現在は建築コンサルタントとして後進の指導に当たりながら、医師も認めた「本物の家づくり」を啓蒙する講演活動や執筆を行っている。住医学研究会・名誉顧問。

工藤 夕貴 *profile*

1971年、東京都生まれ。中学生からタレント活動を始め、16歳の時に渡米。女優としてハリウッド映画をはじめ、多数の海外作品に出演する。帰国後、静岡県富士宮市に移住。女優として活動しながら本格的に農業にも従事。自宅敷地内で営む「カフェ・ナチュレ」にも、自身の育てた健康野菜を提供している。

人生を楽しむためにも健康でいることが大事

澤田　工藤さんは、こちらのカフェでもご自分の畑で収穫した野菜を提供されているのですよね?

工藤　はい。来てくださった方に少しでも体に良いものを食べてもらいたいと思っていますから。たくさんの人に本物の健康をお届けしたいというのが、私の大きな夢なのです。どんなに裕福で地位が高くても、健康でなければ本当の幸せはありませんから。

澤田　その通りですね。

工藤　ただ、45歳を過ぎて、少し考えが変わってきた感じがします。一時は健康のために食べる物にもかなりこだわっていましたが、今は楽しいか、楽しくないかが大事だなと思うようになりました。同じものを食べても、好きな人たちとおいしいなぁ、ありがたいなぁと思って食べるのと、怒られて落ち込みながら食べるのでは、全然違います。楽しいこと、好きなことを続けていくために元気でいたいし、そのために食べ物にも気をつけているのです。だから、食べ物も神経質になりすぎず、いい〝加減〟を生かした健康思考でいきたいと思っています。

澤田　より楽しく、豊かに暮らすベースに健康がある。それを忘れてはいけないですね。僕は、一人一人が健康でいられるよう、もっと多くの方に「0宣言の家」を知ってほしいと思っています。だから、セミナーや講演会でも、本当によい家、本物の健康住宅とはどんなものかを、常に本音で語らせていただいています。

工藤　そういうふうに強い思いを持って行動していると、不思議と道が拓けるというか、ものごとが正しい方向に導かれていく気がします。

澤田　そうですね。工藤さんは食べ物を通して、僕たちは「0宣言の家」を通して、本物の健康をたくさんの人に届けていきたいという思いは同じだと感じました。ただ、僕の場合は、ちょっとストイックすぎるのかもしれませんけれども(笑)。

カフェナチュレ

〒418-0102 静岡県富士宮市人穴346
TEL 0544-52-1788
営業時間 11:00〜17:30(LO17:00)
定休日 毎週火曜日・水曜日

「安心」「快適」「安全」
1ミリも嘘の無い家づくり

0宣言を取り入れた住まい

住医学研究会

http://www.jyuigaku.com

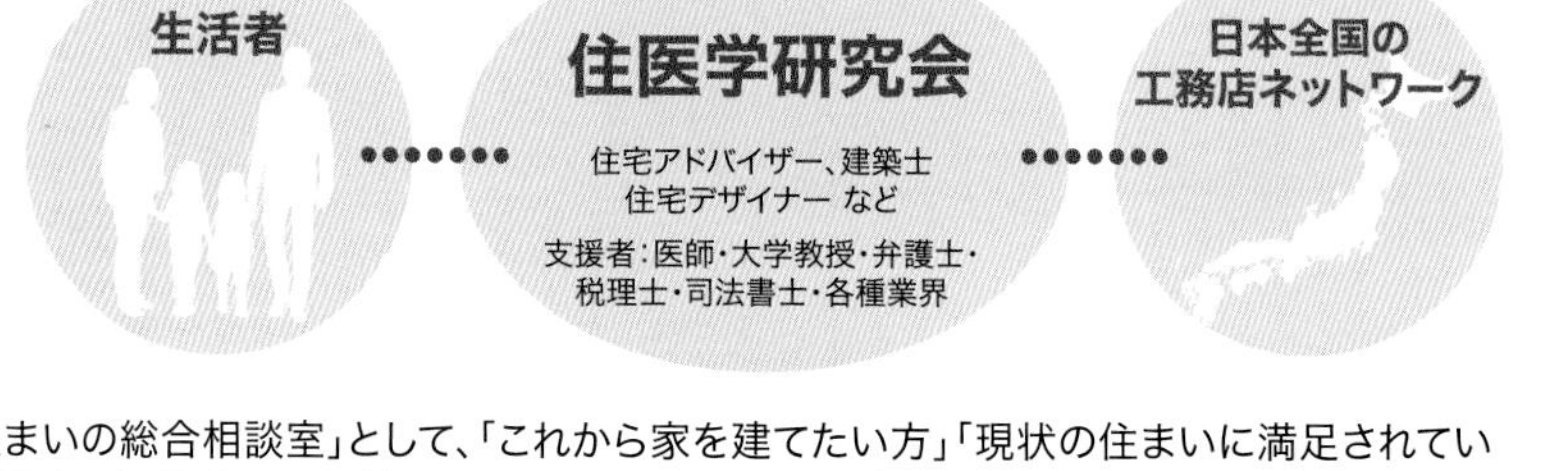

第三者機関「住医学研究会」は、マイホームづくりにおいて、「住まいの総合相談室」として、「これから家を建てたい方」「現状の住まいに満足されていない方」「建て替えやリフォームを考えている方」など、住まいに関する疑問や課題に対して、あらゆる側面からサポートします。また理想の住まいの実現に向けて、志を共にし、かつ確かな技術力を有する全国各地域の優良工務店もご推薦いたします。

0宣言の家

0宣言のリフォーム

104頁からご紹介しています実例の施工会社については、下記フリーダイヤルにてお問い合わせください。

住医学研究会

0120-201-239

[本部] 〒451-0062 愛知県名古屋市西区花の木3-15-11 アストラーレ浄心4階

0宣言の家

「0宣言」の家とは？

たとえ国が安全であると認めたものでも、人の健康をおびやかしたり長持ちしない建材はまったく使わずに建てる家、それが「0宣言の家」だ。早く簡単に組み立てることができる資材で住宅の大量生産を得意とする大手ハウスメーカーの方式が主流の住宅業界とは逆行する家づくりだが、「本当にいい家を建てたい」という熱い思いがその支えになっている。

健康に害をおよぼしたり、長持ちしない建材は一切不使用

合板ゼロ　集成材ゼロ　サイディングゼロ　ビニールクロスゼロ
木工ボンドゼロ　IHヒーターゼロ　防虫畳ゼロ　化繊カーテンゼロ
化粧合板ドアゼロ　防虫防腐剤ゼロ　シロアリ駆除剤ゼロ　グラスウールゼロ

戦後、大量に住宅が必要とされた頃は、何よりも「迅速に家を建てること」が優先され、早く簡単に組み立てられる資材は重宝がられた。例えばビニールクロスや化粧合板、集成材などがそれであり、現在の大手ハウスメーカーでも当たり前のように使われている。

しかし、これらは経年劣化の激しい工業化製品がほとんどで、高気密・高断熱とうたわれる室内空間はまるでビニールハウス。この密閉された室内で資材から化学物質が放出されることで、シックハウス症候群など健康への悪影響が問題視されるようになってきた。

「0宣言の家」では、こうした大量生産住宅における問題を解決し、耐久性・自然素材・健康にこだわった家づくりを実践。工業化製品資材など長持ちしない建材のほか、電磁波を放出するIHヒーターや化学染料・防カビ剤が使われている防虫畳など、健康に悪影響を及ぼすものなどを徹底排除。そこには一切の妥協を許すことなく、〝1ミリも嘘の無い家づくり〟を行っている。

天然無垢材に囲まれ、木の香りとすがすがしい空気に癒やされる「0宣言の家」の気持ちよさは格別。クアトロ断熱による調湿効果で体感温度が一定に保たれ、夏は涼しく冬は暖かく過ごせる家は、快適性はもちろん、大切な家の長寿命化も叶えてくれる。さらに、今、注目を集めているテラヘルツ波を住宅設備に用いることで、身体の抗酸化作用が高まり、細胞を元気にする。そこに暮らす人の元気や若々しさを引き出してくれる家での生活は、心身ともに健やかな暮らしになるはずだ。

安心建材

下地材（愛工房の杉）

45℃という低温で木材をじっくり均一に乾燥させることで防腐効果のある精油成分が全体に行き渡り、水分を再吸収しないため加工後の変形が出ない木材を屋根の下地材に採用。これが家を長持ちさせる最大の秘訣。

フローリング（無垢）

床や天井にはすべて無垢材を使用。パイン、ウォールナット、低温乾燥させた「愛工房」の杉など自然の色目が美しく、年月とともに飴色に変わる無垢材は調湿性にも優れ、木の香りや優しい肌触りが魅力。

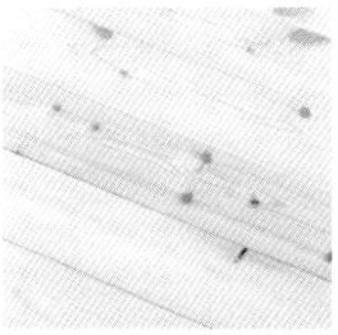

無垢の建具・ドア

木目調などをプリントした化粧合板ドアや、有害物質を含む接着剤を使ったドアなどが多いなか、無垢の木を安全な健康のりで圧着したオリジナルドアや建具を使用。塗料もすべて自然由来。

純国産の畳

安価な防虫畳や化学製品の畳ではなく、生産者の顔が見える安全なイ草だけを使って作る天然100％の畳表のみを使用。

構造材

ベニヤ板や集成材は一切不使用。国産の杉やヒノキなどの無垢材を、土台や柱、横架材などで使い分け、地震に強い構造を実現。耐久性の高い家づくりを行う。

クアトロ断熱

内断熱材（InCide PC《インサイドピーシー》 セルローズファイバー）

アメリカの新聞古紙（100％大豆インク）を原料にしたエコ商品で、壁に高密度で隙間なく充填するため高い断熱性・防音性がある。また、InCide PCはEPA（米国環境保護庁）によって安全性が認可されている唯一の断熱材。「ボロン#10」という特殊なホウ酸を使用しており、私たちが普段口にする食塩の致死量の約6・6倍も安全であることが証明されている。

外断熱材（EPSボード：ネオポール）

内部結露を防ぎ、地震の揺れにも強いため住宅を長持ちさせる発泡プラスチック系断熱材のEPSボード。特殊なカーボンを練り込むことで断熱に加え遮熱性能まで加えたネオポールは、冷房費が通常より40％少なく済み、原材料が通常のEPSボードの半分で済むため、エネルギーの節約にも貢献。

外壁（遮熱塗り壁材：セレクト・リフレックス）

日射反射率72％以上の反射性能で、外壁の表面温度を約20～30℃削減する塗り壁材。強アルカリ性のライムストーン（石灰岩）を骨材に使い、酸化鉄成分を含まないため酸化による変色や色素沈着も起きない。ホウ酸の使用で安全性も高く、防カビ防藻効果が長期にわたって有効なのも特徴。

内壁（スペイン漆喰壁）

壁の仕上げには漆喰や珪藻土が使われることが増えてきたが、割れにくくするためつなぎ材として樹脂が混入されることが多く、実は5％程度混入されると調湿機能はほぼゼロ。「0宣言の家」では空気層が多く、より多孔質で高い断熱・透湿効果をもつ100％自然素材のスペイン漆喰のみを使用。

自然素材

屋根材（プロヴァンススタイル・素焼きのS瓦）

耐久性、断熱性、遮音性に優れた本物の陶器瓦は、その立体的なフォルムも相まって塗り壁とも好相性。1100℃もの高温でしっかり焼き上げた本物の素焼き瓦は、年月とともに風合いを増し、耐久性も非常に高いため、雨風から確実に家を守ってくれる。

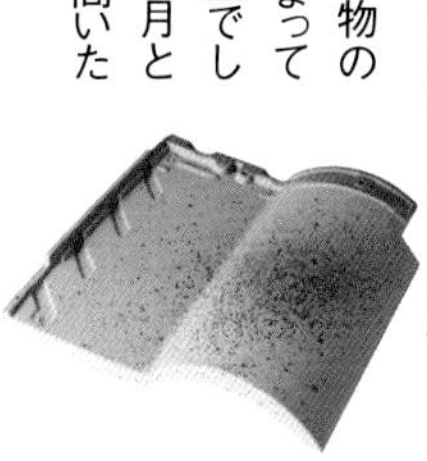

スペイン漆喰（モルセムダーP）

漆喰は古来より住まいに使われ続けてきた左官材。調湿性に優れ、結露・カビ・ダニを防ぎ、脱臭効果もあるため、室内の壁には自然素材100％のスペイン漆喰を採用。コテムラが醸し出す優しい風合いも魅力。

樹脂サッシ

アルミサッシに比べて約4倍の断熱性能をもち、夏は涼しく冬は暖かく室内温度を保つ樹脂サッシ。カビやダニの発生原因にもなる結露の発生を軽減し、高い断熱性と遮熱性で冷暖房コストやCO_2も削減。

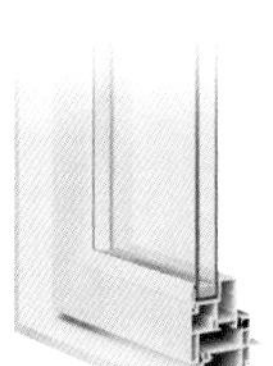

自然素材のワックス

床の仕上げなどに使うワックスも、何より安全性を重視して選択。化学物質を含まない、自然由来のものにこだわり、呼吸することで調湿する無垢材の特性を損なうことのない塗料のみを使っている。

健康のり

健康を増幅させ、自然治癒力を発揮できるテラヘルツ加工の技術を応用して作られた接着剤や「にかわのり」など、有害物質を発散することなく、安心して使えるものを使用。

0宣言の家

クアトロ断熱

トリプル断熱がさらに進化し、ついにクアトロ（4層）断熱に。
これまでの室内の快適さの常識を大きく変える断熱工法となりそうだ。
「呼吸する壁」に透湿性が加わったことにより、さらに調湿効果がアップ。
体感温度にも4℃以上の差が生まれた。
これで冬の暖かさはもちろん、夏もエアコンに頼らない涼しさを実感できる。

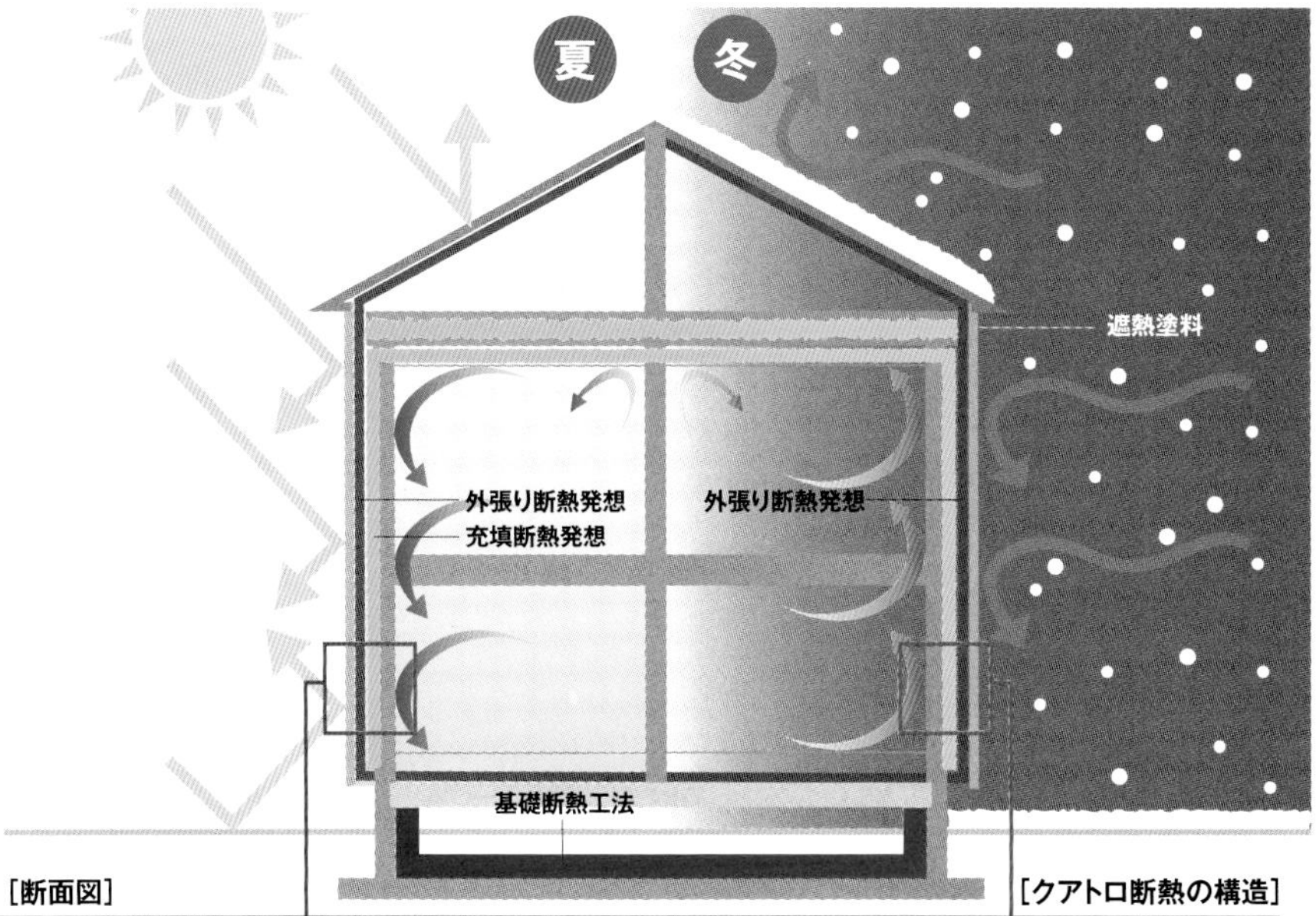

［断面図］

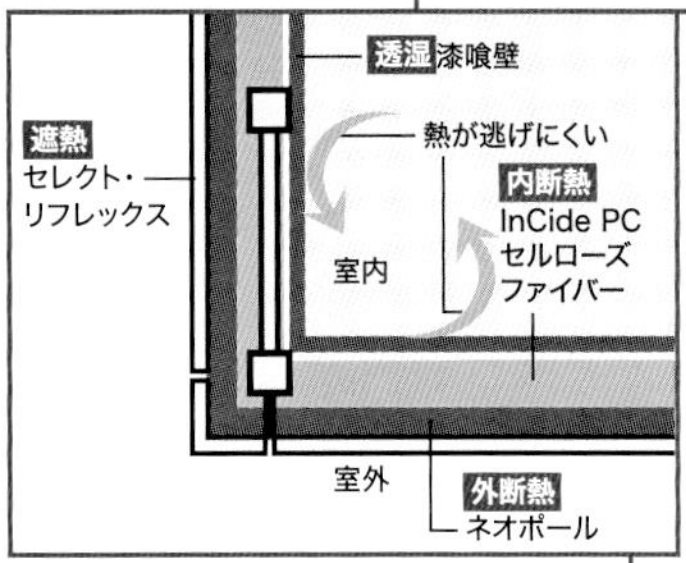

［クアトロ断熱の構造］

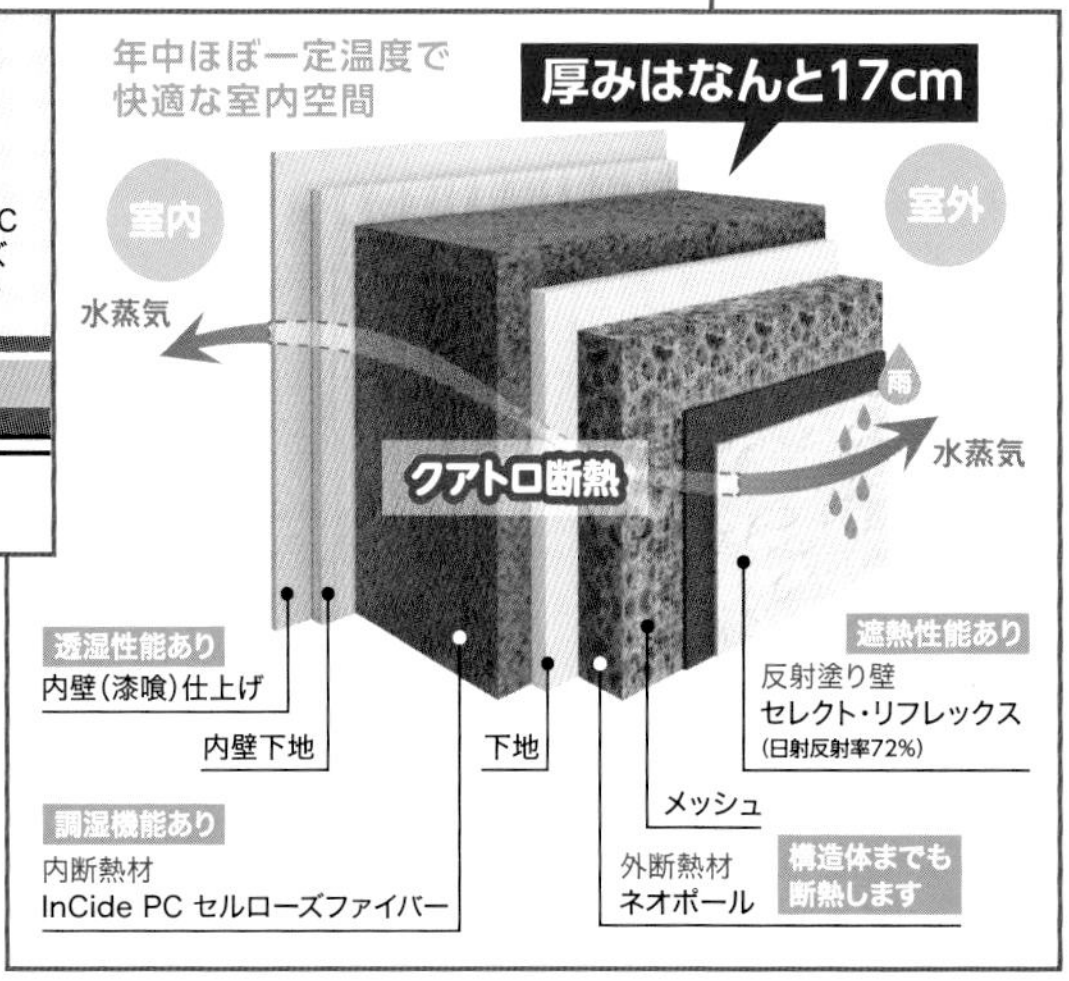

Ua値
0.5［w/㎡K］前後
※「0宣言の家」全国平均値

※Ua値（外皮平均熱貫流率）…建物内部から外部へ逃げる単位時間当たりの熱量を外皮等（外壁・屋根・天井・床・窓など）面積の合計で割った、断熱性能を表す数値。

日本は、高温多湿の気候でありながら、湿度調整をエアコンなどの機械に任せるのが当たり前になっている。しかし、本当にそうだろうか。無垢材やセルローズファイバー、漆喰といった優れた調湿性をもつ自然の建材があるのだから、できるかぎりそれらに任せればいいというのが、クアトロ断熱の考え方だ。

大事なのは、外からの熱や雨の侵入は止めても、水分（湿度）の出入りは邪魔しない素材を使用すること。ところが、今の住宅は、それをビニールで止めてしまっているから、調湿が効かず夏暑く、冬寒いのだ。それで結局、機械に頼ることになってしまう。そればかりか、壁内にたまった水分により、結露やカビが発生し、家の寿命を短くする原因をつくってしまうという悪循環を起こしている。

これに対して、「0宣言の家」では、従来の内断熱材（セルローズファイバー）、透湿性のある外断熱材パネル（ネオポール）、不純物ゼロの遮熱塗料（セレクト・リフレックス）に加え、内装仕上げ材に調湿性と透湿性を併せ持ったスペイン漆喰（モルセムダーP）や無垢材を使用することにより、【遮熱】【断熱】【調湿】【透湿】の4つの性能を兼ね備えたクアトロ断熱工法を今後の標準仕様とした。

その結果、Ua値の全国平均は平成25年省エネルギー基準で制定された寒冷地（1、2地域）の基準「0・46」に匹敵する「0・5」前後に。湿度は冬の室内で平均2%高く、夏は3%ほど低くなり、体感温度も4℃以上向上。トリプル断熱に輪をかけたハイレベルな断熱工法によって、さらに「機械に頼らない家」に進化した。

断熱

ネオポール

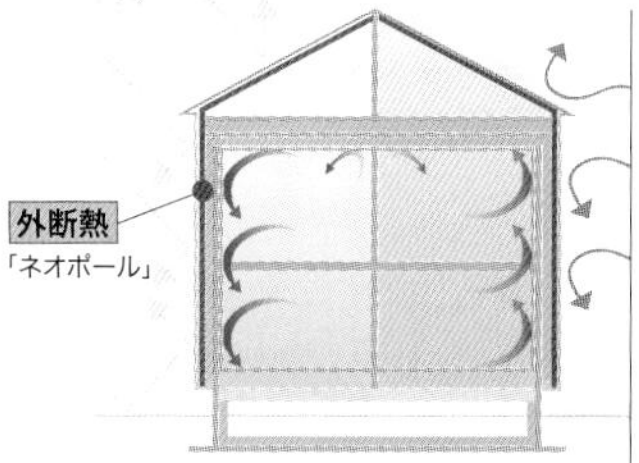

ドイツ生まれの高断熱材

外断熱材「ネオポール」は、ドイツ生まれの高断熱材のEPS（ビーズ法ポリスチレンフォーム）ボード。弾性に優れ、塗り壁のクラック（ひび割れ）や剥離を防ぎ、軽いため建物への負担がかからずメンテナンスが楽。建物を外気から遮断する外断熱は室内温度をほぼ一定に保つ役割を果たし、冷暖房のコストを削減。一般的に高価なイメージのある外断熱乾式工法に比べ、軽量で作業効率が高く、低コストである上に性能が高いのも特徴だ。また、パネル自体が自己消火性を持ち、国土交通省の防火構造30分認定を取得。代替フロンなどを使う断熱材に比べ、環境保全にも配慮した安全性の高い断熱材といえる。

ネオポールの大きな特徴は、自由自在に曲げられる柔軟性。表面にナノ単位の粒子を含むモルタルを薄く塗ることで、両手で強く曲げても折れる心配がない。この性質により、地震の揺れに強い住宅を生むことができる

断熱パネルにネットを貼って一体化。だから地震にも強い！

外壁材としての仕上げは複数工程に及ぶ。まずネオポールの上にナノ単位の粒子状の液体を加えた特殊なモルタルを下塗りし、その上に割れ防止のネットを貼り、全体を一体化。さらに特殊モルタルをネットが薄く隠れる状態まで塗り、遮熱塗料を上塗りして最終仕上げとなる

外壁全体を特殊なネットで覆うため、地震など揺れに対する強度が高く、塗り壁に起こりやすいひび割れを防止する役目も果たす

遮熱

セレクト・リフレックス

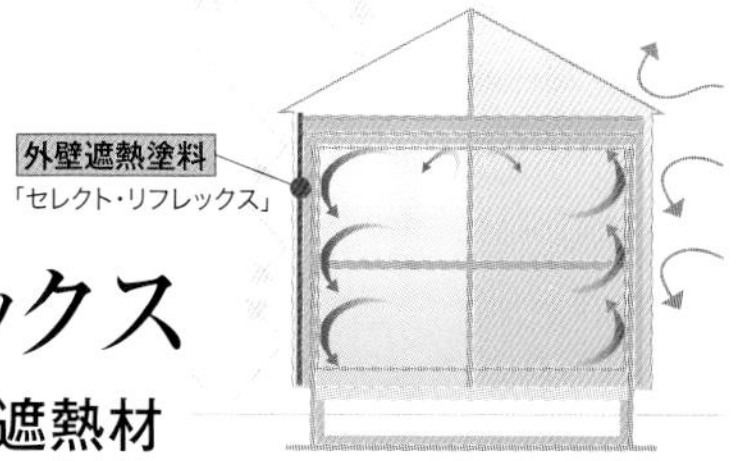

日射反射率72％の遮熱材

太陽光による赤外線や紫外線は、室内の温熱環境に大きな影響を与え、一般的な外壁は真夏だと約60℃にまで温度が上がる。しかし、太陽熱を反射して壁に熱を伝えない塗り壁材「セレクト・リフレックス」を使うと、外壁の温度は30℃程度までしか上がらず、室内を快適な温度に保ってくれるため、冷房費の削減にも効果的。柔軟性があるため割れたり剥がれ落ちたりしにくく、屋内の湿気を外へ排出する透湿性も併せ持つ。材料として使われるライムストーンはアルカリ性のため、汚れが付いても雨風で自然ときれいに。さらに耐火性にも優れ、ヘアークラックもほとんど入らず、高い接着力と耐久性も兼ね備えている。

写真右側。青色に近づくほど表面温度の上昇が少なくないことを示す

一般塗り壁

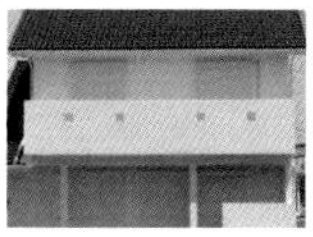
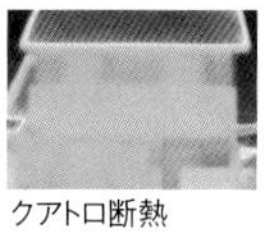

クアトロ断熱

赤外線ランプによる遮熱、断熱実験

EPS断熱材側表面温度
照射時間1時間

36.0℃　29.6℃

EPS断熱材4号品（ア）20mm＋
アクリルフィニッシュコート片面コテ塗り

EPS断熱材4号品（ア）20mm＋
セレクト・リフレックス 片面コテ塗り

透湿

スペイン漆喰
(モルセムダーP)

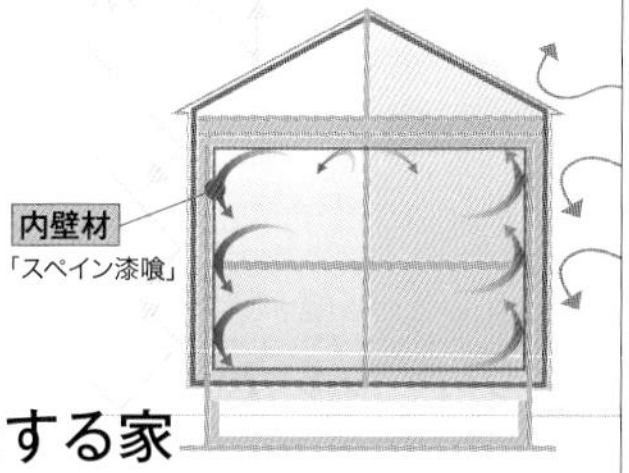

いい家は調湿する家、呼吸する家

スペイン漆喰は日本の気候風土に適した塗り壁材。「呼吸する壁」と呼ばれるほど吸放湿性能が非常に高く、一般の漆喰に比べて＋50％という検査結果も。固化材として一般的に使われている樹脂やセメント、石灰などを一切含まないため環境に優しく、漆喰本来の機能を100％発揮。調湿機能も抜群だ。結露やカビ・ダニを防ぐことでアトピー対策にもつながる。また、無数の気孔が空気の層となり、外気温に影響されにくい室内環境を実現。シックハウスの原因となる化学物質を含まず、室内の有害物質を吸着する効果もあり、1mmに満たない人工的な塗り壁と、しっかり塗り厚のあるスペイン漆喰との違いも歴然。

調湿

InCide PC《インサイドピーシー》
セルローズファイバー

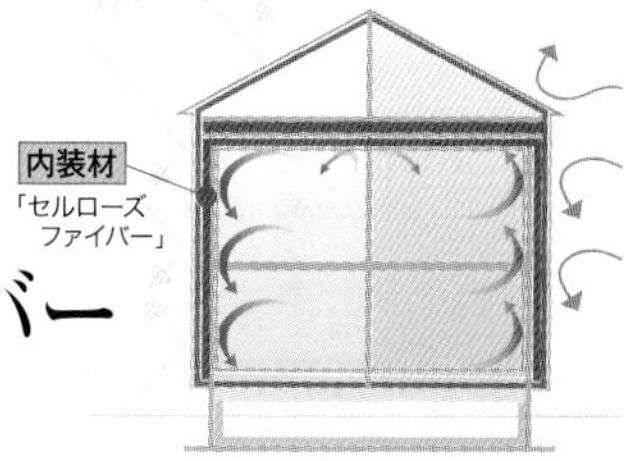

調湿する内断熱材

「InCide PC セルローズファイバー」は、100％大豆インクを使用したアメリカの新聞古紙で作られた断熱材。その断熱性能はグラスウールに比べて約4割も優れている。また、調湿作用を持ち快適な湿度を保ってくれるため、高温多湿な日本の気候に最適で、住環境の劣化につながる内部結露も防いでくれる。難燃剤として添加されるホウ酸には「ボロン#10」という特殊なものを含有率23％も使用しており、より高い効果を得られ、同時にゴキブリやシロアリなどの害虫から家を守る防虫・防カビ効果も高いのが特徴。害虫駆除試験において、99.7％ものゴキブリ駆除という高い結果数値にて証明を得ている。

高い吸放湿性で快適な湿度を維持

靴が濡れたとき、新聞紙を靴の中に入れて水分を吸わせるように、木質繊維には吸放湿性があり、周囲の状態に応じて水分を吸ったり吐いたりしている。このように、生きている木質繊維ならではの調湿効果で常に室内を快適な湿度に保ち、同時に結露を防止する効果がある。

工事専門業者が着実に施工

セルローズファイバーの吹き込み工事は専門業者が担当。この断熱工事には慎重さと完璧主義的な繊細さが求められるからであり、施工の間、他の工事は一切止まる。今まで壁内に結露を発生させた事例はゼロ。

グラスウールは一切不使用

日本の住宅寿命が短い原因の一つが断熱材の施工不良による内部結露。低価格がメリットのグラスウールは、間違った施工により内部結露を起こすことが多い。充填率や密度の低さから断熱効果が薄いのも欠点。

0宣言の家

愛工房の「杉」

「0宣言の家」では、さらに屋根の下地など、見えない部分にまで徹底的にこだわり、家づくりを行っている。現在の木材の人工乾燥は、乾燥温度60～120℃が一般的なのに対して、住医学研究会が使用する「愛工房」で乾燥させた「杉材」は45℃。低温乾燥により「奇跡の杉」と呼ばれるその理由をわかりやすく解説する。

アイ・ケイ・ケイ株式会社「愛工房」
〒174-0043 東京都板橋区坂下2-27-7
TEL 03-3967-4551　FAX 03-3967-4552

愛工房という木材乾燥装置は、従来の乾燥釜に比べて非常にシンプル。人が一緒に入っても気持ちがいい温度で汗をかく、まるで木でできたサウナだ。温度の高いものでは200℃にもおよぶ木材乾燥機もあると聞くが、高温で乾燥すると水分だけでなく、木が生き続けるために大切な養分も吐き出されることになる。それに比較して45℃で乾燥させた愛工房の木材は、木の大切な「酵素」が損なわれないので、生命を保ち「呼吸建材」として住まいの一部となり、木も人と同様、呼吸する生きものとして、そこに住む人と共に生き続けるのだ。

愛工房の特徴は、大きく5つある。

1. 従来の高温乾燥を覆す、45℃の低温乾燥

2. 木に無理をさせず、気持ちよく汗をかかせるように水だけを出して、木の長所を損なわない

3. 防虫成分・芳香性分・精油成分はもちろん、艶も残ったまま。だから耐久性も高い

4. 木が呼吸しているため、空気を浄化する

5. 自然の木本来の保湿効果、調湿効果がある

その結果、木そのものが断熱材の役割を果たし、室内の空気を爽やかに保つのはもとより、温度の偏りをなくす。

さらにはシロアリなどの侵食を防ぐ効果もある。一般的に「健康住宅」と呼ばれている住宅でも、抜け殻の木が使われていることがほとんどと聞くと、下地材一枚がいかに大切かがわかると思う。

「0宣言の家」ではお施主様の希望があれば、愛工房で乾燥した各種樹木の構造材や杉板の仕上げ材を、床・壁・天井に採用。また、建具や家具材として使用することもできる。

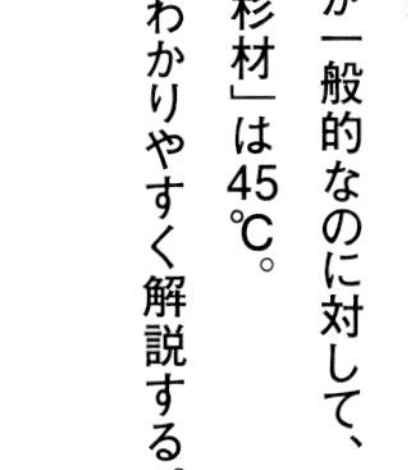

代表取締役 伊藤 好則氏

O宣言の家

テラヘルツ加工技術

体の抗酸化力を高めると言われている「テラヘルツ波」は、医療現場での活用に向けての研究も進んでいる、今注目のエネルギーだ。テラヘルツ波の効果を持つ商品が開発され、私たちの家づくりにも生かせるようになった。そんなテラヘルツ加工技術について、さらに詳しく知っておこう。

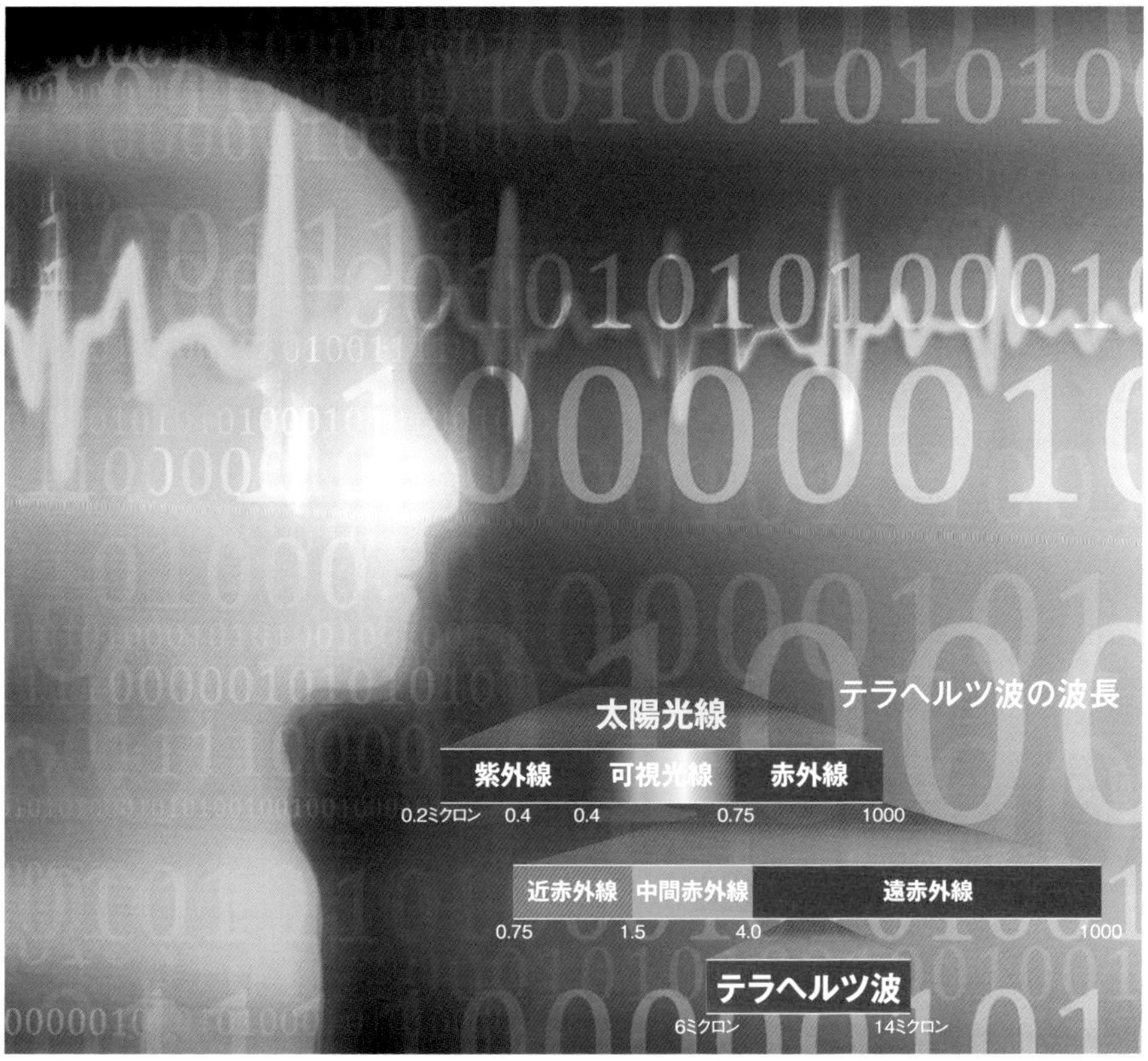

テラヘルツ加工商品

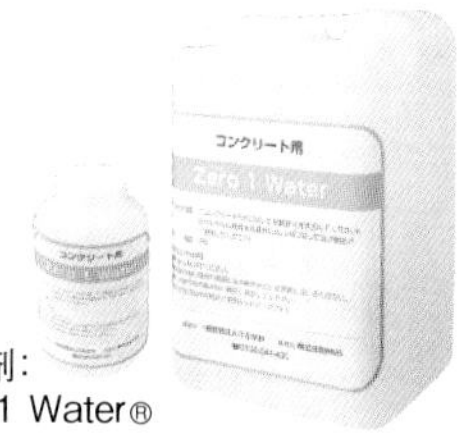

混和剤:
Zero 1 Water®

浄水器:
Zreo 1 フィルター®

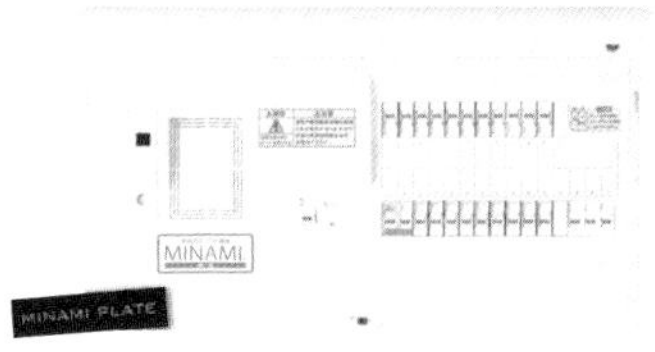

テラヘルツ変換する分電盤:MINAMI®

※画像はイメージです

みなさんは「テラヘルツ波」という、地球の自然が発振している電磁波の一つをご存知だろうか。

テラヘルツ波は「生命振動波」とも呼ばれ、自然だけでなく私たち人間の細胞も絶え間なくテラヘルツ波を発振している。100ギガヘルツ（1000億ヘルツ）～100テラヘルツ（100兆ヘルツ）の振動数を有する電磁波で、電波と光波の両方を有する波。人体に有効に作用されると言われている遠赤外線の波長は4～1000ミクロン、テラヘルツ波の波長は6～14ミクロンとされており、この波長が身体にいいとされている。

血行が悪く肩こりや腰痛、または疲れを感じたとき、テラヘルツ波を照射することで抗酸化力が高まり、弱った細胞が元気になるともいわれ、医療の現場で活用するための研究も進んでいるのだ。

医療現場以外でも、その効果を日常で得ようと、強力なテラヘルツ波を照射する「テラヘルツ加工技術」によってさまざまな商品が生み出されている。

その一つが有害電磁波をテラヘルツ変換する分電盤だ。体に悪影響を及ぼす有害電磁波を、分電盤を通すことにより良いものへと変化させるという。この分電盤を通した明かりを被験者に当て、脳波測定試験を行ったところ、緊張感が緩和され、リラックス効果があることが判明した。家庭内の電気を安心できるものにすれば、より生き生きと毎日を過ごすことができるだろう。

生活のあらゆる場面で、テラヘルツ波の効果が得られることを期待したい。

電磁波を悪いものから良いものへ
［テラヘルツ変換する分電盤：MINAMI®］

**家の中にいると、イライラする、身体がだるい、落ち着かない、そんな経験はないだろうか。
その原因は、電磁波の影響もあると考えられている。
住医学研究会が対処法として推奨する「電気質を変える」という新しい取り組みを紹介しよう。**

私たちは、朝起きてから夜寝るまでスマートフォンを操作し、こぞって電気自動車に乗り、食事はIHヒーターを使用して調理する――。そんな、常に電化製品の欠かせない生活を送っている。しかし、それらからは悪い電磁波が放射されているのをご存知だろうか。

例えば、健常者であっても、大量の電磁波を一気に浴びると体が極端に酸化してしまう。それが原因で痛風を発症したり、ガンを発症したり、リウマチになるなど、その人の免疫が弱い部分に悪い影響を与えることが多くあるのだ。また、“子どもへの影響”も問題だ。例えば、若年性の白血病を発症する確率が急激に高まるという。健常者でもガンの発症確率が上昇。WHOの発表でも“ガンの発生要因”として電磁波が大きな要素であると公表されている。中でも最も危険な電化製品と言えるのは「IHヒーター」と「LEDライト」だ。どちらも身近なものであり、以前からさまざまな危険性が提唱されてきたが、未だ根本的な解決には至っていない。例えば、IHヒーターは“電磁波の放射”という点では以前より改善していると言えるが、調理物を酸化させることは改善できていない。IHヒーターと聞くと調理をしている人が影響を受けると思いがちだが、実は家族全員が調理後に酸化した食べ物から影響を受けているのだ。酸化したものを食べると身体は酸化し、老化が進み、徐々に太っていき、肥満や病気の原因にもなる。

また、LEDはと言うと、一般論では副交感神経を刺激すると言われており、不眠の原因になることが危惧されている。通常のLEDではβ波が非常に高くなってしまい、脳が緊張状態を感じている。これでは学習や創作活動に適しているとは言えず、たとえ手元が明るくなり、電気代が安くなったとしても、子どもの勉強効率を上げることには一切繋がらない。それどころか、脳に過度な緊張を与えてしまい、勉強の妨げをしていると言っても過言ではないのだ。

これまでの電磁波対策は電磁波を軽減する方法が取られてきたが、上記のIHヒーターやLEDが身体にもたらす悪影響は電気そのものに問題がある。そこで、家庭の電気を供給する元から改善することに着目して開発されたのが、テラヘルツ加工技術を用いて電気をテラヘルツ化する分電盤だ。電磁波の質を変えるという新しい考え方を持った電磁波対策とはどのような効果をもたらすのだろうか。

一般的な電磁波対策は・・・

対象物から離れる
簡単な電磁波対策は、
電磁波の対象物から離れること。

アースをする
電場（電磁波の要素の一つ）を抑制することで余分な電気を逃し、感電防止などの役割を果たす。

NG
アースだけでは、健康改善にならない・・・
電磁波の対象物から離れたりアースをすることは、電磁波を軽減してはくれるが、電磁波から受ける影響をゼロにはできない。そのため根本的な健康改善へとはつながらないと考えられる。

住医学研究会が推奨する電磁波対策の一つは・・・

電気質を変える
身体に悪い影響を与えると考えられる電磁波を軽減するのではなく、悪いものから良いものへ変えるという新しい取り組み。

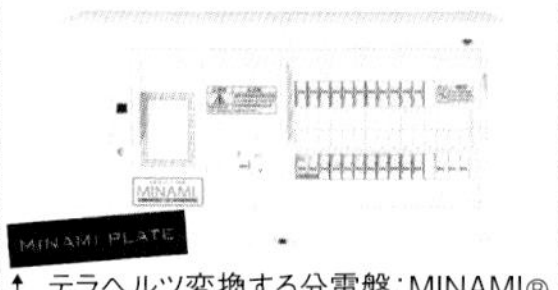

テラヘルツ変換する分電盤：MINAMI®
特殊プレート「MINAMI PLATE」
※画像はイメージです

外から入ってくる電気をテラヘルツ波に変換するよう特殊プレート「MINAMI PLATE」を装着した分電盤：MINAMI®。電気を供給する分電盤から改善することで、その電気につないだ電子機器や家電にも同じ効果が表れて、家中を良い電気に変えることができる。

見えないところからの本質的な改善が健康につながる

テラヘルツ変換する分電盤:MINAMI®は電気の供給元である分電盤で電気を改善することで、家中の電気の質を一挙に高めてくれる。例えば、照明から受ける影響として、緊張感が和らぎリラックス度が上がったり、アンチエイジング対策になる抗酸化力が上がるといった効果が、実験結果からも証明されているのだ。

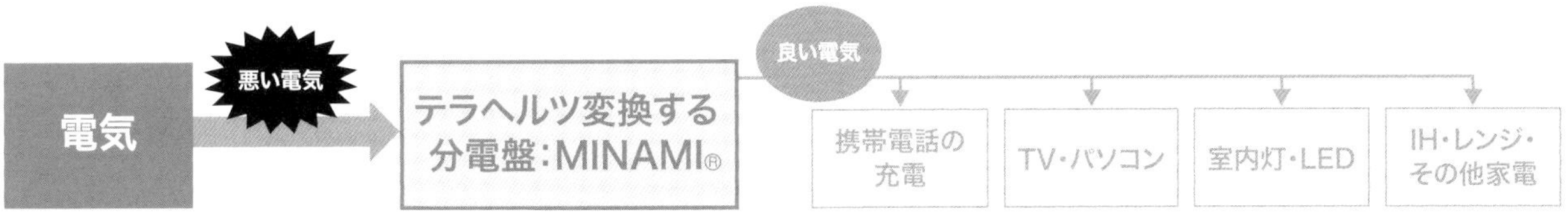

テラヘルツ変換する分電盤:MINAMI®を数値で証明

脳波測定試験

		α波	β波	(単位:%)
LED照明	照射前	10.0	88.3	
テラヘルツ変換する分電盤:MINAMI®+LED照明	照射15分後	38.3	61.7	緊張が和らぎリラックス度UP!

健常な成人女性(58歳)を被験者とし、20分間安静状態を保った後、使用前の1分間の脳波を測定
ついで、テラヘルツ変換する分電盤:MINAMI®にLED照明をセットし、15分間頭部に照射直後に1分間脳波を測定

α波
心身ともにリラックスした状態のときに発する。心身の健康に良い影響を及ぼすといわれている。

β波
覚醒(起きている)ときに出ている脳波で、注意や警戒・心配等をしているときに出る。

抗酸化試験

		酸化還元電位	(単位:mV)
LED照明	照射前	+84	
テラヘルツ変換する分電盤:MINAMI®+LED照明	照射15分後	+77	生体の抗酸化力が+7UP!

健常な成人女性(58歳)を被験者とし、20分間安静状態を保った後、照射前の酸化還元電位を唾液にて測定
ついで、テラヘルツ変換する分電盤:MINAMI®にLED照明をセットし、30分間頭部に照射直後、同様に測定
被験者と照明の距離約10㎝

抗酸化
活性酸素による酸化を抑え体の中を錆びつかせない(酸化を抑える)こと。アンチエイジング。

マイナスイオン試験

		測定値	(個/cc)
LED照明	照射前	49	
テラヘルツ変換する分電盤:MINAMI®+LED照明	照射15分後	79	マイナスイオンがUP!

LED照明照射前のマイナスイオンを測定。
次にテラヘルツ変換する分電盤:MINAMI®にLED照明をセットし、30分間照射後、同様に測定
LED照明の距離約10㎝
測定時の室内マイナスイオン数平均43個/cc

マイナスイオン
ストレス軽減効果・リラックス効果や、空気中のチリ・ホコリを除去するなど空気清浄効果、成長促進効果や寿命を延ばす効果があると考えられている。

※室内のマイナスイオン増加は、身体の抗酸化力向上に影響すると考えられている。

高水準な日本の水道水を安全な水に
[浄水器:Zero 1 フィルター®]

**水道水は安心安全なものだという認識で、普段からなんの疑いもなく生活に利用している。
しかし、身体に影響する物質は本当に入っていないのだろうか。
大切な家族が毎日触れる水だからこそ、この機会に考えてみたい。**

水道水には「鉄サビ」と「塩素」が含まれている

近年、水に気を遣っているという人が増えてきたが、これは水道水に含まれる塩素を危惧するからこその傾向と言える。水道水に含まれる塩素は殺菌剤としての作用を持つが、これは同時に鉄の水道管の腐食を進め、サビつかせる原因でもある。

昨今、水道管が破裂した事例をよく耳にするのは、老朽化しサビついた水道管が増えてきているためだ。現在、新築の戸建ては塩ビ管を使用することが多いが、浄水場から各家庭までは鉄の水道管を通るため、各家庭の水道水には鉄サビが含まれている。

浄水器の主な役割は、水道水に含まれる鉄サビとその原因でもある塩素を取り除き、きれいな水を提供すること。このZero 1 フィルター®は91.5%(水温25℃)の遠赤外線放射率がある高性能セラミックボールをフィルターに採用。活性水素を出し、有効なミネラル成分を豊富に含んでいる。また、遠赤外線効果やマイナスイオンの発生により、細胞の活性による免疫力の向上、老廃物の排出、身体の機能向上など健康面でもしっかりと安心して使える浄水器だ。そして、浄水器はキッチンの蛇口だけに付けても意味がない。水は粘膜からも吸収されるため、水道水の塩素や鉄サビは、浴室の蛇口やシャワー、トイレのウォシュレットなどからも身体に吸収され悪影響を及ぼす。

このZero 1 フィルター®は外付けのセントラル方式の浄水器なので、たった1台設置するだけで、家中の水を改善し、安心で快適な暮らしをサポートしてくれる。

高性能セラミックボールによる遠赤外線の効果

遠赤外線の放射により、水分子(クラスター)が細分化され
下記のような効果が期待される。

①ミネラルなどがより吸収されやすい
②水分子が活性化され、新陳代謝を促進する
③生存酸素を活性化し、バクテリアやカビの侵蝕から保護する
④温度の安定化、物質の変性を止める働き
⑤抗酸化力の向上　　など

セラミックボール　　浄水器:Zero 1 フィルター®

あまり知られていない塩素の危険性と国際基準

浄水場で消毒する際に使用される「塩素」は、水と化合することによって発がん性物質「トリハロメタン」を生成する。その他にも、塩素が含まれた水によって、皮膚や粘膜から水分を奪われ、肌荒れやアトピーの一因になるともいわれている。1986年のアメリカ化学会では、入浴中に気化した塩素を呼吸や皮膚から吸収する量が水を飲んだときの100倍にも上回ると発表される(News scientist,1986-9-18,Lan Anderson)などさまざまな危険性が唱えられている。また、日本の水道水の残留塩素濃度は法律によって定められており、水道法第22条によると、遊離残留塩素を0.1㎎/L以上保持するように塩素消毒することが明記されている。これは国際基準からみると、かなり高い濃度となっている。

国名	基準
ドイツ	0.01以下
アメリカ	0.5以下
フランス	0.1以下
日本	0.1以上

塩素が与える人体へのダメージとZero 1 フィルター®の効果

では実際に塩素が人体に与えるダメージと、Zero 1 フィルター®を採用することで得られる効果をみてみよう。

アトピーや大腸がんの危険性も

入浴の際にシャワーなどを使用しているとき、湯気がたくさん立ち上がる。浴室内で気化した塩素は表面積が大きくなるため、飲料と比較して6倍から最大で100倍もの量が体内に吸収されてしまう。この塩素は肌にダメージを与えるため、アトピーの原因になったり、呼吸によって気管支や鼻の粘膜を傷つけてしまう。さらに体内に入った塩素は腸を始めとする体内器官を傷つけてしまうのだ。

小ジワや乾燥などの肌へのダメージ

塩素は強力な殺菌力がある上に安価であり、その残留性(水によく溶け、長く留まる)のために浄水の要とされ消毒を目的に多用されている。しかし、農薬や漂白剤などにも使用されていることをご存じだろうか。塩素は肌や髪の毛のたんぱく質を酸化させるため、乾燥したり刺激を受けやすくなったりする。肌トラブルには化粧品やステロイド薬に頼るよりも、塩素を取り除く根本的な解決が必要だ。

Zero 1 フィルター®を採用することで、これらの症状の発生を軽減できる

カビの嫌なにおいをカット

内部の高性能セラミックボールフィルターによって塩素とカビの原因になる物質"2-MIB"と"ジオスミン"を除去。これらの物質は、ごく微量に含まれているだけでもにおいの原因となるのだ。Zero 1 フィルター®で磨き抜かれた水は、雑味のない美味しいコーヒーやお茶を楽しませてくれる。

ご飯の美味しさが引き立つ

残留塩素が多く含まれる水で調理をすると、野菜や米の持つビタミンを約30%も損なってしまう。塩素を除去することで素材本来の味を楽しむことができる。さらに、高性能セラミックボールによる遠赤外線の効果は備長炭の2倍以上もあり、水の質を高め美味しいご飯が炊きあがる。

洗濯物の脱色を抑える

塩素には漂白作用がある。これを利用して野菜の漂白作業などにも塩素が使用されているが、洗濯物にとっては大敵。大切な衣類が塩素によって色あせてしまうことも少なくない。Zero 1 フィルタ® で浄水された水は塩素が取り除かれており、大切な衣類の脱色を抑えてくれる。

より強固で耐久性の高いコンクリート [混和剤:Zero 1 Water®]

コンクリートは"固いモノ"という認識はあるが、コンクリートを練る際に加える
混和剤によって、その強度や耐久性に変化が生じるという。
では、どのような混和剤を使用するとその性質にどういった変化があるのだろうか。

抗酸化作用を発揮して酸化を防ぎ、材料を強固に密着

ベタ基礎のコンクリートは、テラヘルツ加工され、抗酸化作用を発揮する混和剤:Zero 1 Water®を使用。コンクリートの形成要素である砂・砂利・水・セメントを強固に高い密度で結合させる働きを持つ。結果、空気含有率が少なく、酸化しにくいコンクリートとなり、耐久年数が長寿命化する。

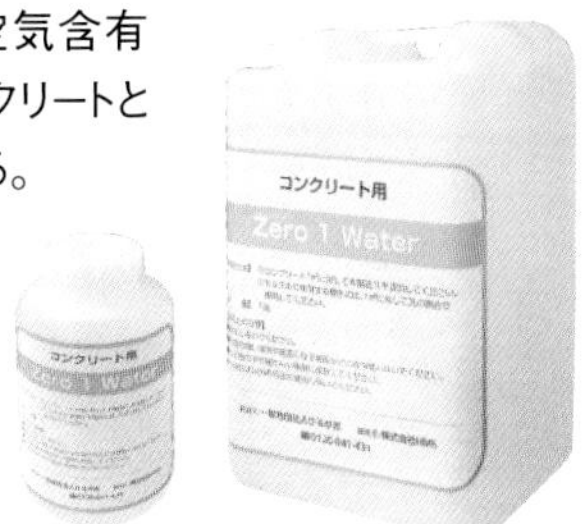

強固で長寿命な「0宣言の家」のコンクリート

コンクリート供試体圧縮強度試験 配合設計条件(強度24N/mm²,スランプ18cm)

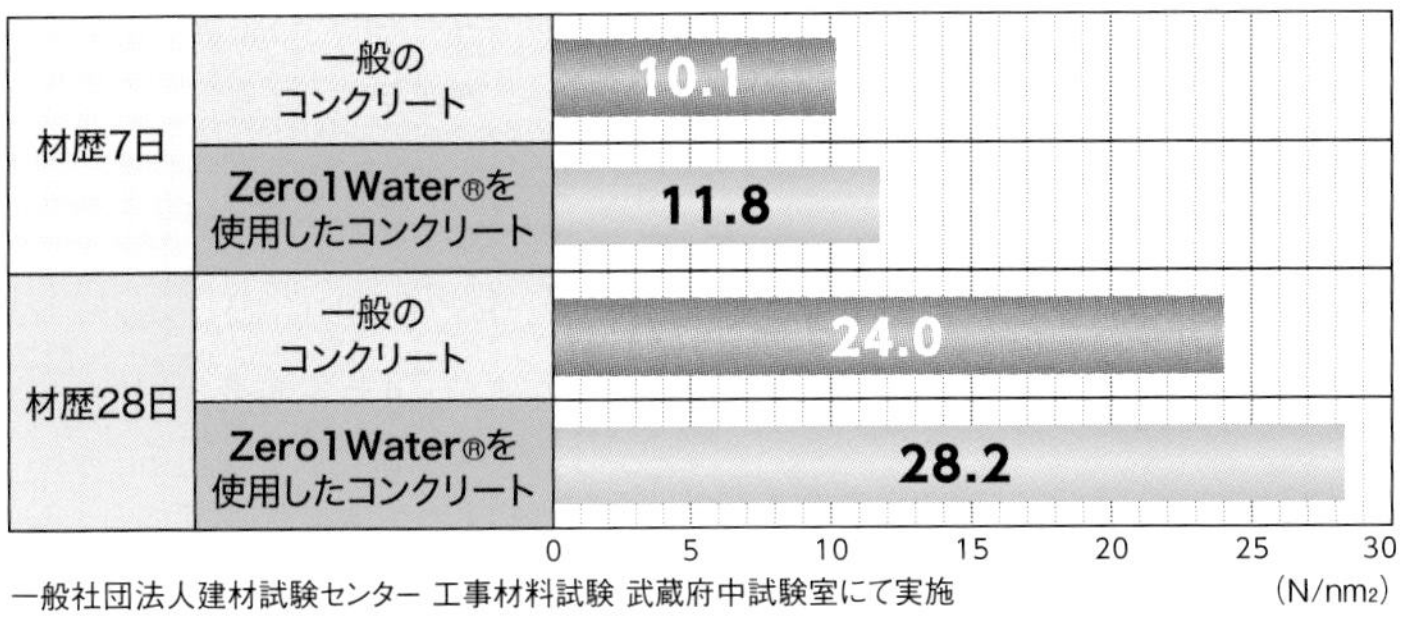

一般社団法人建材試験センター 工事材料試験 武蔵府中試験室にて実施

O宣言の家
OPTION オプション

ウルトラファインバブル

水産養殖業や農業、臨床医療、化学工業など幅広い分野で活用されてきた
微細な気泡「マイクロバブル」。そのマイクロバブルをさらに微細化した
「ウルトラファインバブル」が一般家庭の水道水にも取り入れられるようになった。
その方法や、水道水がウルトラファインバブル化することによって
家族の暮らしにどのような変化をもたらしてくれるのかを見てみよう。

“浮かない泡”ウルトラファインバブル

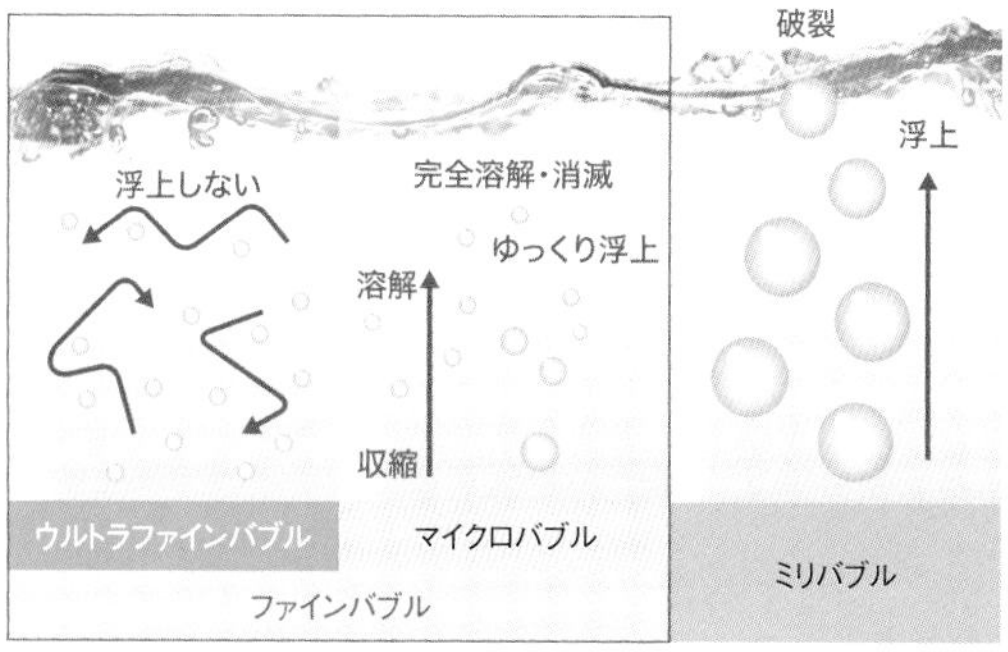

ファインバブルは水中の気泡上昇速度が非常に遅い特徴がある。その中で、「マイクロバブル」は非常にゆっくりと上昇するが、時間経過とともに消滅する。「ウルトラファインバブル」は浮上せず、水中内で浮遊し、長期間水中に存在することが可能となる。（半年～１年以上存在）

ウルトラファインバブル発生装置「Bubble-Meister Be-Life（バブルマイスター ビーライフ）」

水がバブル発生装置（Be-Life）の中を通過する際に、旋回（トルネード回転）し、圧力差を利用しながら水の中に含まれる空気を気体化させ、ウルトラファインバブルを発生。外部から空気を取り込むこともなく、貯水する必要もないので水そのものが清潔な状態を常に保てる。

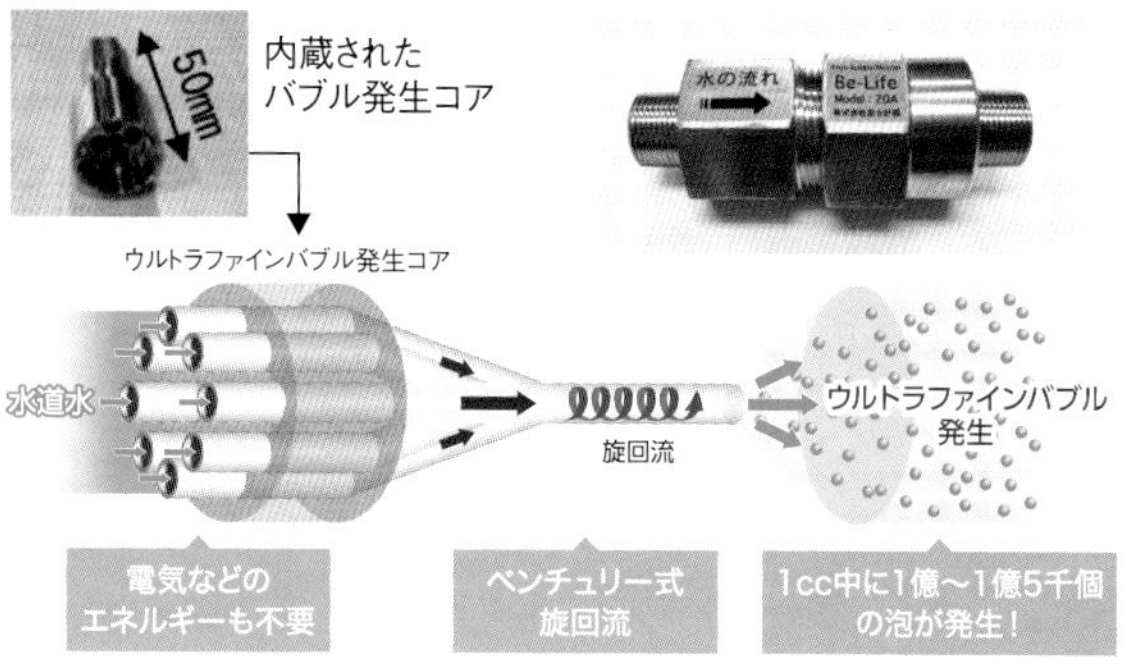

洗浄作用
微細な気泡が汚れを包みこみ、除去する

保温・保湿作用
体の芯から温め、お肌の保護も期待できる

消臭作用
洗濯物の不快な臭いを微細気泡が除去する

配管の保護
微細気泡により配管環境を改善させる

ファインバブルとは、国際標準化機構（ＩＳＯ）で定義されている固有名称で、「マイクロバブル」と「ウルトラファインバブル」の総称のこと。ウルトラファインバブルの大きさは1㎜の100万分の1と、ウイルスや菌と同じくらいの大きさで、目に見えないほどの超微細な気泡のことをいう。

ウルトラファインバブルの大きな特徴の一つが、水中での上昇速度が非常に遅く、長時間滞留すること。それにより、人の皮膚への浸透も早く、入浴時には保温効果、保湿効果を高め、毛穴や肌の汚れを吸着してかき出してくれるなど、人にやさしい影響を与えてくれる。

また、キッチンや洗面台、トイレや洗濯機などでも、ウルトラファインバブルは汚れの隅々まで入り込み吸着、剥離してくれるため、しっかりと効果を発揮。食器洗いの際に汚れ落ちや泡切れがよく、トイレや浴室では水を流すたびに汚れも一緒に洗い流してくれるので、掃除の回数が減ったという家庭も。洗濯物の汚れ落ちもよく、消臭効果もあるという。

しかし、このような効果を発揮させるには、ウルトラファインバブル水が家中を通っていないとできない。今までにあった一般的な商品は、キッチンやシャワーだけといった一部のみに対応していたが、今回紹介するウルトラファインバブル発生装置「Ｂｕｂｂｌｅ－ＭｅｉｓｔｅｒＢｅ－Ｌｉｆｅ」は、給水根元一カ所に設置するだけで家中の水道水をウルトラファインバブル化してくれ、家族の健康的で快適な暮らしを実現してくれる。

現在、「Ｂｅ－Ｌｉｆｅ」の性能に関しては、微細気泡を長年研究されている高知工業高等専門学校 物質工学科准教授 秦隆志氏のもとで随時、実証実験を行っている。健康増進に寄与する効果があることはわかっているが、第三者の視点も入ったエビデンスの発表を期待したい。

Bubble-Meister Be-Life

特徴　家庭内の水道水が全てウルトラファインバブルに

メンテナンスフリーで ランニングコスト不要

ウルトラファインバブルを作るためのポンプなどは必用なく、給水時の水圧を利用してバブルを生成するため、特別なメンテナンスは不要でランニングコストがかからない。家計にも優しい最新技術。

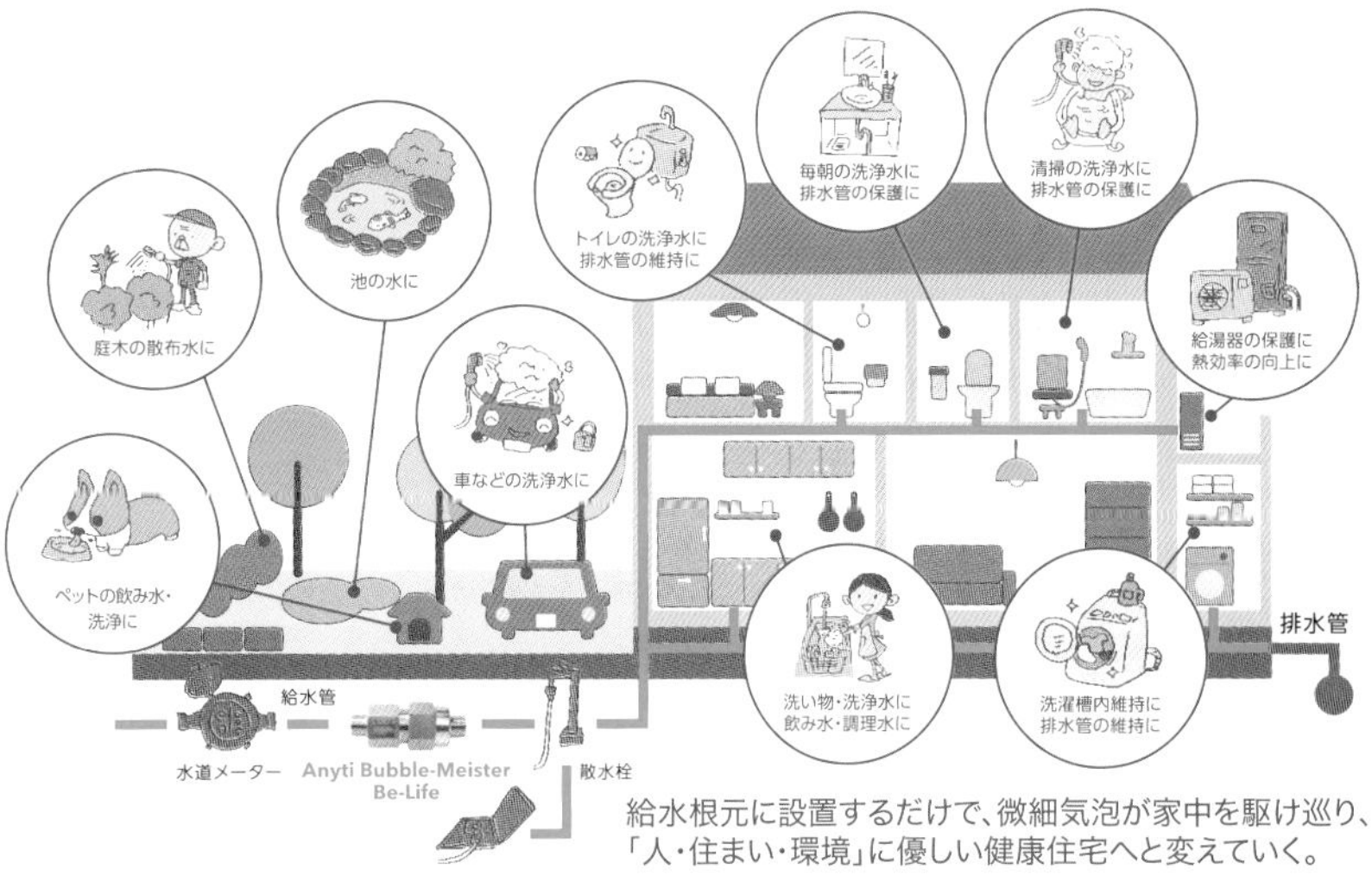

給水根元に設置するだけで、微細気泡が家中を駆け巡り、「人・住まい・環境」に優しい健康住宅へと変えていく。

性能　安全な微細気泡で暮らしがより快適で健康的に

時短　汚れの隅々まで入り込み吸着・剥離 毎日の家事にかかる時間を削減

洗濯槽の付着汚れ、洗剤残り、ヌメリや黒カビなどを、洗濯をするたびにセルフ洗浄してくれる。また、食器を洗う際にも、水道水はすすぎに1230mℓ使用したころを、ウルトラファインバブル水は930mℓしか使用せず、その洗浄力と泡切れの良さも実証されている。（自社実験）

開始前　3カ月後

清潔　汚れ落ちがよく、消臭効果も スッキリとした清潔な暮らしを実現

水道水とウルトラファインバブル水でそれぞれYシャツを繰り返し洗濯し、1年後の洗浄効果を比較・検証。ウルトラファインバブル水洗浄の方が汚れ落ちがよく、不快な臭いも除去できる消臭効果もあった。

水道水＋洗剤

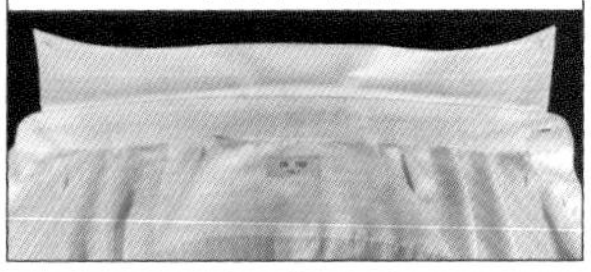

一年後の襟元の汚れ

ウルトラファインバブル＋洗剤

一年後の襟元の汚れ

健康　高い保温効果を誇り、血流促進 体の冷えを起因とする症状の改善も期待

水道水とウルトラファインバブル水とで温浴効果による温度変化をサーモグラフィを使って測定。ウルトラファインバブル水のほうが保温効果が高く、血行促進につながることが分かった。

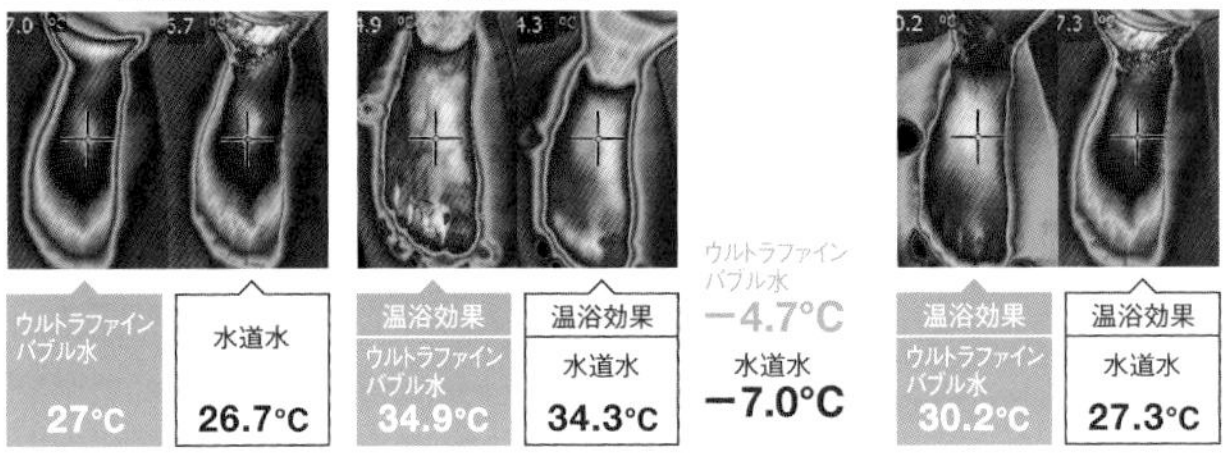

ウルトラファインバブル発生装置
Bubble-Meister Be-Life
体験者の実感はコチラの動画をチェック！

美容　毛穴や肌のキメまで入り込み 美しさ若々しさのキープに貢献

加齢臭の元となる微小な物質にウルトラファインバブルが付着して除去してくれる。また、ファンデーションを塗った状態で、洗顔フォームを使わずにウルトラファインバブル水で洗浄すると、水道水で洗浄したときよりも肌の深い溝まで洗浄されているのが確認できた。

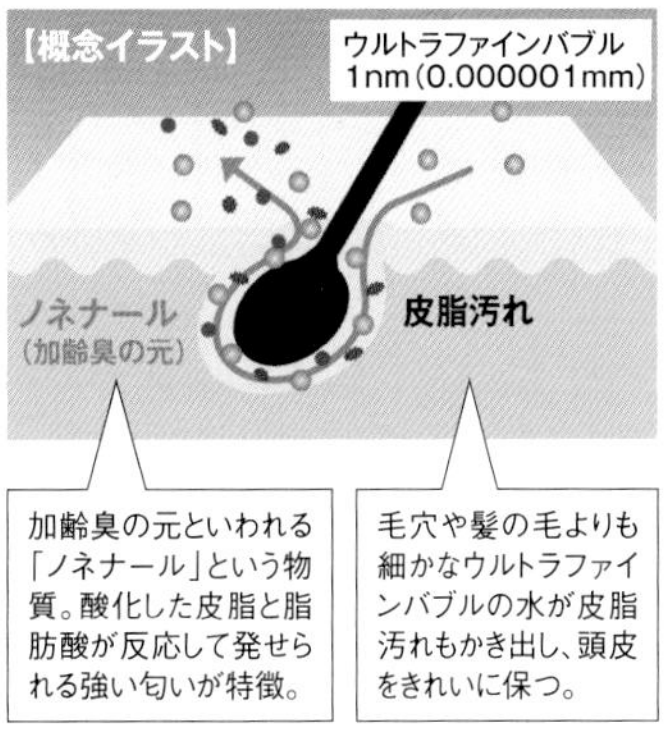

●毛穴の直径は約200µm ●髪の毛の直径は毛穴の1/2n約100µm

ファンデーションを塗った肌

ウルトラファインバブル

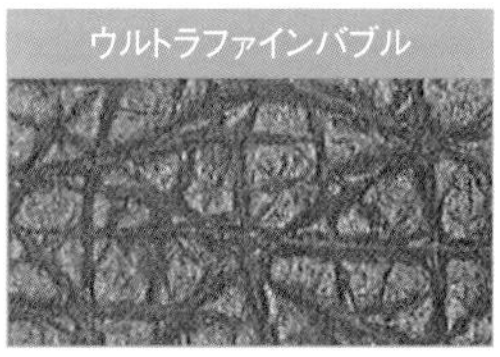

水道水

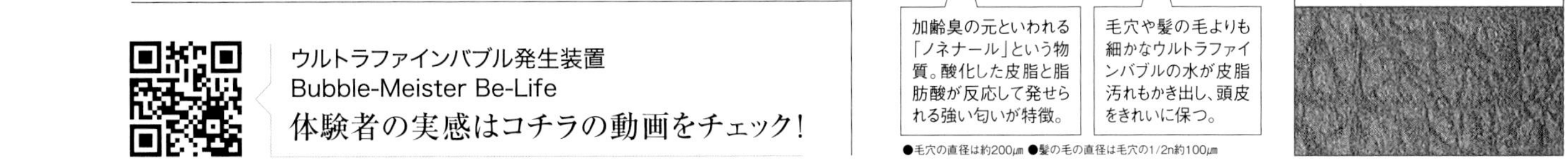

0宣言の家

OPTION
オプション

ZE《ゼ》RO《ロ》ソーラー

国の施策で「再生可能エネルギーの固定価格買取制度」がスタートして今年で10年、すでに太陽光発電の売電による利益には期待ができない時代となっている。しかし、一方では「太陽光発電＋蓄電池」システムにより災害時の電気を自給自足する方法が注目されている。「0宣言の家」が薦める「ZEROソーラー」とはどんなものか、その特徴を紹介しよう。

ZEROソーラー

これからの時代に求められる「発電＋蓄電」を両立したシステム

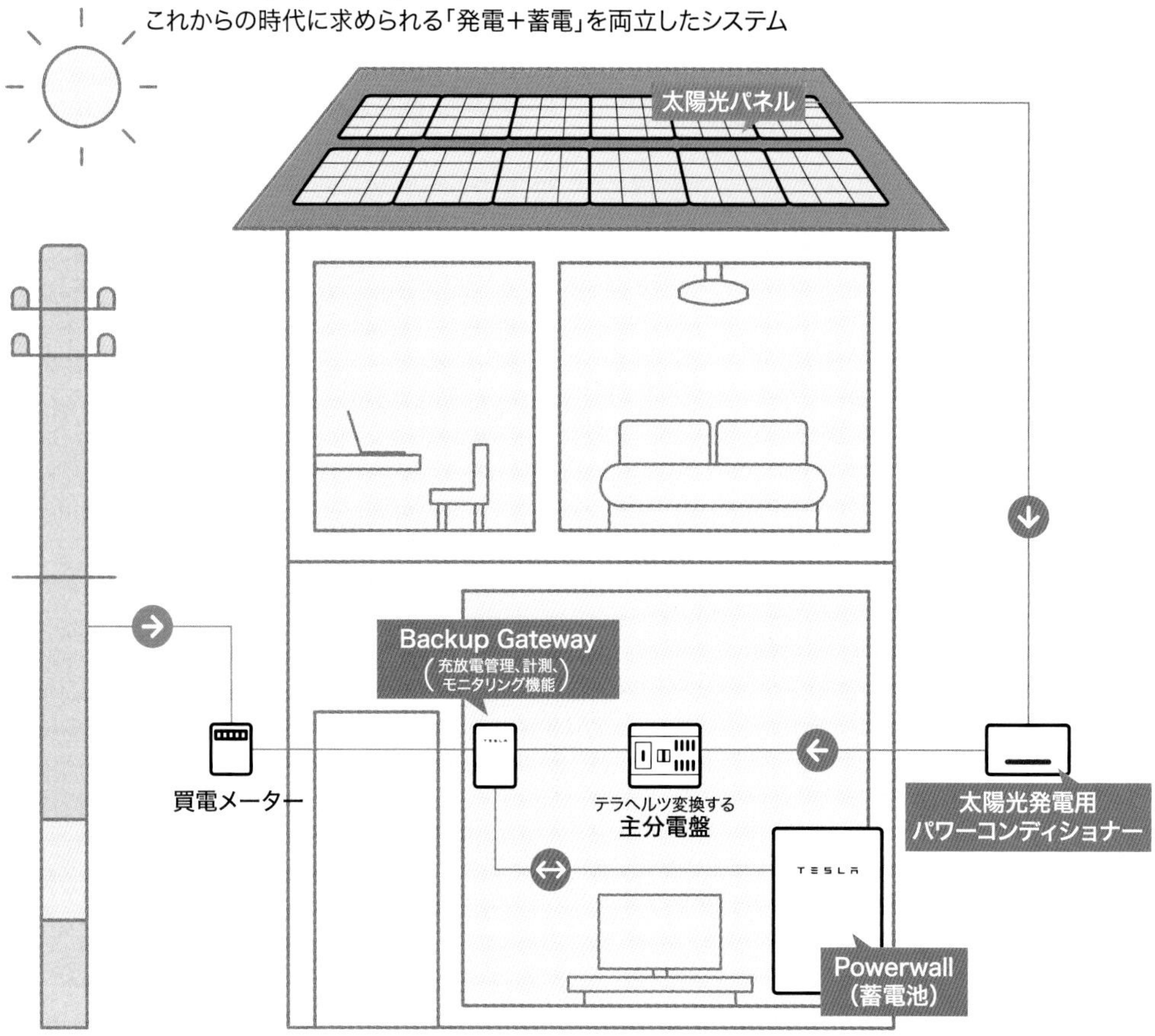

再生可能エネルギーの導入拡大を狙って始められた「固定価格買取制度」だが、現在は、国においても、「太陽光発電」と「蓄電」の組み合わせ、自家消費や災害時の活用に、その狙いをシフトしている。

売電価格7円／kWhの時代に求められる太陽光発電システム

⇨国は「エネルギーの自立」「災害時に活用できる太陽光＋蓄電池」を推進

２００９年に始まった「再生可能エネルギーの固定価格買取制度」では、自宅で発電した電気を10年間は電力会社が固定価格で買い取ることが保証されていた。しかし、２０１９年を過ぎ、制度開始時から太陽光発電を導入している家庭で10年間の保証期間が順次終了している。もともと段階的に低下していた買取金額は今後さらに下がり、「売電価格７円時代」になると言われている。

しかし、売電による利益は期待できないものの、太陽光発電については、別の側面からの利用が期待されている。それが、発電した電気を蓄電し、万が一のときに役立てるというものだ。阪神・淡路大震災や東日本大震災、熊本地震、その他にも日本各地で大規模な自然災害が続いている。災害に見舞われたとき、自宅で蓄えた電気が使えれば大いに心強いはずだ。

これまで「0宣言の家」では、電磁波の体への影響を懸念して屋根に太陽光発電パネルを設置することを推奨していなかった。しかし、84ページで紹介しているように、現在は「テラヘルツ変換する分電盤」を住宅に採用し、屋内で使用する電気を、悪い電気から良い電気に変えることができるようになっている。そのため、太陽光パネルの電気を蓄電する方法も進められるようになってきたのだ。また、大切な住まいに設置するものであれば、安全に、そして安心して長く使えるものがいい。そこで開発されたのが、優れた性能の「ソーラーシステム」と「テラヘルツ加工」の技術を融合させた「ＺＥＲＯソーラー」である。このシステムを自宅に取り入れることにより、従来の電磁波の課題を解決するだけでなく、安全面や災害時の活用でも高いメリットが期待できるエネルギー環境を整えることができる。

安全

蓄電池

常に最新のソフトウェアに自動でアップデート

「ZEROソーラー」が採用する蓄電池は、常に自動でソフトウェアをアップデート。最新のソフトウェアは、異常が見つかった際に通知が届くようになっているので安全性も非常に高い。自宅に設置するものなので、安全性の確保は必須条件と言える。また、購入した後も常に最新の機能を使い続けることができるものメリットだ。(ソフトウェアの更新は無料)

アプリを使って24時間リアルタイムでコントロール

発電量や電気消費量、蓄電状況などをアプリを使ってリアルタイムでモニタリングできる。また、希望の使い方に合わせて設定を調整すれば、全てお任せでエネルギー自給率を高めたり節約を最大にすることも可能。

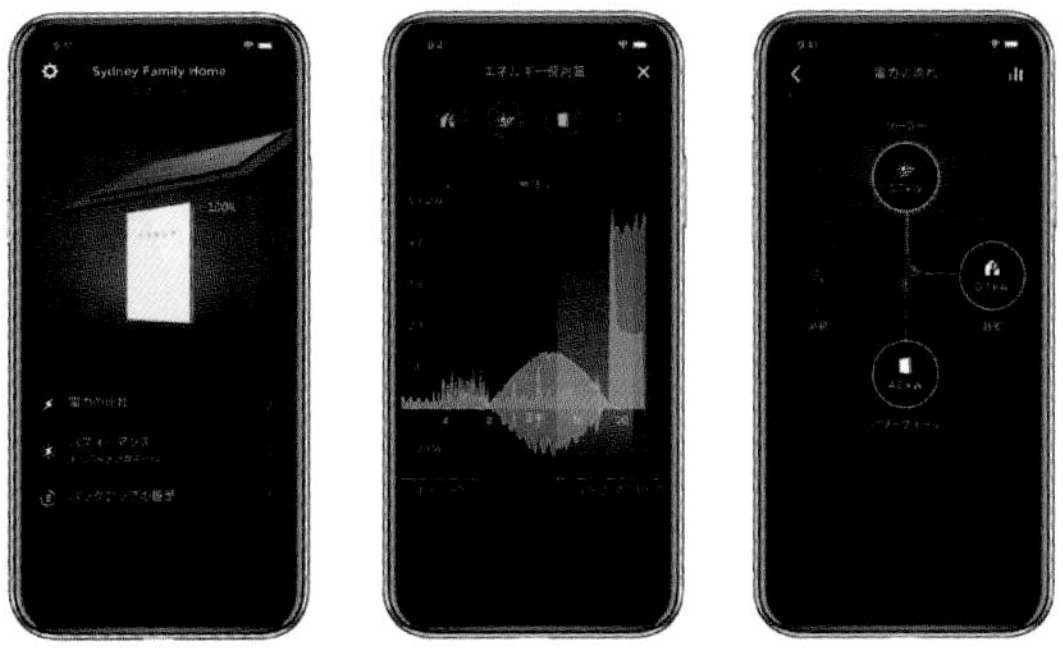

ホーム画面から蓄電状況や電位の流れ、各種通知を確認

消費された電力、発電量などを確認

発電状況や電気の使用状況を確認

健康

主分電盤

「テラヘルツ変換する分電盤」に通して“良い電気”を供給

「0宣言の家」では、電気をテラヘルツ変換する分電盤を採用しているが、「ZEROソーラー」の蓄電池を利用すると、テラヘルツ変換する分電盤を通して、良い電気を家中で利用できる構成となっている。停電が発生しても、主分電盤に接続された電化製品は、通常通り使用することが可能。災害時でも冷蔵庫に食品を保存したり、テレビで情報を得られたりするのは安心だ。

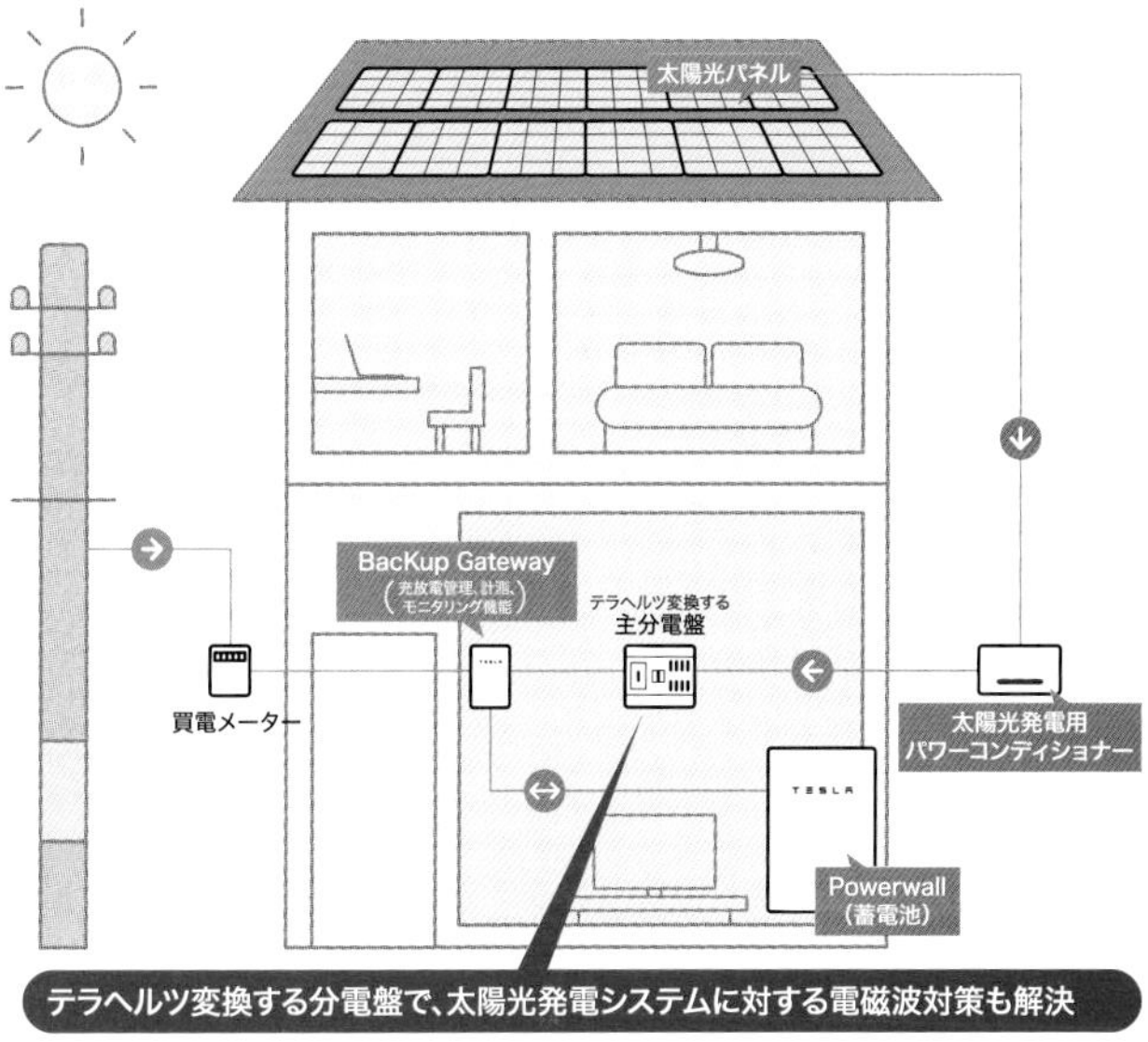

安心

太陽光パネル　蓄電池

蓄電池を活用することで災害時にも電力を自家で供給

地震や大型の台風などの災害が起こると、電力の供給が止まって停電することもあり、生活に支障をきたすことも。近年、災害が増えていることは言うまでもなく、何らかの備えが必要となってくる。ZEROソーラーのように、自家発電が行え、蓄電もできるシステムを備えることで、停電時にも家中の電力の供給が自宅で賄えて、照明やスマートフォンのほか、IHクッキングヒーターや大型のエアコンなども動かせるので安心だ。また、国も各家庭でのエネルギーの自立を推奨しており、家庭用蓄電池システムの自立に向けて年度ごとの価格設定の目標を設けたり、目標価格を下回った場合の支援の実施などを随時行っていく方針だ。このように各家庭での「蓄電」が普及していき、蓄電池の性能(蓄電容量)が向上していくことで、ZEROソーラーとしても最終的にはオフグリット(電気の自給自足)を目指している。

蓄電池システム
停電時1日の電気使用量イメージ

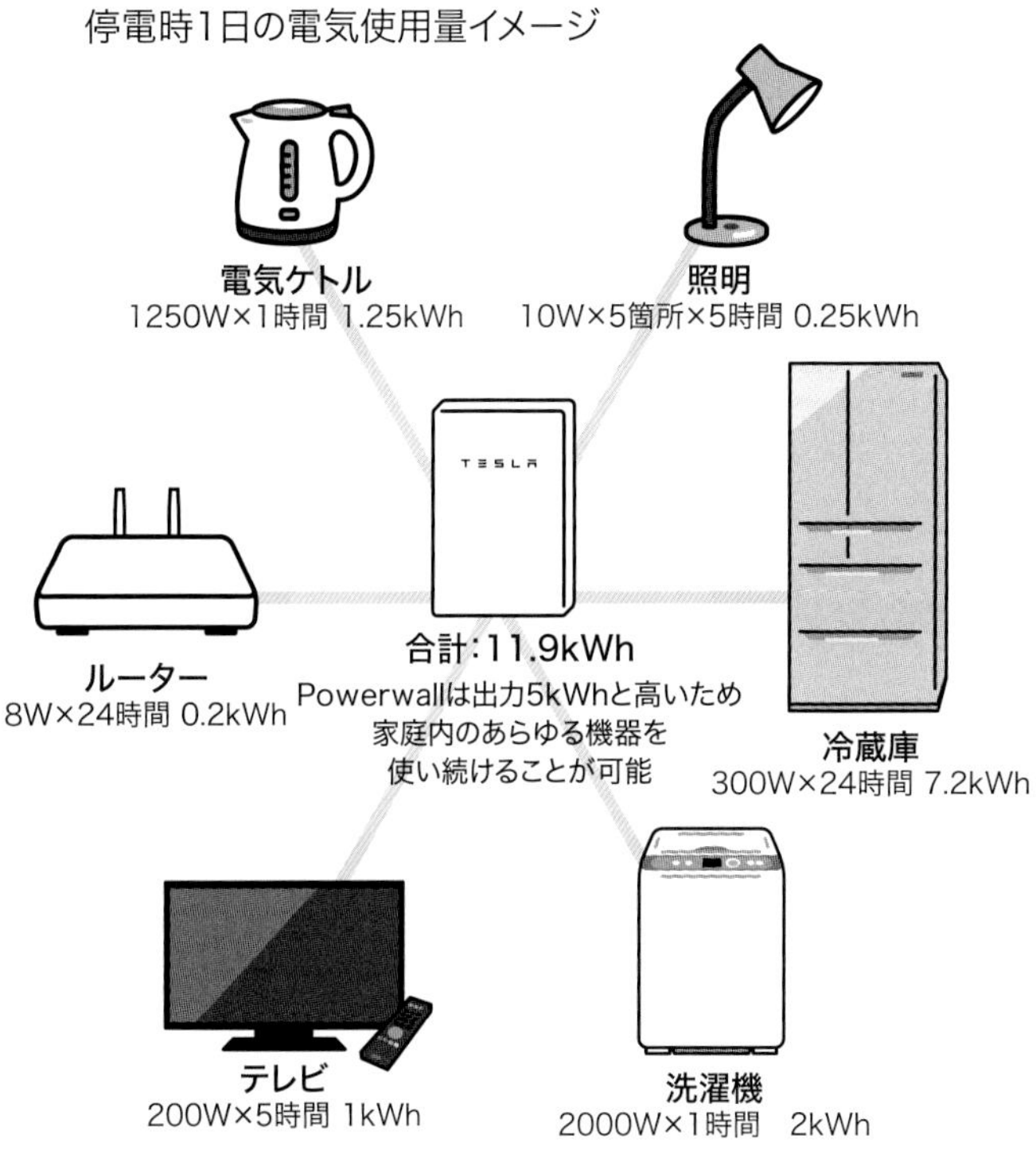

ゼロ宣言の家
OPTION
オプション

エコウィンハイブリッド

空気は目に見えないけれど、私たちが生きていく上では欠かせないもの。だからこそ住まいの素材にはこだわりたいが、さらに発想を進化させ、空調も体に優しいものを選べないだろうか。そんな思いから「ゼロ宣言の家」が注目したのが、世界初のハイブリッド型輻射式冷暖房システム「エコウィンハイブリッド」だ。その特徴を紹介していこう。

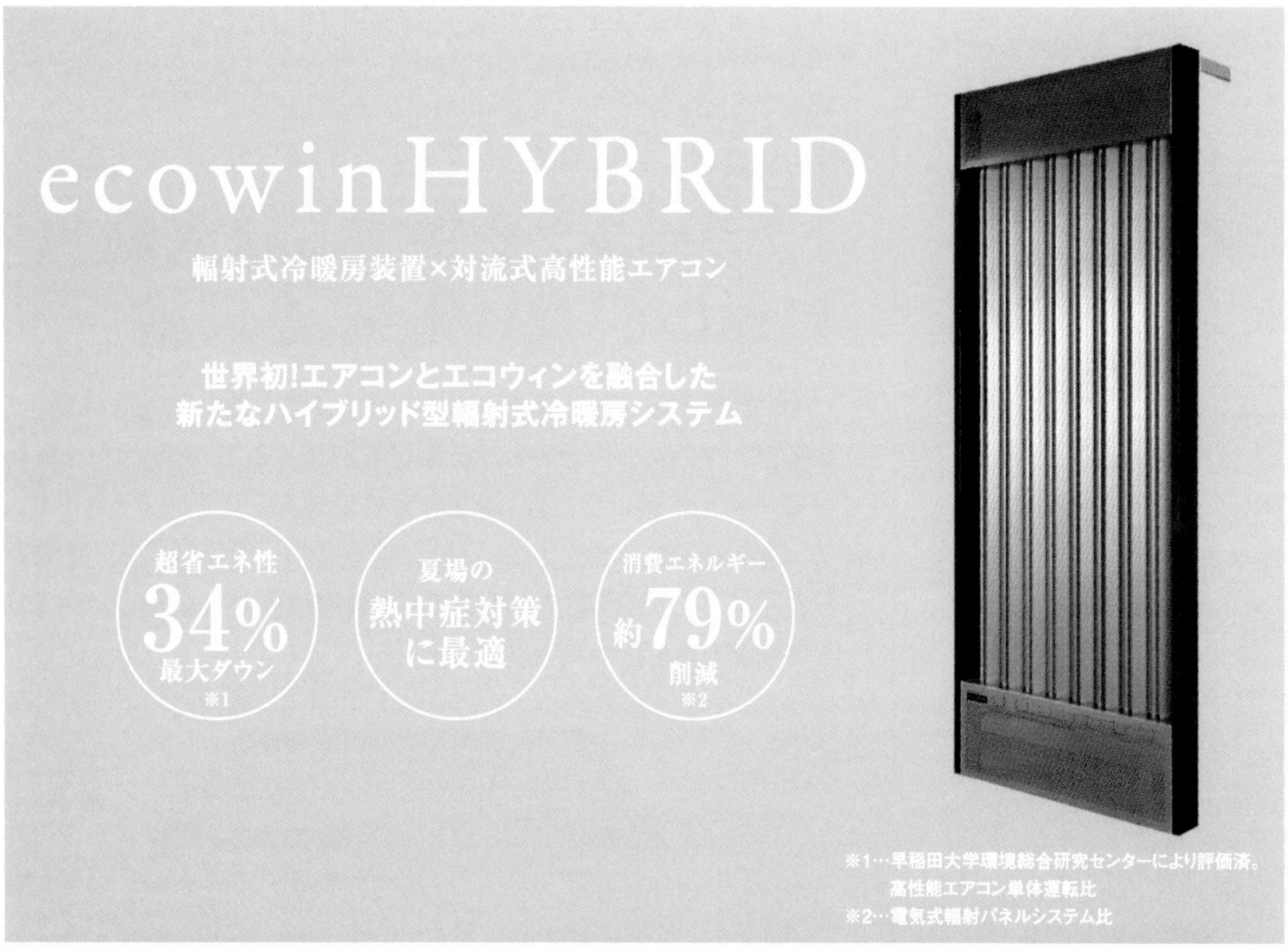
ecowinHYBRID
輻射式冷暖房装置×対流式高性能エアコン
世界初!エアコンとエコウィンを融合した
新たなハイブリッド型輻射式冷暖房システム
超省エネ性
34%
最大ダウン
※1
夏場の
熱中症対策
に最適
消費エネルギー
約79%
削減
※2
※1…早稲田大学環境総合研究センターにより評価済。
高性能エアコン単体運転比
※2…電気式輻射パネルシステム比

夏の暑さ、冬の寒さを解消し、住空間を快適に保つために、エアコンを利用する家庭は多い。しかし、一方で、直接エアコンの風が当たるのが嫌、運転音や空気の乾燥が気になる、風でホコリやペットの毛が舞い上がってしまうなど、課題を感じている人も少なくない。また、エアコンの風が行き渡る場所は快適でも、室内の温度を一定に保つことは難しく、部屋を一歩出ると廊下は暑い、寒いといった声も聞こえてくる。このような住居内での温度格差は、私たちの健康にも影響を与えると考えられている。

では、室内の温度を一定に、快適に保つにはどうすればいいのだろう。

その解決策として注目されているのが、「エコウィンハイブリッド」という冷暖房システムだ。〝ハイブリッド〟という言葉の通り、同システムの特徴を一言で言うなら、「エアコン」と「輻射式冷暖房装置」のいいところを掛け合わせ、トータルに室内の湿度・温度環境を整えることのできるシステムであることだ。そもそもエアコンは空気の対流によって室温を調整するために前述のような課題が発生するのだが、「エコウィンハイブリッド」は、「エアコン」を「輻射式冷暖房装置」の熱源として利用するが、空気の対流は使わない。冷暖房装置のパネルから放射される輻射熱によって、室内の温度を整えるしくみになっている。輻射熱には、物体そのものを暖めたり、冷やしたりする性質があるため、床や壁、天井などにも直接作用が及び、短い時間で空間全体の温度が快適に保たれていく。たとえば、夏にトンネルで感じる涼しさ、あるいは、冬の陽だまりにいるような温かさが自宅で体感できる。世界初の技術が、まるで自然の中にいるような空間をつくり出してくれるのだ。

輻射式冷暖房の原理

輻射熱とは、空気を介さずに物質に直接作用する熱のこと。一般的なエアコンは暖かい空気、冷たい空気によって室内の温度を調整するが、輻射熱は物質そのものに作用する。そのため、冬は部屋全体に熱を伝え、足元までポカポカに。夏は、部屋全体を冷やし、まるで蔵や洞窟の中にいるようなひんやり感を作り出すことができる。

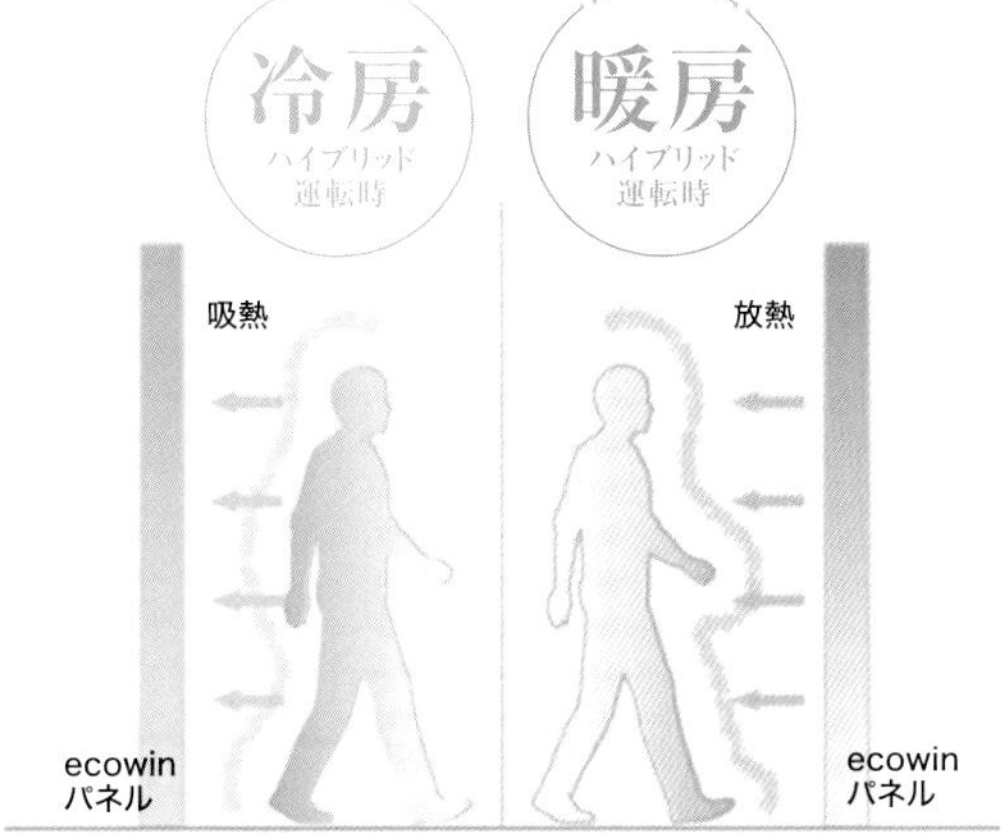

冷房時は体の熱を逃がして爽快感が増し、暖房時には熱移動の原理が働き足元までポカポカに

エアコンとエコウィンハイブリッドの体感温度の違い

一般的なエアコンと輻射熱の原理を利用したエコウィンハイブリッドでは、どのような違いが見られるのだろう。それぞれの環境での体感温度の違いを調査したデータを確認してみよう。冬場の場合、エアコン暖房の場合は、室内に置かれている荷物の温度が低い（青い）が、エコウィンハイブリッドでは、人だけでなく周囲の荷物の温度まで上がっていることがわかる（黄色・赤）。部屋全体に作用するからこそ、自然な心地良さを感じることができるのだ。

冬の場合

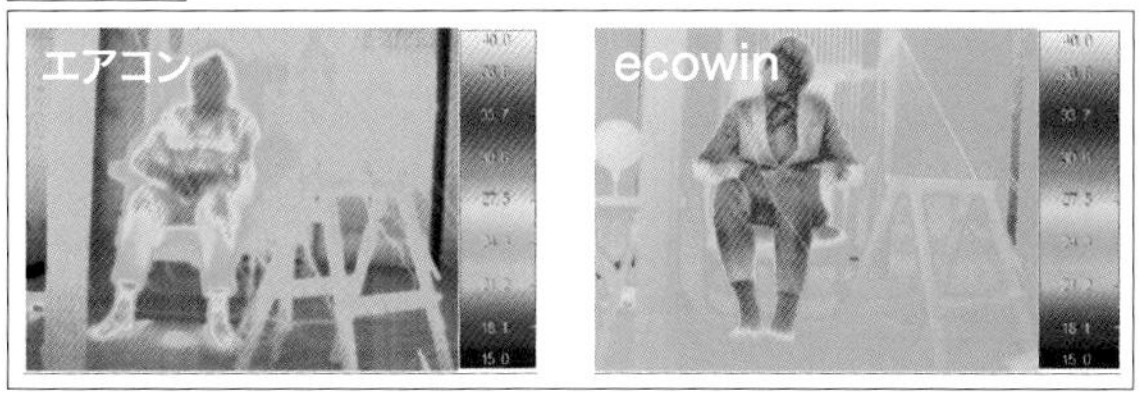

夏の場合

経済的メリット

エコウィンハイブリッドの優れた特徴として、経済的であることもあげられる。既設エアコンを動力源としているので、電気代はエアコンを使った分だけ。しかも、エアコン自体は微風・弱風運転で良いため、エアコン単体で空調するよりも、消費エネルギーを最大34%（※）ダウンが可能に。また、エアコン自体も疲弊せず、長持ちする。

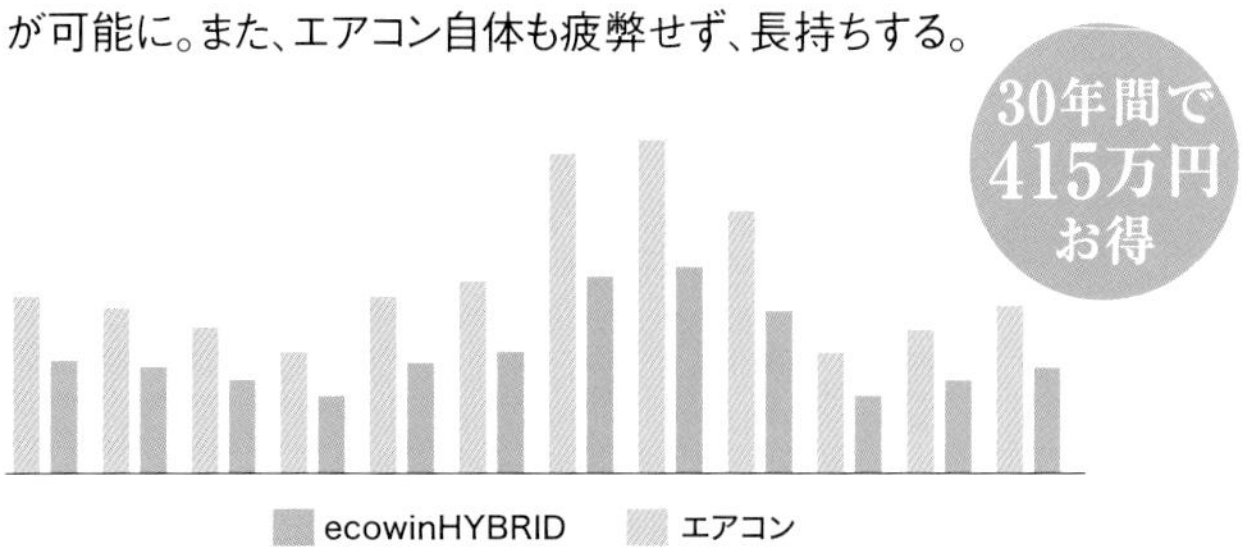

イニシャルコストは高くなるがランニングコストが下がるため、使えば使うほどお得に。そしてエアコンだけを稼働するより快適空間を実現

※早稲田大学環境総合研究センターにより評価済。高性能エアコン単体運動比

10のポイント

1 - ランニングコストが大幅に下がる
最大で34%の使用電気エネルギーを削減
2 - 従来の輻射式パネルに比べて消費エネルギーを約79%削減できる
3 - エアコンに接続するだけで利用できる
4 - 本体に動力源がないため、耐久性に優れている
5 - エアコンは微風・弱風運転で良いため、エアコン自体も長持ちする
6 - エアコンの風は感じないのに、
まるで蔵や洞窟の中にいるようなひんやり感
7 - 冷房時は除湿機能が働き、サラッと快適な空間へ
8 - 暖房時、室内全体が温まり、
まるでひなたぼっこをしているような心地良さに
9 - 室内に温度ムラができにくく、足元もポカポカに
10 - エアコンの風がほとんど吹かないので、
室内にホコリやハウスダストが舞い上がらない

お施主さまの声

長崎県 O様邸

冬の冷え込んだ夜でも、室温は20℃を超え、天井も床もとても暖か。部屋のどこに移動しても室温が変わらず、隣の部屋まで暖かく、快適です。

熊本県 H様邸

外気温が5℃のとき、前の家は家の中でもダウンを着るほど寒かったのですが、今はカーディガンを羽織るくらいです。1階のみ稼働していますが、家中温度ムラがなく。寒い冬に外から帰っても暖かいです。

O宣言の家
OPTION オプション

吹付け施工薬剤

NDコート

ウイルスや細菌類に敏感にならざるを得ない昨今。塗るだけで長期間抗ウイルス・抗菌効果を発揮してくれる室内塗料「NDコート」を紹介したい。ナノダイヤの力で安心・安全な「抗ウイルス空間」を実現。家族の健やかな暮らし実現に、取り入れたい技術の一つだ。

安心して過ごせる「抗ウイルス空間」を実現

優れた性能

※イメージ図

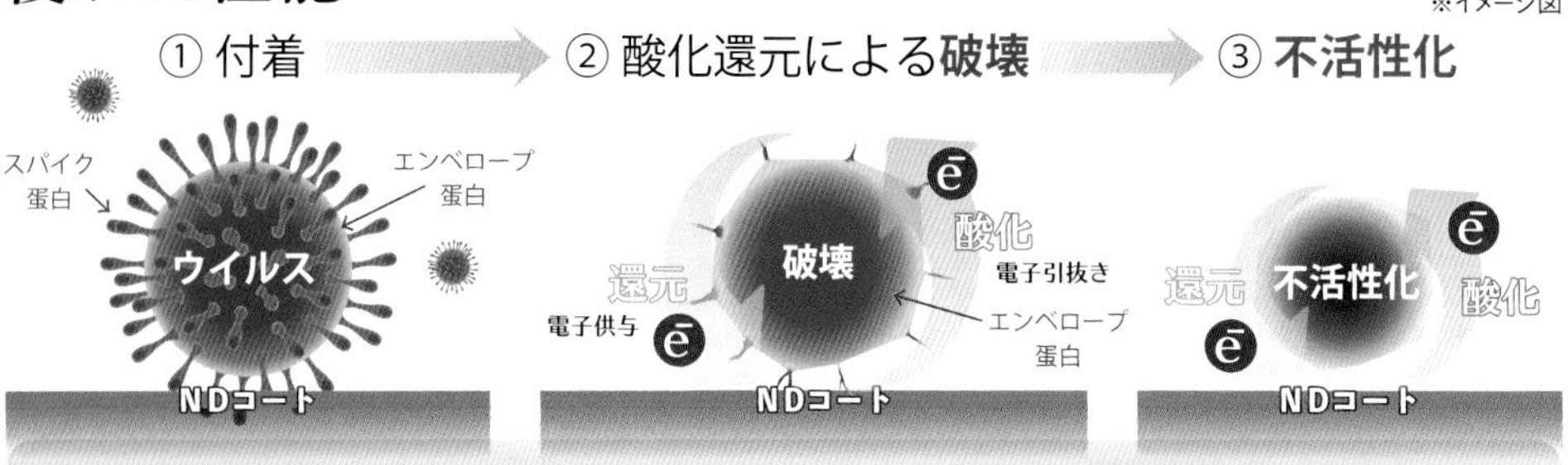

NDコートを施工した箇所にウイルスなどが接触・付着しても分解・不活性化される！

ウイルス抑制 新型コロナウイルス、インフルエンザウイルスに対しての抑制効果あり！

抗菌 黄色ブドウ球菌、肺炎桿菌、かび抵抗性MRSA、大腸菌、緑膿菌

消臭 ホルムアルデヒド、硫化水素、酢酸、ノネナール、イソ吉草酸、アンモニア

有害物質除去 ホルムアルデヒド、VOCを分解・除去

防汚 強い撥水性

防カビ 159種類のカビ菌を抑制

確かなエビデンス

新型コロナウイルスを破壊する効果が！

ウイルス減少率 10分で 91.363%

奈良県立医科大学医学部 微生物感染症学講座 矢野寿一教授に、新型コロナウイルスに対するNDコートの効果を明らかにするために研究を依頼。その結果、NDコートを新型コロナウイルスに接触させると、ウイルスの感染値は徐々に減少し、**10分後には91.363%**、**8時間後には99.781%**の減少率を確認。新型コロナウイルスを破壊する効果を実証し、証明書を取得した。

変異株（イギリス型）にも同等の効果を実証

※上記同様に奈良県立医科大学医学部 微生物感染症学講座 矢野寿一教授に研究を依頼

施工実績

医療現場、JALやJRでも採用

医師をはじめさまざまな現場でその性能が認められたNDコートは、国立病院やクリニック、JAL（日本航空株式会社）の客室内やJR駅構内のトイレなどの公共の場での施工実績がある。

・JALグループ・JR、都内地下鉄・国立病院・兵庫県芦屋市内科クリニック・広島県大規模レストラン など

NDコート施工の様子

「NDコート」に使われているナノダイヤモンドは、表面活性力が高いことが特徴。異なった電位の表面構造を持ち合わせているため、電荷移動が起こり、接触した物質に対し酸化還元反応を起こす。すると、ウイルス類や細菌類、カビ類、悪臭成分類に対して分解作用をもたらす。

　また、光や温度の影響を受けることなく、安定した効果を長期間発揮。基本的には一度塗装すると、半永久的に効果を発揮するが、ドアノブやテーブルなど日常的に触れる頻度が多い部分、頻繁に物が接触するような場所は、穏やかに劣化していく。ドアノブや取っ手などの金属部分は2〜3年。その他は10年程度が目安となる。

　施工は建物丸ごとでも一部（玄関だけ、トイレだけなど）でも可能だ。施工後には高い精度で汚れを確認できる機器を使って、抗ウイルス効果を数値でチェックできるので安心。

COLUMN

JALの取り組みがメディアでも注目！

飛行機の客室内にNDコートを採用した取り組みがニュースで取り上げられた。

FNN プライムオンライン

ニュース動画はこちらをチェック！

COLUMN

小さな子どもでも安心

皮膚一次刺激性、眼刺激性、急性経口毒性、変異原性※の4つの試験を全てクリア。小さな子どもから肌の弱い人でも安心。

※化学物質などが生物の遺伝子に作用し、その分子構造の一部を変えたりして遺伝子的性質を変える働きのこと。

0宣言の家

防蟻対策

大切な家を守るために必要な対策の一つとされるのが「防蟻対策」。いわゆるシロアリ対策だが、地中のシロアリだけでなく、輸入した材料や家具などに紛れ込んだシロアリへの対策も必要で、建築基準法で定められた従来の防蟻処理だけでは不十分な時代に。そこで、「0宣言の家」で行われているシロアリ対策とは?

ホウ酸処理〈防蟻〉

世界で実証!有害物質を一切含まない「ホウ酸」。躯体全体をすっぽりと包み、ホウ酸処理します。

今、日本の住宅の土台や基礎に塗布されている防蟻剤。そのほとんどが農薬系。言い換えれば猛毒。その効き目は3~5年でなくなり、また、人体への悪い影響もある。私たちは、人に害がなく、なおかつ半永久的に持続する素材をおすすめしている。

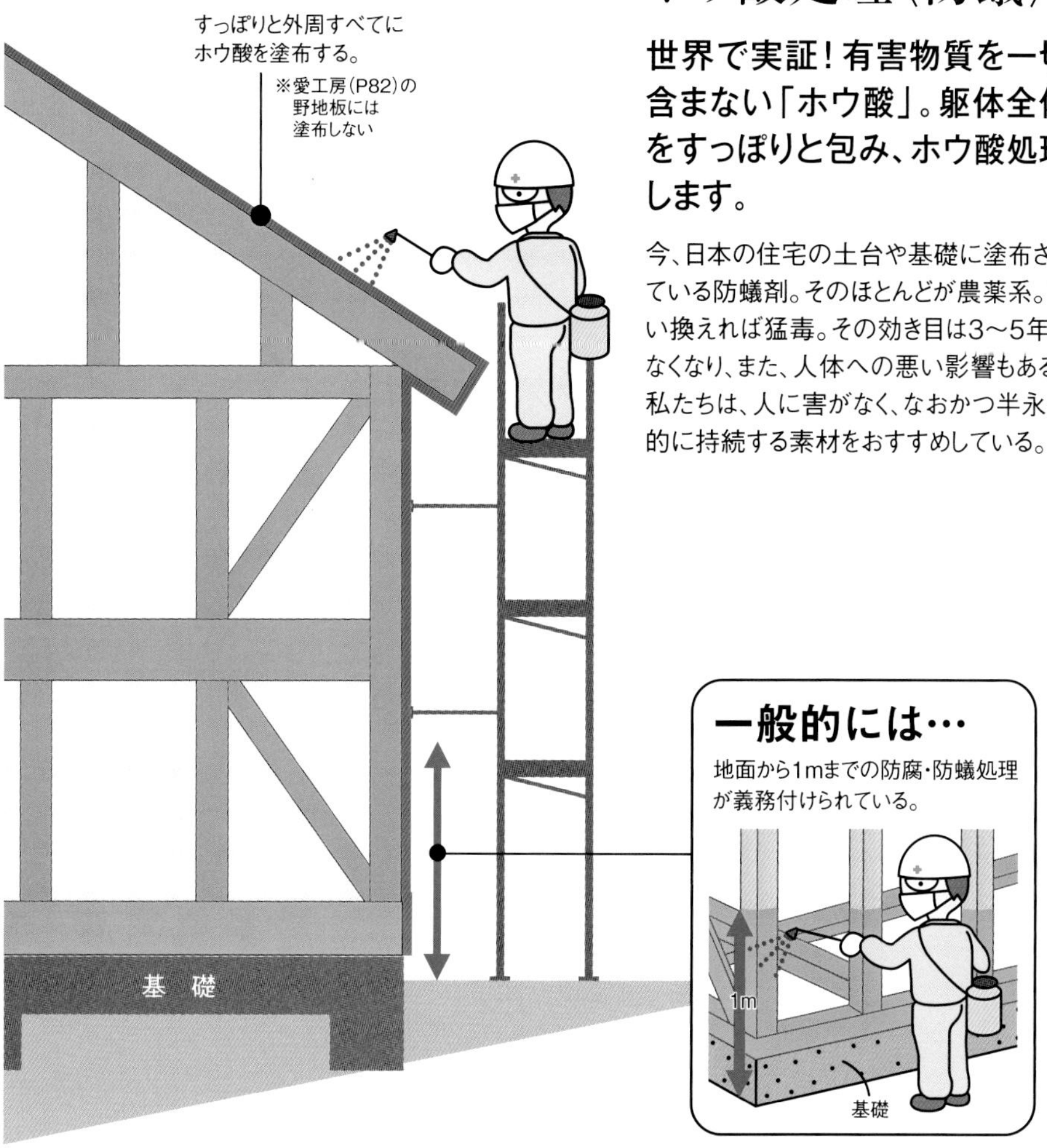

※愛工房(P82)の野地板には塗布しない

一般的には…

もともと、シロアリ対策というと、地中にいるシロアリからいかに土台や基礎を守るかが大切だった。

しかし、今は違う。輸入した建材や家具などに紛れ込んだ「アメリカカンザイシロアリ」が瞬く間に日本全国に広がったからだ。従来のシロアリは湿気を好むものだったが、アメリカカンザイシロアリは乾材を好むうえ、羽アリのため空中からやってくるというやっかいな害虫だ。

地面から1mまでの範囲は建築基準法で防腐・防蟻処理が義務づけられ、この範囲を「地下シロアリ対策」部分といい、それより上部が「カンザイシロアリ対策」部分。「0宣言の家」では構造材すべてにホウ酸処理を施し、どのシロアリからも家を防御。農薬系の一般的な薬剤はわずか3~5年で効果がなくなるが、新築時にホウ酸処理をしておけば半永久的に効果が持続するため、費用も安価になる。

ネオニコチノイド系農薬の人体への影響の恐れ

日本では、松枯れの原因とされる害虫を駆除するため、松林への農薬散布が30年以上も行われている。これにより、セミや野鳥が姿を消し、生態系に影響が及ぶという報告も。この有機リン系農薬が、タバコの有害成分であるニコチンに似たネオニコチノイド系農薬。昆虫や人の神経伝達物質を狂わせ、胎児・小児では低用量でもさまざまな影響があるという。昆虫を死に至らせる濃度で人が死に至ることはないが、人体への影響はゼロではない。しかし、量産ハウスメーカーによる家の床下には、ネオニコチノイド系の防蟻処理剤が大量に散布されているのが現状だ。住む人の健康や未来を担う子どもたちのため、「0宣言の家」ではこうした防蟻処理剤を使わず、人に害を与えないホウ酸処理を行っている。

アメリカカンザイシロアリ

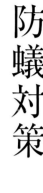

0宣言の家

「安心・安全」の見える化

たとえ、「長持ちしない建材、体に悪影響を与える資材を排除しています」「クアトロ断熱工法を行っています」と言われたところで、それが正しいことをお施主様はどのようにして確認すればいいのだろうか。
その一つの答えが、全棟で実施する安心の検査。
「0宣言の家」を建てる工務店では、各種検査を確実に実施する。
使用する建材の安全性、工法に絶対の自信がなければできない検査である。

毒（VOC）の検査

VOC検査とは、シックハウス症候群の原因とされるホルムアルデヒド、トルエン、キシレン、アセトアルデヒドなど揮発性有機化合物の室内濃度を測定・分析することである。

厚生労働省によって室内濃度指針値は設定されているものの、建築会社に測定義務はなく、実際は野放しに近いのが現状。さらに、指針値を超えようと一切の罰則がないこともシックハウス症候群が増えている原因かもしれない。「0宣言」をしている以上、きれいな空気であることを確認している。

（※住宅設備などの影響により、指針値を超えることもある）

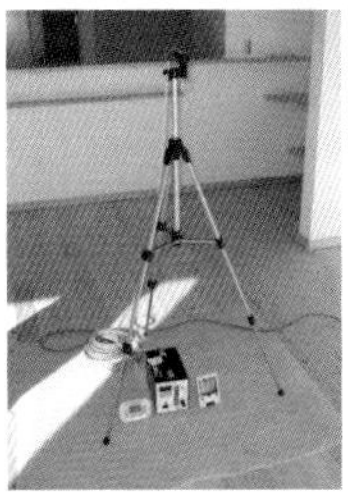

放射能検査

東日本大震災に伴う福島原発事故が起きて10年以上経つが、放射能物質に対する不安は落ち着くどころか、日に日に高まっている。そのため、医師が認めた健康住宅「0宣言の家」では、任意で放射能測定を実施している。

信頼のおけるガイガーカウンターで、空間線量、物質の表面線量を最低2回（①基礎着工時②上棟時）測定する。多くの人が不安を抱く時代。放射能値をきちんと測定し、安心して新しいわが家に移り住んでもらえるよう、お施主様に正確な情報を提供している。

（※お施主様の要望により更地の状態、砕石後、基礎完成時なども測定が可能）

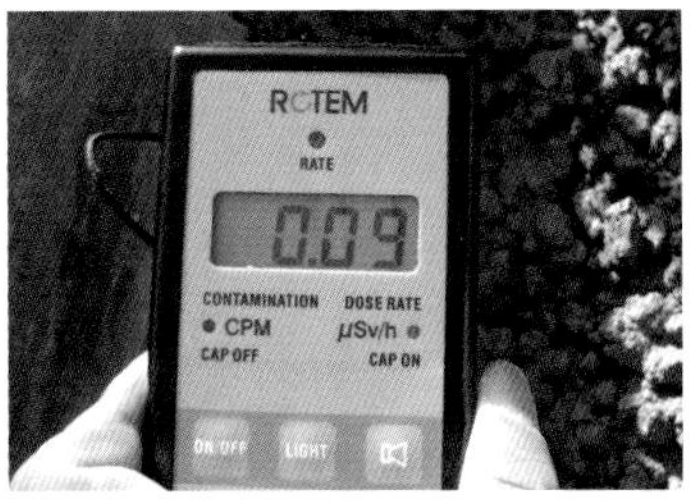

断熱性能検査

どれだけ高性能な断熱材でも、施工の段階で隙間ができていては、せっかくの断熱効果が発揮できない。

クアトロ断熱工法の施工状況を確認するため、建物の各部（外壁面・サッシなどの開口部まわり・天井面・屋根面）をサーモカメラ（熱画像検査装置）で撮影し、熱分布の画像を液晶画面で見て、断熱欠損個所の有無などを確認している。

建ててしまえば隠れてしまう建物の断熱施工であるが、サーモカメラで撮影することで、一般住宅との断熱効果の違いもわかっていただけるはずだ。

サーモカメラ

防音検査

クアトロ断熱工法による防音効果はどれほど優れているのか、実際の防音効果を知っていただくため、完成引き渡し前、または引き渡し時に、任意で防音性能測定を実施している。

同じ条件で発生する音を「屋外」と「室内」で計測。その差を提示し、どれだけ防音効果があるか説明している。ただし、断熱材に使われるセルロースファイバーなどの吸音効果の高い素材により、防音効果はあるが、玄関や開口部など屋外の音の影響を受けやすい場所、家具から伝わる振動の音をすべて防音することはできない。

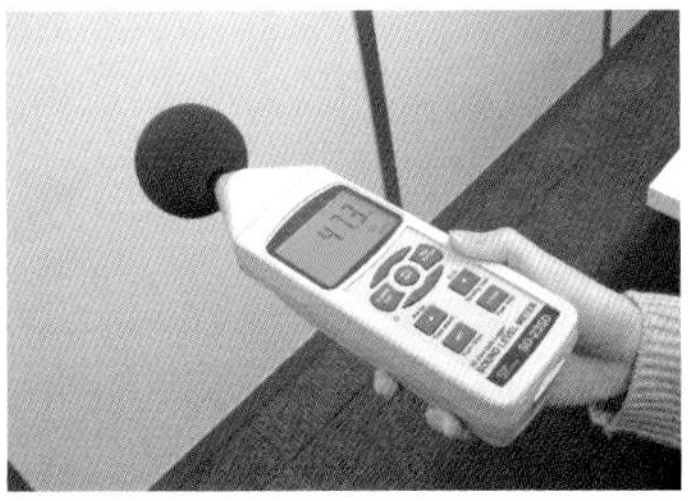

さらにこんな安心も

構造計算

地震や風、積雪などに建築物が耐えられるかを、設計時に計算で確かめるのが構造計算。木造2階建て住宅（200㎡未満）では義務づけられていないが、「0宣言の家」ではお施主様の要望により実施。柱や梁などの構造材には、強度計算によって安全値を確認した無垢材を使用している。

各種建築関係保険

屋根や土台など構造耐力上主要な部分や、雨水の浸入を防止する部分などに欠陥があった場合、その補修費用などに対して保険が支払われる「瑕疵担保責任保険」、建設工事中に火災や水災、盗難などがあった場合や、建築工事中に近隣の方など第三者に損失があった場合にも対応できるよう「建設工事保険」「建設業者総合賠償責任保険」に加入。不測の事態への対応も万全だ。

アフターメンテナンス

「お施主様とは家を建ててからが本当のお付き合い」と考え、10年、20年、100年先までお施主様が快適に暮らせるよう大切な家を守っていくアフターメンテナンスを重視。定期点検以外にも、不具合箇所の問題解消やメンテナンス依頼、クレームなどにも迅速に対応している。

ベタ基礎工法（シングル配筋）

基礎には「ベタ基礎工法（シングル配筋）」を採用している。ベタ基礎に使うコンクリートは、圧縮にはとても強いものの、引っ張りに弱いという特徴を持つため、上からの荷重ストレスがかかるとコンクリートの下部にストレスがかかり、割れてしまう。逆も同様に、下からの突き上げの力が働くと上部にストレスがかかって割れる。そうしたコンクリートの割れに対して粘り強くするためにベタ基礎には鉄筋が入っているのだ。

地盤改良が必要な場合にはオプションとして「SG（スーパージオ®）工法」を採用（「70R」と「300」の2タイプを用意）。地盤補強ができるだけでなく免震性能も発揮し、地震の揺れを建物に伝えず、家財の倒壊までも防止してくれる。また、東日本大震災のときに液状化対策ができた唯一の工法として注目を集めた（「300」のスーパージオ材を用いた場合）。従来の工法よりもコストを抑えて、地震・液状化・軟弱地盤への対策が可能だ。※地盤によって改良工法が異なる場合有り

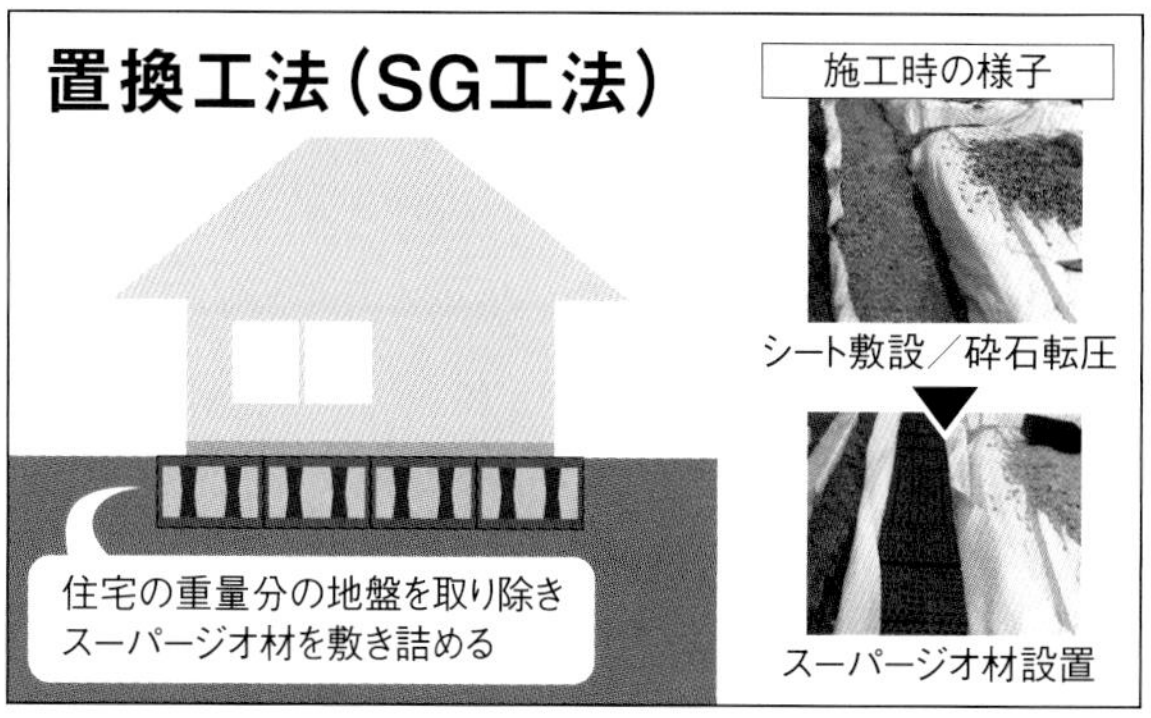
置換工法（SG工法）
住宅の重量分の地盤を取り除き
スーパージオ材を敷き詰める
施工時の様子
シート敷設／砕石転圧
スーパージオ材設置

木造在来軸組み工法と2×4壁工法のハイブリット工法

「0宣言の家」の構造は、設計制限を受けずリフォームの場合にも対応しやすい木造在来軸組み工法と、耐震面に強みをもつ2×4（ツーバイフォー）壁工法という2つの工法を組み合わせた「剛構造」。まず土台、柱、梁で組み上げる木造在来軸組み工法でしっかりとした木造構造にした後、通常は筋交いを施工するが2×4の強さを得るため、この構造材の外側に耐力壁としてパネルを張り詰め、なおかつ必要と考えられる部分には筋交いを施工。こうして2つの工法のそれぞれの良さを合わせることで地震に強い家の構造が完成する。さらに、安価で施工しやすいため日本の住宅の約8割の外壁に使われているサイディングやALC（軽量気泡コンクリートパネル）は、外気に影響されやすいため塗装の色落ちや表面の割れがあり、重く柔軟性がないため地震に弱いなどの理由から一切使わないと徹底している。

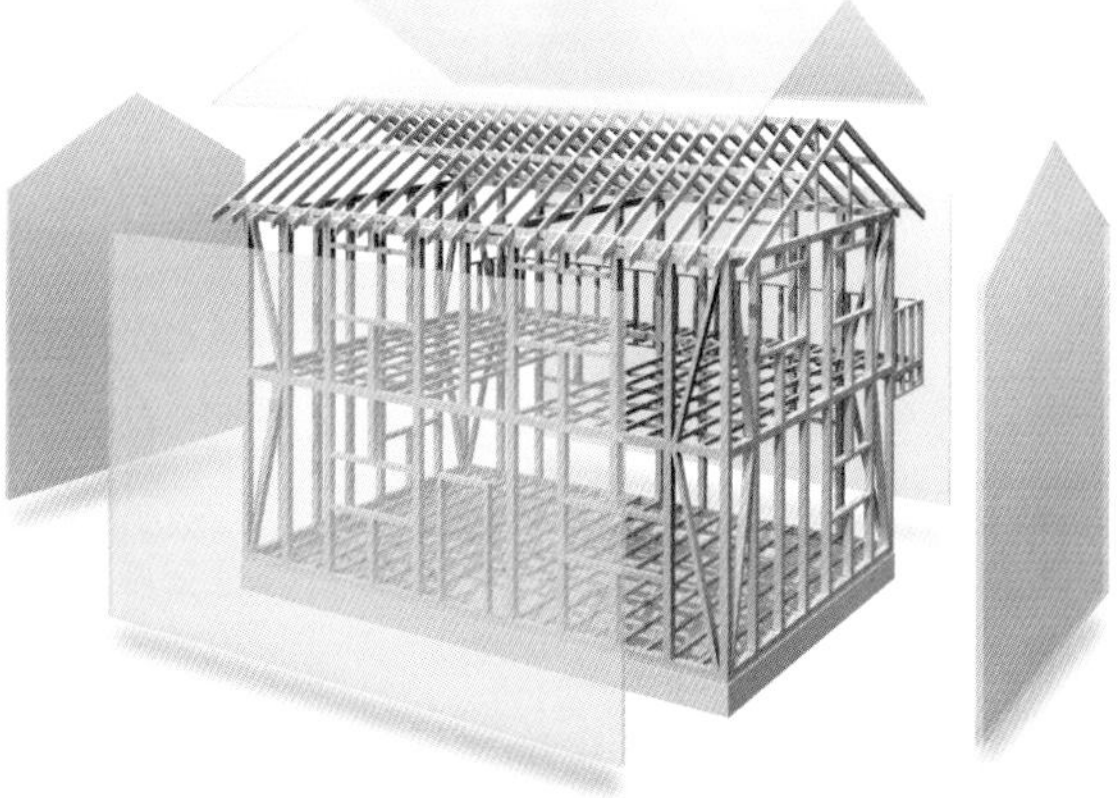

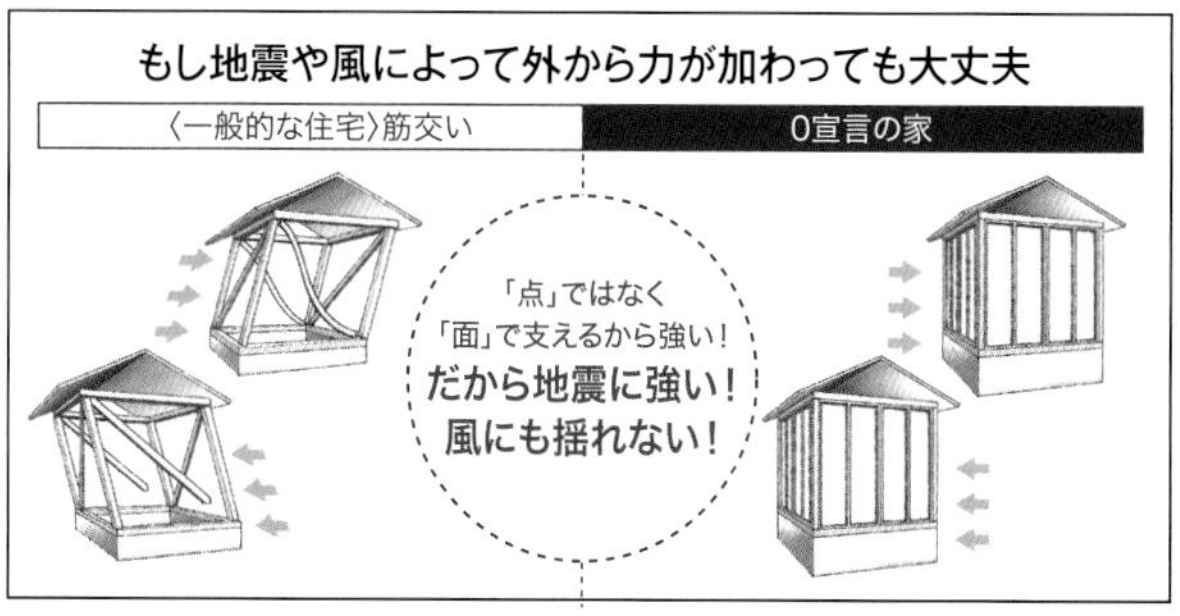
もし地震や風によって外から力が加わっても大丈夫
〈一般的な住宅〉筋交い
0宣言の家
「点」ではなく
「面」で支えるから強い！
だから地震に強い！
風にも揺れない！

耐震・免震・減震

0宣言の家

2011年の東日本大震災、2016年の熊本地震で被災した地域に建っていた「0宣言の家」は、1棟も倒壊しなかった。
それどころかほとんどが無被害で難を逃れたと言う。
では、「0宣言の家」のどのようなところが、
優れた耐震性能を実現させているのだろうか。

0宣言の家が地震に強い理由

1 軽量で粘りのある外壁

家1軒分（外壁面積を200㎡とする）の外壁の重量の合計は約900kgで、震災後に被害が多いとされている外壁材・サイディングの約4分の1の軽さ。また、塗料や外断熱材には柔軟性がある素材を採用しており、軽量で粘りのある外壁が地震の揺れに対して効果を発揮する。

一般的なサイディングの
約1/4の軽さ

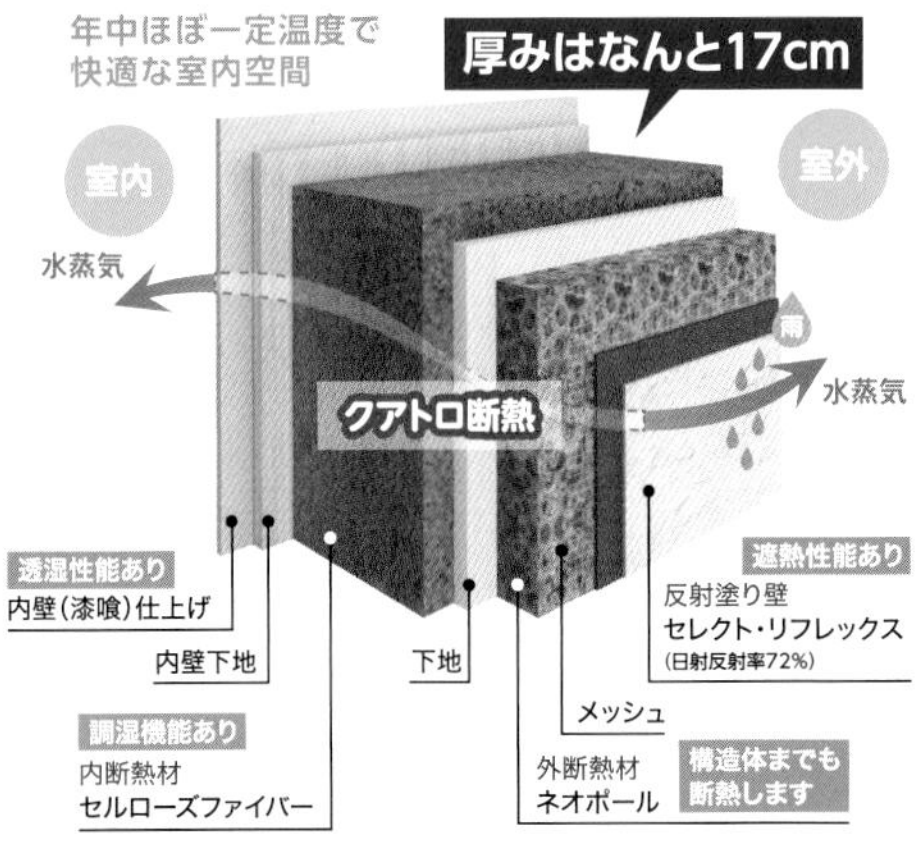

2 強固な構造

設計制限を受けずリフォームの場合にも対応しやすい木造在来軸組み工法と、耐震面に強みを持つ2×4壁工法の2つを組み合わせた「剛構造」を採用。

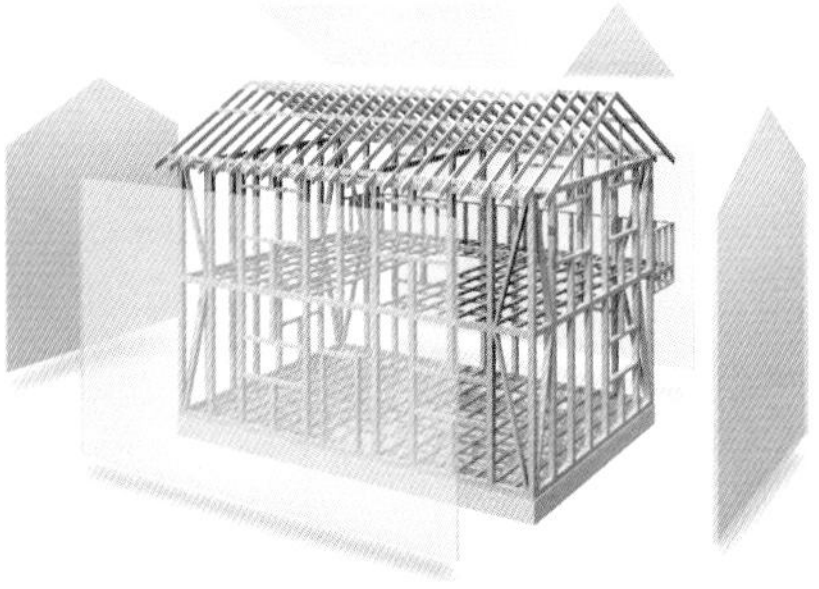

3 盤石な基盤

ベタ基礎が標準仕様だが、独自の工法技術により、通常のコンクリートの設計基準強度をはるかに上回る強度を実現※P97参照。また、地盤補強と減震を合わせた施工もオプションで対応している。

基礎は「ベタ基礎（シングル配筋）」を標準仕様とし、使用するコンクリートは通常の設計基準強度が210〜270kgに対して、「0宣言の家」では独自の施工技術により400kg以上を実現している。

次に構造は、伝統的な木造在来軸組み工法と耐震面に強みを持つ2×4（ツーバイフォー）壁工法の2つを組み合わせた「剛構造」（ハイブリット工法）を採用。必要な部分にしっかりと筋交いを施工して、地震に強い構造を実現している。

構造材は無垢材を適材適所に使用。柱には圧縮強度の強いヒノキや杉、梁には曲げ強度およびせん断強度の高いマツ材といった具合に見極め、材一つ一つを取ってもより地震に強い家づくりの一助となるように、妥協せずに取り組んでいる。

その他にも、外壁に注目してみると、震災後に被害が多いとされている外壁材・サイディングは1枚約17〜20kg／㎡の重量があり、家1軒（外壁面積を200㎡とする）に換算すると約3500〜4000kgもの重さが外壁としてぶら下がっていることになる。それに対して「0宣言の家」1軒分の外壁の重量の合計は約900kg。サイディングの家の約4分の1の軽さということになり、家自体の重量が地震の揺れに対する倒壊に大きく影響することが分かる。

住宅の施工方法はさまざまあり、基礎や構造、使用する建材など何か一つをハイスペックにすれば良い訳ではなく、家全体のバランスが大切。安全性と予算をしっかりと見極めて選択していくことも、施工業者に求められるノウハウの一つだ。

また、木造2階建て住宅では義務付けられていない「構造計算」をお施主様の要望により実施。構造計算することで、数値に裏付けされた適切な施工が行われると同時に、明確な信頼と安心感を得ることができる。

熊本震災レポート

2016年4月に九州地方を襲った「熊本地震」。最大震度7を記録した熊本県では、1万7000棟を超える家屋が全半壊するという甚大な被害に見舞われた。地震に強い家づくりを行ってきた「0宣言の家」。その安心安全への実力が試された。

「0宣言の家」が守り、支える安心・安全とは

左から施工を担当した津留建設の津留社長、K様の奥さま、K様。「震災前とほぼ変わらない生活を送れているのは津留社長と『0宣言の家』のおかげです。迅速な対応にも感謝です」とK様ご夫妻

壁と天井の境目の漆喰がポロポロと剥がれ落ちている

本震によりK様邸前の道路には大きな亀裂が走った

家屋を支える基礎をチェックするK様と津留社長。「この頑丈な基礎が家を守ってくれました」とK様

熊本地震の深刻な被害の中、南阿蘇村に暮らすK様ご夫妻の「0宣言の家」では、ほとんど被害が見られなかったと言う。

「南阿蘇村は本震が震度6強でした。近隣のお宅は、外壁がひび割れるなどの被害がある中、わが家の外壁はひび一つ入っておらず、内装の漆喰がポロポロ剥げる程度でした」とK様。家を選ぶ際には「耐震面」をそれほど重視していなかったが、セミナーで「0宣言の家」の耐震構造を聞き、これなら間違いないと納得した上で「0宣言の家」での家づくりを選択。家が建つ環境に合わせた耐震構造を提案できるのも「0宣言の家」ならでは。

「家づくりは『満足を買う。安心を買う』とよく言いますよね。これは本当にそう。『まさか』に備えることが、大切な家族や日常を守ることに繋がるのだと実感しています」と、K様ご夫妻は震災から守ってくれたわが家で、変わらない日々を送りながら教えてくれた。

OPTION

地震に備えた免震・減震性能で安心・安全な住まいに

地盤改良が必要な場合にはオプションとして「SG（スーパージオ®）工法」を採用（「70R」と「300」の2タイプ）している。地盤補強ができるだけでなく免震性能も発揮し、地震の揺れを建物に伝えず、家財の倒壊までも防止してくれる。また、東日本大震災のときに液状化対策ができた唯一の工法として注目を集めた（「300」のスーパージオ材を用いた場合）。従来の工法よりもコストを抑えて、地震・液状化・軟弱地盤への対策が可能だ。

※地盤によって改良工法が異なる場合があります。

スーパージオ材設置の様子

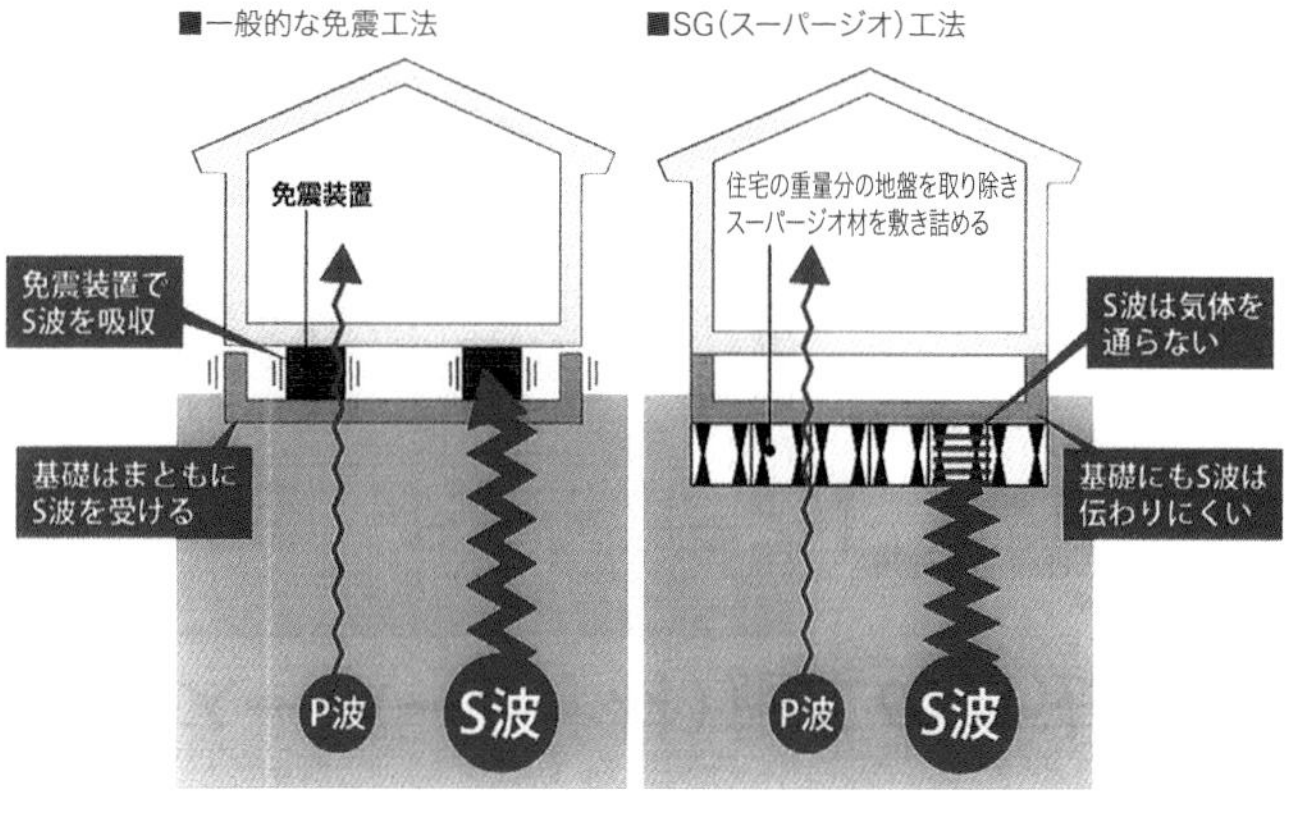

P波は初期微動と呼ばれS波より早く到達するのに対し、S波は主要動と呼ばれ建物などに被害を及ぼす。

P波:縦波　速度は速いがエネルギーは小《気体・液体・固体全てに伝わる》
S波:横波　速度は遅いがエネルギーは大《固体のみに伝わる》

家づくりのステップと大切なチェック

0宣言の家

何を、どこから始めたらいいのか、初めての家づくりには疑問がいっぱい！「マイホームを建てよう」と決意したら、まずは家づくりの流れを把握しましょう。ここでは、理想の住まいを家族で話し合うところから入居までのスケジュール、押さえておきたいポイントを紹介します。家づくりのプロセスを知って、準備を始める時期などの参考にしてください。

■…「0宣言の家」の場合のみ実施（一部、お施主様の希望があれば実施するものも含む）

STEP	家づくりのスケジュール	必要な書類、確認する書類	支払い
STEP1 準備・計画	家族で話し合い（Check 1）		
	情報収集（Check 2）		
	資金計画・ライフプランシミュレーション（Check 3）		
STEP2 調査・設計	住宅ローン事前審査		
	土地探し（Check 4）		
	依頼先探し（Check 5）		
	敷地調査・役所調査 デザインプロデュース 概算見積もり、ローン申し込み（※1） ローン決定（※1）、土地売買契約（※1）	土地重要事項説明書（※2） 土地売買契約書	土地代金の手付け金（※1）
	土地購入		土地代金の残金（※2） 契約書印紙代 土地の所有権移転登記費用
STEP3 契約・手続き	依頼先の決定 地盤調査		地盤調査費用
	設計契約（プラン作成申し込み）		プラン作成費用（10万円）
	基本設計（Check 6）	概算見積もり書、設計図書、設計・工事予定表	
	見積もり調整		

家づくりのスケジュールを理解しよう

Check 1 家族で話し合い希望をまとめる

「将来家を建てよう」と思ったときから、住宅雑誌やインターネットなどを利用して、気になる情報を収集しておきましょう。家族みんなの希望や理想、不満点などをよく話し合い、建てたい家のイメージを共有しましょう。

Check 2 相談会やセミナーを活用

依頼先を決定する前に、相談会やセミナーに足を運びましょう。参加することで、各社の家づくりに対する考えや姿勢を理解できます。普段聞けないような、住宅業界の裏側を本音で話してくれる評判の家づくりセミナーもあります。

Check 7 ローン条件や諸費用を確認

住宅ローンは、「フラット35」と、民間金融機関の独自のローンに分かれます。それぞれの特徴を理解して選びましょう。返済額は年収の4分の1程度に抑えるのが安全。また、ローンの際は、印紙税や手数料などの諸費用も把握しましょう。

Check 8 契約は急がずじっくりと

施工業者と工事請負契約を結びます。契約書とともに見積もり書や設計図が用意され、お施主様が署名・捺印すると工事がスタート。契約内容、見積もり書など確認する内容が多く専門的なので、最低1週間はかけてチェックしましょう。

Check 9 念入りにチェックしよう

実施設計では詳細な書類が提出されます。複雑ですが、説明を聞きながら念入りにチェックを。実際に暮らすことをイメージして確認しましょう。承認後の変更は、設計費用が追加になったり、スケジュールの遅れにもつながります。

（STEP3 続き）

- Check 7 ローン申し込み
- 住宅金融支援機構の設計調査(※3)
- Check 8 工事請負契約
- 建築確認申請
- ローン融資決定
- Check 9 実施設計
- 建築確認申請

書類：工事請負契約書／設計図書一式／建築確認申請書類一式／詳細見積もり書

費用：建築工事費の1〜2割／契約印紙代など／ローン手数料(※4)／抵当権設定費用など／確認申請料

STEP4 工事

- Check 10 地鎮祭
- 工事スタート
- 上棟式
- Check 11 建築現場へ通う
- 中間検査
- Check 12 建築現場で室内に入る
- 木工事完了検査
- 工事完了申請
- 完了検査
- VOC測定
- 断熱測定
- 防音測定(任意)

断熱効果の違い(クアトロ断熱効果)、断熱欠損箇所の有無を確認します。

任意でクアトロ断熱工法の防音性能測定を行います。

放射能測定(任意)

書類：完了検査申請書／完了検査済証／VOC試験成績書

室内の人体に対して有毒化学物質の有無を確認する試験を実施します。

費用：初穂料(謝礼)／上棟祝い／建築工事費の2〜3割

STEP5 竣工検査

- Check 13 建主確認(竣工検査)
- 住宅金融支援機構の竣工検査(※3)
- 適合証明書の交付(※)

STEP6 完成・登記

- ローン実行(※)
- 代金精算
- 物件の引き渡し、定期点検保証
- 風水鑑定
- 表示登記
- 保存登記
- 引っ越し
- 新居での生活、定期点検

書類：設備の使用説明書類／登記簿／風水鑑定書／各種支払いの領収書／0宣言の家「施工認定書」

費用：建築工事費の残金、火災保険、地震保険／表示登記の費用／保存登記関係の費用／別途工事費の精算／引っ越し費用／不動産取得費用／固定資産税

Check 3

資金計画を立てる前に

年収や用意できる頭金を把握しましょう。親や祖父母から援助してもらう場合はその金額も明らかにし、年収と家計に見合った借入額を検討しましょう。大切なのは、「いくら返せるか」。将来を予測して無理のない計画を立てましょう。

Check 4

土地選びは慎重に行う

土地を選ぶときには、広さ、形、地形、道路との関係など周辺情報を知っておきましょう。それぞれの土地には建ぺい率や容積率、斜線規制も定められているので、家を建てる際に制限があります。アドバイスをもらって、じっくり選びましょう。

Check 5

概算見積もりやプランを依頼しよう

各社に相談して、プランや見積もりを比較しましょう。デザイン、プラン、工法、アフターサポートなど、何を重視するかで依頼先は変わります。自分たちの希望や考えを理解してくれるパートナーを選びましょう。

Check 6

納得いくまで話し合い

基本プランは要望どおりか、予算どおりかをしっかり確認しましょう。図面や見積もりは素人にはわかりにくいですが、疑問点は話し合って解消することが大切です。要望も、基本設計段階なら無償で対応してくれるケースが多いようです。

Check 10

工事の安全を祈願する

地鎮祭は、着工前に土地をはらい清め、工事の安全を祈る儀式です。整地が終わった後の吉日を選び、お施主様と家族、設計者や棟梁などの工事関係者が参加し、午前中に30分ほどで行います。神式が一般的です。

Check 11

建築現場へはまめに通おう

建築現場へはできるだけまめに通い、工事の状況を確認しましょう。基礎・土台工事、上棟式前後の骨組みなど、重要なタイミングを見逃さないようにしましょう。最近ではHPのブログで情報が確認できる場合もあります。

Check 12

使い勝手を確かめる

内装工事や設備工事が進むと、図面ではわからなかった部分もはっきりします。中に入って、必ずチェックしましょう。建具や設備は、実際の暮らしをイメージして使い勝手を確かめます。コンセントの位置や作り付け収納なども同様です。

Check 13

最終チェックは念入りに行う

竣工検査は引き渡し前の最終チェックです。内装の仕上がりや汚れ、傷、部材の取り付け忘れなどを念入りにチェックしましょう。設備類は電源が入るようにしておき、作業状況も必ず確かめましょう。

◎赤文字はお施主様の作業となります　(※)家づくりのスケジュールはお施主様の状況(自己資金の場合や各社の住宅ローン)によって異なる場合がございます。詳しくは第三者機関へご相談ください。

(※1)土地がない場合と土地をお持ちの場合は異なります。(※2)住宅ローンと一緒に借りる場合は、請負契約と同じ日程となります。(※3)フラット35を利用した場合 (※4)ローン手数料は金融機関により異なります。

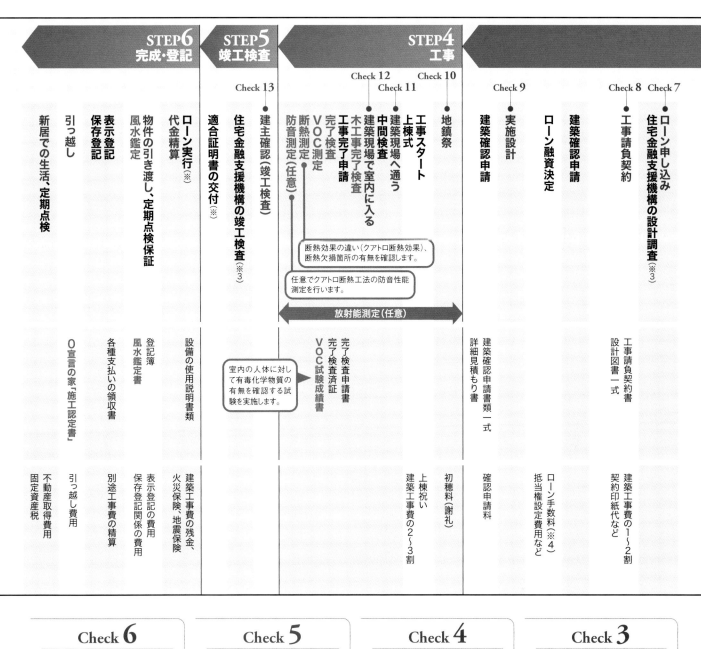

0宣言の家

『0宣言の家』モデルハウス

「0宣言の家」といえば、体に悪影響を与える素材、壊れやすい材料を使わないことで知られているが、健康度に優れた材料は、さらに設計の自由度も広げることをご存知だろうか？ 全国にある「0宣言の家」モデルハウスで理想の家づくりを早速チェック！ 神奈川県のモデルハウスを参考に、相陽建設の正村氏にお話を聞いた。

神奈川

神奈川県相模原市中央区

心にゆとりをもたらす「中庭のある暮らし」がこのモデルハウスの特徴だ。11畳のリビングに対して中庭の広さも20畳。カーテンレスの広い窓で家の内と外の空間をゆるやかに繋げば、「31畳の大リビング」が実現する

快適な暮らしは機能が伴って初めて完成します

相陽建設株式会社
注文住宅事業部 部長
正村 泰一氏

「住まいは内部空間だけで完結するものではありません。当社モデルハウスの1階は中庭を設けることで、敷地を有効的に活用し、内外が自然とつながり、想像以上の広がりを感じていただくことができます。ただし、これだけの大窓を使えるのも、室内の温湿度を一定に保つクアトロ断熱と自然素材があってのこと。ソフト（設計）とハード（性能）が両輪となって初めて快適さが生まれることをモデルハウスで実感していただきたいですね」

来場者の多くが憧れを抱いてくれるという、吹き抜けと大きな窓がある開放的なリビング空間だが「当社の家づくりの基本がクアトロ断熱、自然素材を採用していなかったら、吹き抜けも大きな窓もおすすめしません」と相陽建設の正村氏は言う。

その理由は、室内の温湿度を一定に保つ断熱性能と調湿性能がなければ、暖かい空気は上へ、冷たい空気は下へ流れる性質から冷暖房の効率が悪くなり、吹き抜けのある空間だと想像以上に光熱費がかかってしまう。また、窓（開口部）が大きいほど、日差しを取り込むと同時に熱も逃がしてしまうので、断熱性能の高さは必用不可欠だ。

「モデルハウスに来られたお客様にこうしたご案内をして初めて『快適な間取りには技術力が欠かせないんだ』と気付かれる方も多くいらっしゃいます」と正村氏。

百聞は一見に如かず。全国各地にあるモデルハウスで、ぜひ体感してみて。

埼玉　埼玉県川越市

自然素材が与えてくれる清々しくやわらかい空気、家中ムラなく快適な温湿度を保つ空間を五感で感じることのできる『体験宿泊型』モデルハウス ※期間限定

群馬　群馬県太田市

基礎には免震の「SG工法」と北関東で初めての「スマート型枠」を採用。構造材には『愛工房』にて低温乾燥した「土佐材」の120角の杉を使用した ※期間限定

仙台　宮城県仙台市

家の外部にも無垢材をふんだんに使ったモデルハウス。「0宣言」仕様に加え、自然の光と風を操ることで省エネにつなげた「パッシブ設計」のプロトタイプ

京都　京都府京都市

京都初の『体験宿泊型』モデルハウス。健康に良い安心安全な建材・素材だけを使った住宅の快適さを見て、触って、実感できる

大阪　大阪府箕面市

風格あるたたずまいを感じさせるチューダー調のティンバーフレーム。樹齢200年のレッドシーダーを使った落ち着きのある空間は、一見の価値あり

静岡　静岡県沼津市

キューブ型のモダンな外観が特徴の『体験宿泊型』モデルハウス。日常を過ごすように飲料水やお風呂に使う水、寝つきの良さなどを感じることができる

POINT

1. 実際の暮らしを想定して、家族の生活動線を確認しよう
2. ソファや椅子に腰かけて空間を味わってみるのもポイント
3. 家中どこにいても快適温度が保たれていることをチェック
4. 夢の設計を叶える技術・性能について聞いてみよう
5. 自然素材ならではの空気の清涼感を他社と比べてみよう

お問い合わせ・お申し込みは
住医学研究会
0120-201-239
http://www.jyuigaku.com

大分　大分県国東市

天然無垢材に囲まれた癒やしの空間。「0宣言」の特徴である断熱性能の高さ、体感温度が1年中一定に保たれている空間を体感できる『体験宿泊型』モデルハウス

佐賀　佐賀県佐賀市

腰折れ屋根と四角い煙突が目印の『体験宿泊型』モデルハウス。薪ストーブのゆらぐ炎を眺め、安らぎの空間でゆっくり語り合うのもおすすめ。サウナ体験も可

1ミリも嘘の無い家づくり
「0宣言」を取り入れた住まい

家族の健やかな毎日を見守る自然素材のシンプルモダンな家

山形県山形市／S様邸

山形市内ののどかな住宅街に建つS様邸。娘さんの小学校入学をきっかけにマイホームづくりを計画されたそうだ。「自分たちに合うのはどんな家なんだろう」と住宅展示場にも足を運んだが、納得のいく家に出合えなかった。そこで、ご主人がさまざまな住宅関連の本を調べた末に、「0宣言の家」を知ったという。

「もともと『自然素材』というのは、選択肢にありませんでした。でも、『0宣言の家』のセミナーで、健康を害する建材を使わないことや、悪い電磁波を良い電磁波に変換する分電盤の話を聞き、その一つ一つが自分にしっくりきたんです。知れば知るほど生きる根底にあるのは健康だと感じて、マイホームを建てるときにこれは外せないと思いました」と、ご主人。

奥様も、ご主人から「0宣言の家」の話を聞き、そのコンセプトに賛同された。「とことん調べて納得するタイプの主人が、それほどいいと言うのですから、いいに違いないと（笑）。ただ、可愛い雰囲気ではなく、シンプルな家にしたいと思っていたので、話を聞いたときには『天然木や漆喰でそれが実現できるのかな』という気持ちもありました。結果的に、心配する必要はなかったです。自分たちにぴったりの家になりました」と笑顔で話してくれた。

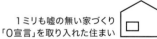

開放的な空間に
ご家族の健やかな
笑い声が響く

開放感のある吹き抜けは、ご夫妻が設計当初から要望していたもの。黒のファンが空間を引き締めるアクセントに。2階まで空気が上がるため「夏はクーラー１台、冬はヒーター１台で家じゅうで快適に過ごせました」とご主人

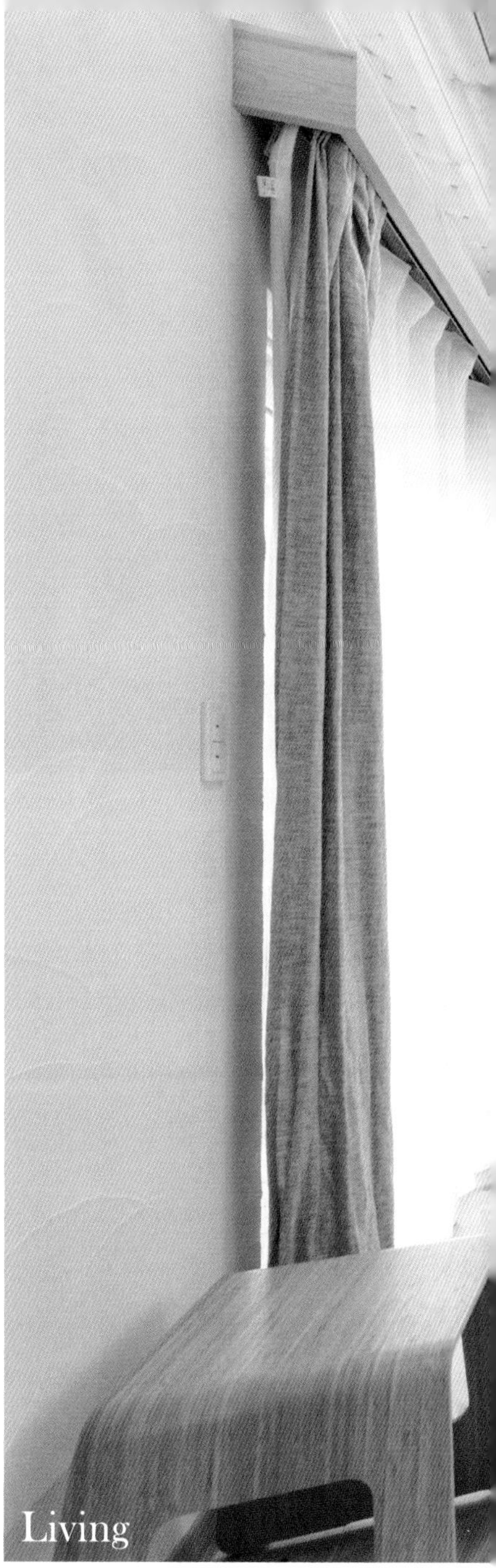

自然素材の柔らかな風合いにアイアンの「黒」をプラスして、シンプルかつクールな印象に。広々としたLDKは玄関から浴室側へ動線がつながり、子どもたちがフロアを回遊できる設計

できるだけ生活感をキッチンの表に出さないよう、パントリー側に冷蔵庫や食器などの収納棚を設置している

キッチンに対面したカウンター。「自宅ではここで過ごすことが多いですね。僕の書斎代わりです」とご主人

奥さまが１日で一番長い時間を過ごすキッチン。窓から光がたっぷり注ぎ、明るく、とても居心地がいいそうだ

「素足でも床がペタペタしないし、冬でも冷たくないんです。以前の住まいのクロスの床と無垢材の床の違いを実感しています」と奥様

2F Hall
自然素材の生み出す おだやかな空気が 家族の絆を深める

ご夫妻の寝室とお子さんたちの部屋を踊り場がつなぐ。吹き抜けから明るい光が差し込み、健やかな空気が満ちている。転落防止の柵は黒のアイアン製のものを使用。使う色を絞ることで、統一感のある空間に仕上がった

キッズルームに設置されたロフト。隠れ家のような雰囲気が遊び心をくすぐる

寝室に続くウォークインクローゼットも広々。収納を上手に活用して、寝室内はすっきり

自然素材が穏やかな空気を醸す寝室。「寝る方角にもこだわって間取りを決めました。ぐっすり眠って、朝は窓からの光で心地よく目覚めることができます」と、ご主人がうれしそうに話してくれた

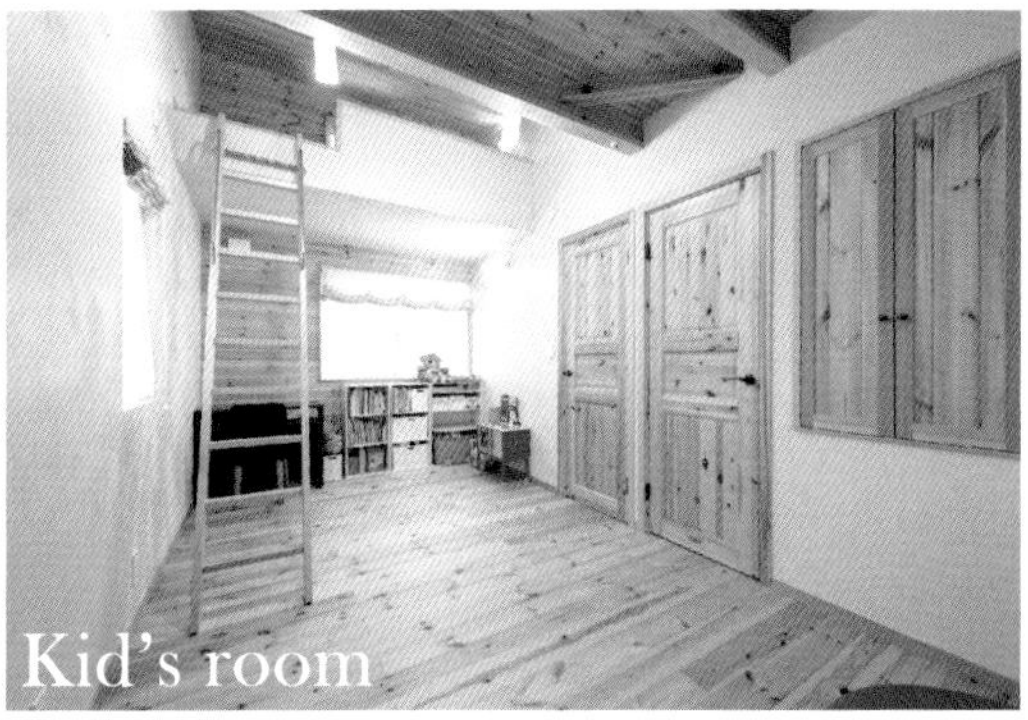

キッズルームにはドアが2つ。今は1部屋として利用しているが、いずれ2人の娘さんがそれぞれの部屋を持ちたくなったときには、空間を仕切ることもできる

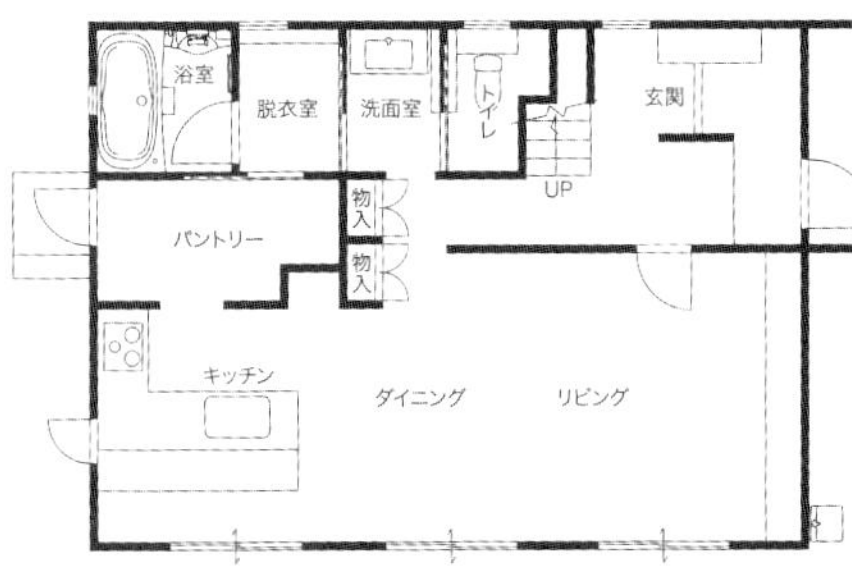

1階

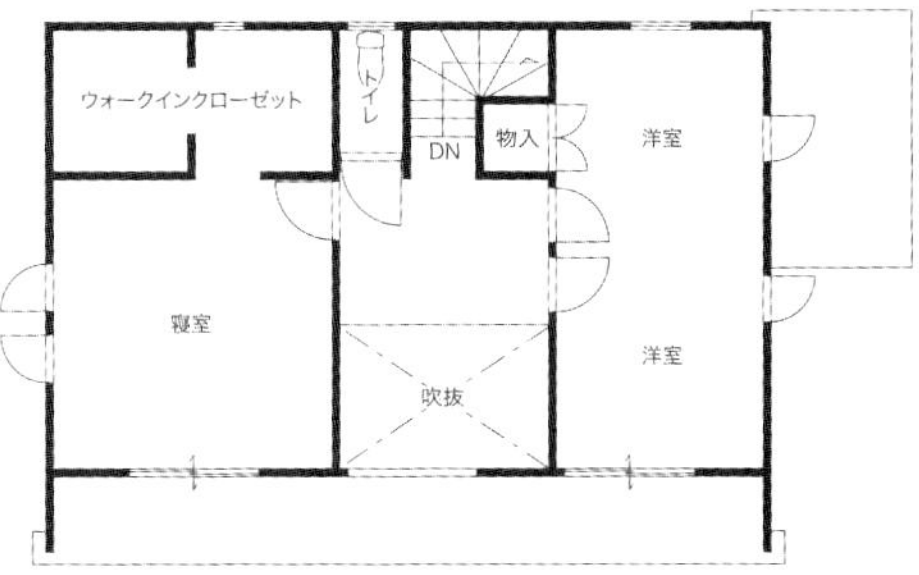

2階

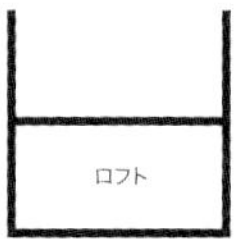

ロフト

設計に当たっては、ご夫妻でさまざまな要望を出し、施工会社とやり取りを重ねたという。「自分たちが納得できないのは嫌でしたから、プロの作ったプランにも遠慮せず要望を出しました。その都度、担当者から『それをすると、こちらに不具合が出ますね』とか、『こういう選択肢はいかがですか？』と、意見や提案をもらい、とことん検討しました。もう、これがベスト。今でも後悔はありません」と、完成した住まいに、ご夫妻とも満足されているよう。

実際の住み心地についてうかがうと、「とても快適です。自分が健康になっていく感覚がわかるような気がします。以前は眠りが浅いほうでしたが、今は熟睡です」とご主人。また、奥様も「肌がきれいになったかな。水の違いかな、と感じることがあります。先日、敏感肌の友人が泊まったのですが、入浴後に『肌が違うね』と水の違いを実感したようです」と話してくれた。「0宣言の家」は見えないところにもこだわっていると、ご主人は話を続ける。「そのことを誰かに伝えたくなります。〝食育〟と同じくらい〝住育〟も大事ですよね。知っていて選ばないのはいいですが、まず知らなければ。目の前にあるものだけでなく、もっと広く見ようというのは、生き方にもつながっていくのではないでしょうか」。

Exterior
淡いグレーの外壁が個性を醸す、美しくモダンな佇まい

外観はシャープな印象でありながら、エントランスはブラウン系で柔らかさを演出。訪れた人を暖かく迎え入れる

直線を生かしたモダンなデザイン。淡いグレーの外壁が落ち着いた表情を見せる。「『0宣言の家』を知らなければ、真っ黒なサイディングにしていたかも。結果として、健康的でおしゃれな外観になりました」とご夫妻とも気に入っておられる様子

トイレ内の漆喰は「スパニッシュ」と呼ばれる塗り方を採用。凹凸と表情のある壁に合わせて、照明選びにもこだわったそうだ

1Fの階段下の空間をトイレに。「ちょっと洞窟っぽい雰囲気になって、とても気に入っています」と奥様

階段の手すりには黒いアイアンを採用。壁を取り払ったことで、玄関ホールがより開放的で広く感じられる

玄関ホールにシューズクロークを確保。来客があっても、たたきはいつもすっきりとした状態に

HOUSE DATA

□敷地面積
249.74㎡(75.5坪)
□延床面積
102.67㎡(31.00坪)
□工期
6カ月
□家族構成
ご夫妻＋子ども2人
□構造
木造在来軸組パネル工法
□断熱
[クアトロ断熱]
内断熱(充填):セルローズファイバー
外断熱:ネオポール
遮熱塗り壁材:セレクト・リフレックス
調湿効果内壁:スペイン漆喰
□屋根材
ガルバリウム鋼板
□外装材
遮熱塗り壁材(セレクト・リフレックス)
□床材
パイン
□内装材
スペイン漆喰
□施工
無添加計画

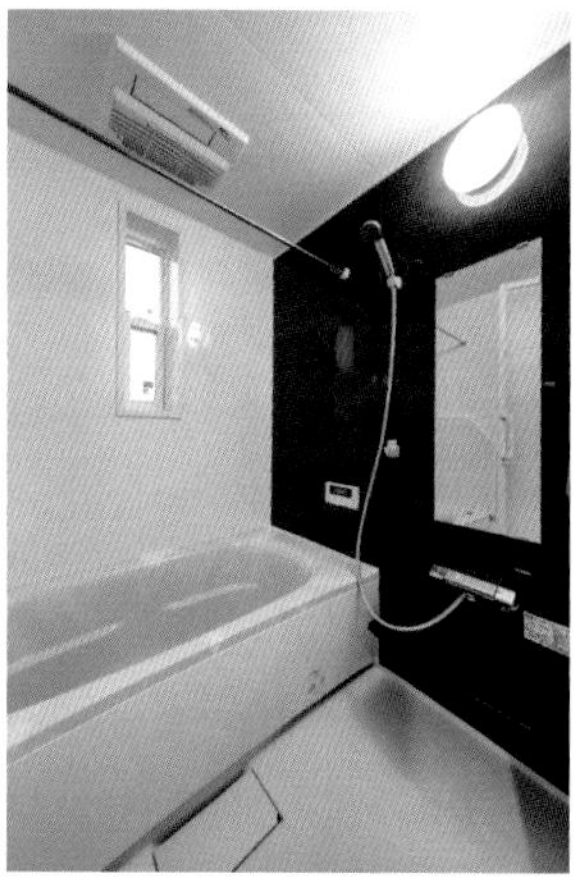

「冬でも浴室が寒くありません。浄水器のせいか、お風呂のお湯が温泉のように感じられます」と、ご主人

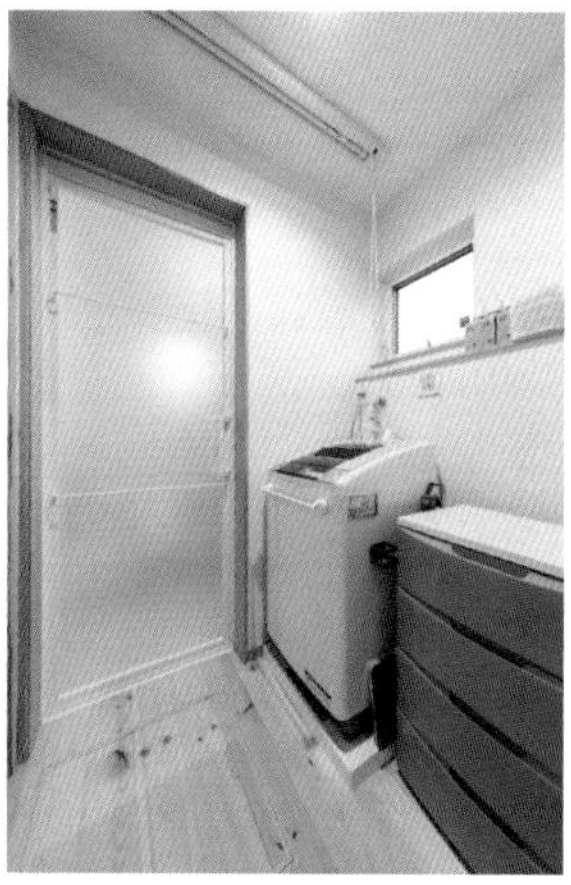

脱衣スペース上部には室内干しの竿が取り付けられる。「ここに干すと生乾きの匂いがしないんです」と奥様

洗面スペースは浴室とは分けた場所に設けた。人が集まったとき、皆が共有しやすいようにと工夫したもの

Approach
洒落た門扉と石畳で洋館のようなおしゃれな小道に

家の第一印象をきめるアプローチは、瀟洒なあしらいの門扉と趣のある石畳を敷いてヨーロッパ風のイメージ。白い外壁にはレンガでさりげなくアクセントをつけた

1ミリも嘘の無い家づくり
「0宣言」を取り入れた住まい

100年後も心地よさが続く、“アンチエイジングな家”

大分県速見郡／S様邸

結婚のタイミングで、ご主人のお父様が持つ土地に新居を建てることを決めたS様ご夫妻。一度は大手ハウスメーカーと契約直前までいったものの、地元の工務店を薦めるご両親の反対で白紙に。その後もご夫妻、ご両親ともに納得できるハウスメーカーが見つからず、家づくりに疲れてしまっていたという。

　そんなとき、偶然手にしたのが澤田升男氏のセミナーのチラシだった。「住宅業界の裏側、教えます」という言葉に興味が湧き、ご夫妻でセミナーに参加。体に有害な材料が使用されていること、家の耐久性よりも利益を重視した家づくりなど、住宅業界のからくりに衝撃を受けたという。同時に「『0宣言の家』には体に良い理由、長持ちする理由に根拠があり、すべてに納得できました」とご主人。

　その後、ご主人は何度も澤田氏のセミナーに足を運び、家づくりの知識を学んだという。また、ご夫妻で体感ハウスに宿泊体験もした。「真夏だったのに、冷房なしでもひんやり。またしても『0宣言の家』に驚かされました。両親が何といっても、この家しか建てないという覚悟が決まりました」と、その頃を思い出しながら語るご主人。

　こうしてS様ご夫妻の『0宣言の家』づくりがスタートした。

天然木をふんだんに使ったリビングは、娘さんの絶好の遊び場。キッチンから遊ぶ様子が見られるので安心だ。小物や写真を飾る壁のニッチは、ご主人のアイデア

和室は玄関を上がってすぐの場所に配置。リビングを通らずにお客様を案内することができる。床の間と雪見障子を設え、和の趣たっぷりの空間に仕上げた。畳は無農薬で育てたイグサを使用。体に優しく、天然ならではの清々しい香りにも癒やされる

キッチン横には、食料や日用品を収納できる大容量のパントリーを設置。そのまま勝手口に出られる

ダイニングテーブル後ろの作業台は、奥様が家計簿やパソコン作業をするときのワーキングスペース

Exterior
白×テラコッタの
優しい色調が特徴の
温もりのある外観

テラコッタ、アイボリー、ブラウンの3色を織り交ぜた屋根瓦が印象的なS様邸は南欧スタイル。格子の窓枠やカーブ形のベランダもかわいい

Garden

芝生の緑が美しいお庭。シンボルツリーにヤマボウシを植え、夜はライトアップされる。上部が波形にカットされた木製フェンスは大工さんの手作り

S様邸は、澤田氏が土地診断をした後に図面を描いた。これがご夫妻のイメージ通りだったという。「料理をしながら子どもを見守りたい。家事が楽な間取りにしたいなど、主婦目線がしっかり盛り込まれていました」と新居建築中に生まれた娘さんを見つめながら嬉しそうに話す奥様。その横でご主人も「細かなオーダーに快く応えてくれた利行建設さんと大工さんには感謝しかない」と笑顔で話す。

念願のマイホームで暮らし始めて約半年。現在の感想を伺うと、「とにかく体調が良い」とご夫妻揃って応える。ご主人が外出先で風邪をもらって39℃近く熱が出たときも、一晩眠っただけで復調したという。「薬を飲まなくても風邪が治ったのは免疫力が上がっているからでしょうね」とご主人。また、10℃以下の寒い朝でも室内はエアコンなしで約20℃が保たれ、断熱効果の高さも実感しているという。裸足でリビングを走り回る娘さんもこの家の快適さを感じているようだ。

「ヨーロッパには400年経っても快適に暮らせる家がある。それは自然が持つ力を生かしているからなんですよね。この家もまさに〝アンチエイジング〟な家。100年後も楽しみですね」と語ってくれた。

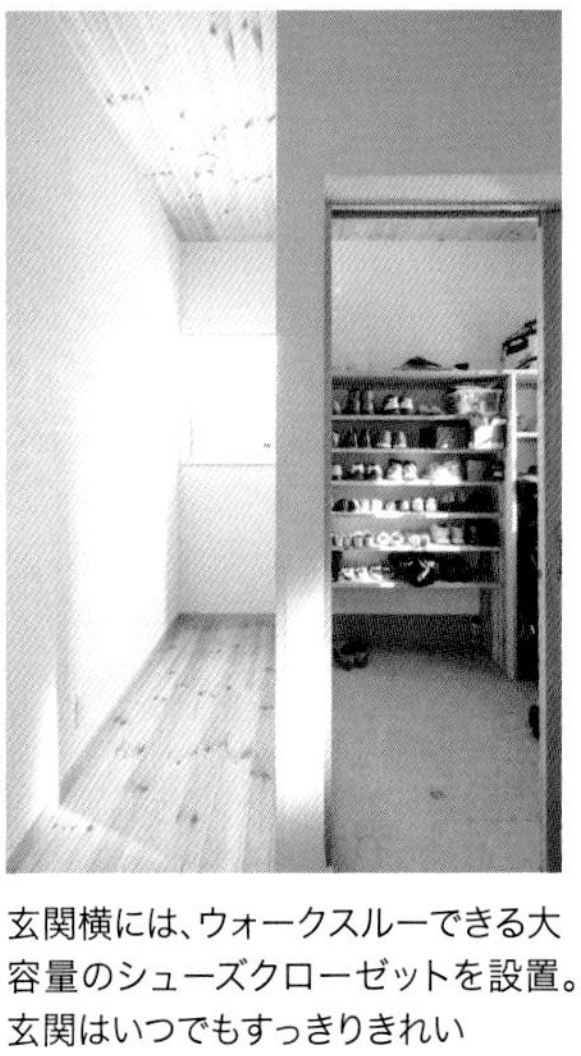

玄関横には、ウォークスルーできる大容量のシューズクローゼットを設置。玄関はいつでもすっきりきれい

木の心地よい香りが訪れる人を迎え入れる玄関。ニッチには季節の小物を飾って四季の変化を楽しむ遊び心も

ウォークインクローゼット上の屋根裏を広さ5畳のロフトに改装。「湿気がこもらないので焼酎の熟成に最適」とご主人

棚とハンガーパイプを造作で設けた。ウォークインクローゼットは一年分の衣類を収納でき、衣替えいらず

寝室の天井には、低温乾燥でじっくり乾燥させた愛工房の杉を使用。木の中に酵素が生きたまま残存することからリラックス効果が高く、「朝までぐっすり熟睡できる」とご夫妻も効果を実感している。奥にはウォークインクローゼットがある

書斎のドアを兼ねる本棚は、両面とも本が収納でき、大工さんの職人技が光る

廊下にある本棚裏には隠し部屋があり、ご主人が書斎として活用。約3.5畳の広さがあり、昼間は照明なしでも十分明るい

2階にはご夫妻の寝室以外に、将来の子ども部屋としてクローゼット付きの洋室を2部屋用意。自然光による明るさをしっかりと確保できるように窓を配置した空間で、ベッドと勉強机を置いても余裕のある5畳の広さを確保している

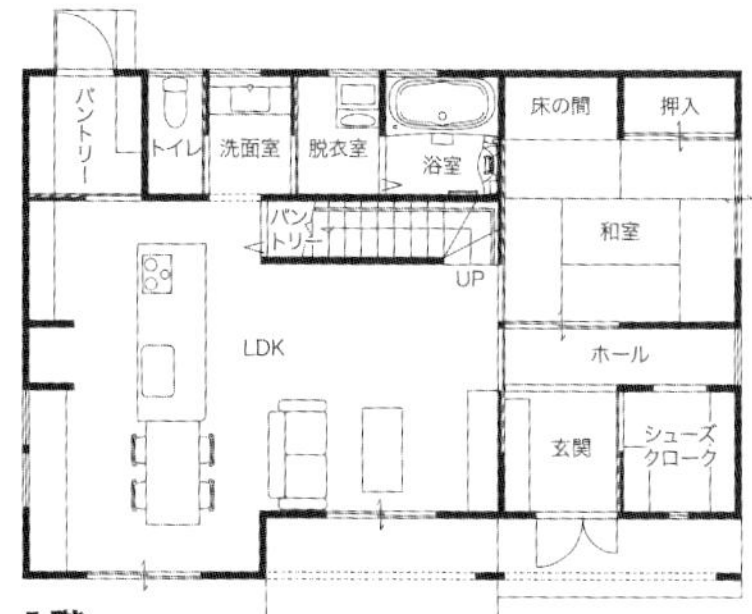

1階

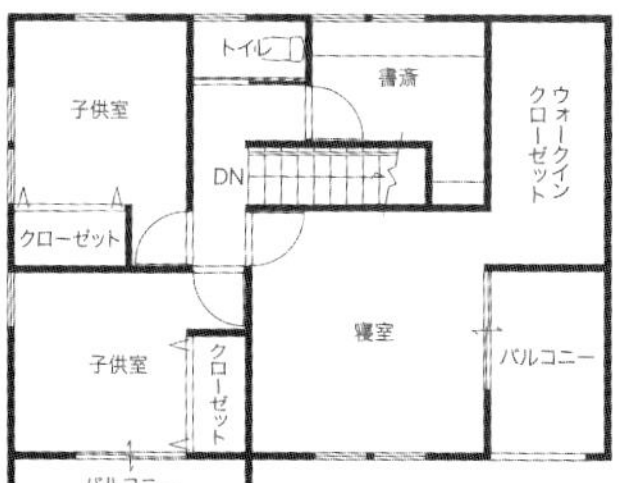

2階

HOUSE DATA

□敷地面積
271.31㎡(82.07坪)
□延床面積
134.41㎡(40.65坪)
□工期
5カ月
□家族構成
ご夫妻+子ども1人
□構造
木造在来軸組パネル工法
□断熱
［クアトロ断熱］
内断熱(充填):セルローズファイバー
外断熱:ネオポール
遮熱塗り壁材:セレクト・リフレックス
調湿効果内壁:スペイン漆喰
□屋根材
陶器洋瓦
□外装材
遮熱塗り壁材(セレクト・リフレックス)
□床材
パイン材
□内装材
スペイン漆喰
□施工
利行建設

漆喰の白壁に囲まれたトイレは明るく清潔感のある空間。漆喰の消臭効果で芳香剤いらずなのだそう

脱衣所の壁には水に強いレッドシダーを採用。「すぐに乾き、子どもが濡れた手で触っても安心です」

洗面所はタオルや日用品を整理する収納棚が充実。脱衣所、浴室の水回りをまとめて家事動線もすっきり

1ミリも嘘の無い家づくり
「0宣言」を取り入れた住まい

楽しく健やかな暮らしが一番！
夢を叶えた薪ストーブの家

神奈川県相模原市／N様邸

LDKは、キッチンとダイニングのコミュニケーションが広がるよう、"つながり感"を重視した設計。大開口の窓と吹き抜け窓から光を採り込み、明るく開放感のある空間になった。「この家に住んでから、以前に増して人が来るようになりました。私たちの友人もですが、息子の友達がたくさん遊びにきます」と、ご主人が楽しそうに話す

キッチンからつながるパントリーとユーティリティースペース。スムーズな移動で、家事効率もアップ

キッチンの床のみ無垢板ではなくタイルを採用。メンテナンス性とデザイン性にこだわったアイデア

薪ストーブはリビング横に防火対策を施して設置。吹き抜けにまっすぐ伸びる煙突が空間をより広く見せる

ご主人のお母様との同居を機に、マイホームを建てられたN様ご夫妻。お隣には奥様のご実家がある。「お互い一人っ子ですから、みんなで近くにいようという感じですね」とご夫妻。

相模原で長らく洋食店を営まれ、店舗兼住居を住まいとしていた。たまたまお店の近くに『0宣言の家』の施工会社があり、以前からその存在は知っていたそうだ。「そもそも自然素材の家がいいと思っていたんです」とご主人。ご自身にアレルギーがあるため、お子さんたちにも症状が出るかもしれないという気持ちがあった。また、洋食店の漆喰壁が年数を経て汚れてもそれが〝味〟になると感じたことでも自然素材への思いを強くしたという。ただ、引っ越しの時期が限定されていたため、工期も含め、さまざまなハウスメーカーを選択肢に検討を進めることになった。最終的に『0宣言の家』に決めた理由をご夫妻に伺うと、「一番はクロスの壁紙を使っていないことです。1周回って、やっぱり自然素材、本物がいいというところに落ち着きました。マイホームは高価な買い物ですから、長年住んで何が我慢できないかを考えたとき、自然素材なら汚れや傷が〝味〟になっても、クロスやプリント合板は傷がついたら我慢できないだろうと思ったんです」。

２階ホールは吹き抜けに面して開放感のある場所。自然素材が室内を程よい湿度に保ち、清々しい空気が満ちている。ホールには家族が利用する洗面台を設置。どの部屋からも移動がスムーズで使いやすい

リビングからタイル敷きの土間、そしてテラスへ。家の内と外とのつながりも意識した。キャンプ好きのご家族。自宅のテラスでよくバーベキューを楽しまれているそうだ

息子さんの部屋。勾配天井をそのまま活かすことで、天井が高く感じられるだけでなく、遊び心のある空間に

息子さんの「ロフトが欲しい」という要望を実現。梯子を１段ずつ登った先に３帖分のスペースが広がっている

娘さんの部屋には本人の要望で室内窓をつけた。開くと、吹き抜けの広々とした空間が目に飛び込んでくる

ご夫妻の部屋は天井も壁も漆喰を採用した。「調湿性があって、家が呼吸しているような感じが好き」と奥様

ご夫妻の寝室にはたっぷり収納できるウォークインクローゼットを確保。また、その横には、ご主人が趣味を楽しむためのコーナーを設えている

Exterior
自然素材が生み出す優しい表情が人を温かく出迎える

瓦葺きの切妻屋根と大きな窓が特徴的な南仏テイストの外観。テラコッタタイルがアプローチからテラスへと広がり、オープンな雰囲気を醸す

アーチをつけた柔らかな表情が印象的。ダークブラウンの玄関扉と白壁の対比も美しい

和やかな雰囲気の玄関ホール。空間を壁で隔ててシューズクロークを設けている

設計は、まず、家族全員に要望を聞き、施工会社に全てを伝えることから始まった。中でも全員一致で要望したのが薪ストーブだったそうだ。「ヒーターや床暖房のほうが便利かもしれませんが、せっかくなら楽しく暮らしたいですから」と、ご主人は振り返る。

そして、ご家族のさまざまな要望を盛り込んで、現在の住まいが完成。その住み心地を伺うと、「家は冬寒く、夏暑いのが当たり前だと思っていたけれど、そうじゃなかった。室内の温度差がなく、快適です」と、ご主人。奥様は「においや音が気にならないし、埃が立たなくなったと感じます。家の中がきれいだと、ますますきれいにしたくなりますね」と笑う。

しかも、ご主人やお母様の体調に変化があったという。以前はハウスダストでご主人の目が腫れることがあったそうだが、今では起こらなくなったとのこと。お母様も数年前から人工透析を始めると言われながら、現在は調子が良く、人工透析を始めることなく過ごしておられるそうだ。

最後にアドバイスをご夫妻にお願いすると、「自分たちの夢を『どうせ無理だ』と諦めず、まずプロにしっかり思いをぶつけることです。また、それを受け止めてくれる施工会社を諦めずに探すことが大事だと思います」。

HOUSE DATA

□敷地面積
325.77㎡(98.72坪)
□延床面積
133.92(40.58坪)
□工期
4カ月
□家族構成
ご夫妻+子ども3人+お母様
□構造
木造在来軸組パネル工法
□断熱
［クアトロ断熱］
内断熱(充填)：セルローズファイバー
外断熱：ネオポール
遮熱塗り壁材：セレクト・リフレックス
調湿効果内壁：スペイン漆喰
□屋根材
S瓦葺
□外装材
遮熱塗り壁材(セレクト・リフレックス)
□床材
パイン
□内装材
スペイン漆喰(壁)
□施工
相陽建設

「時間が経つほど"味"の出る自然素材の家を建てたいと思っていました。本当に良いご縁でできた家。大事に暮らしていきたいです」

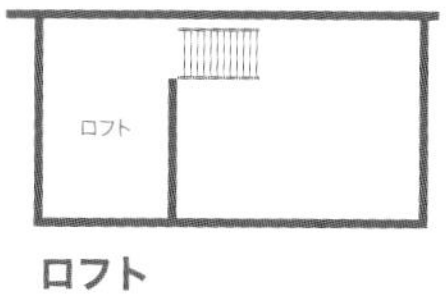

ロフト

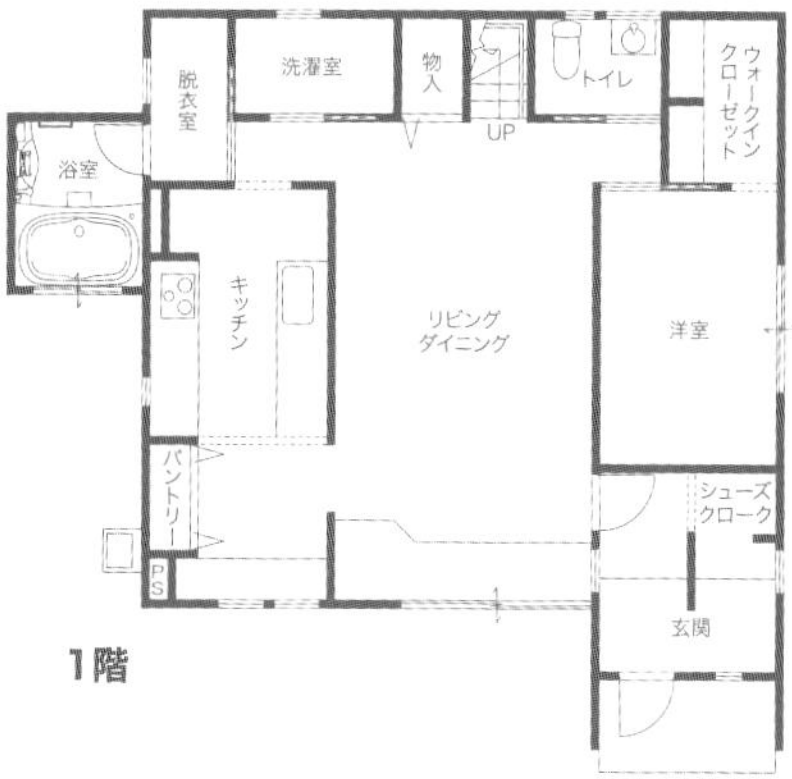

1階

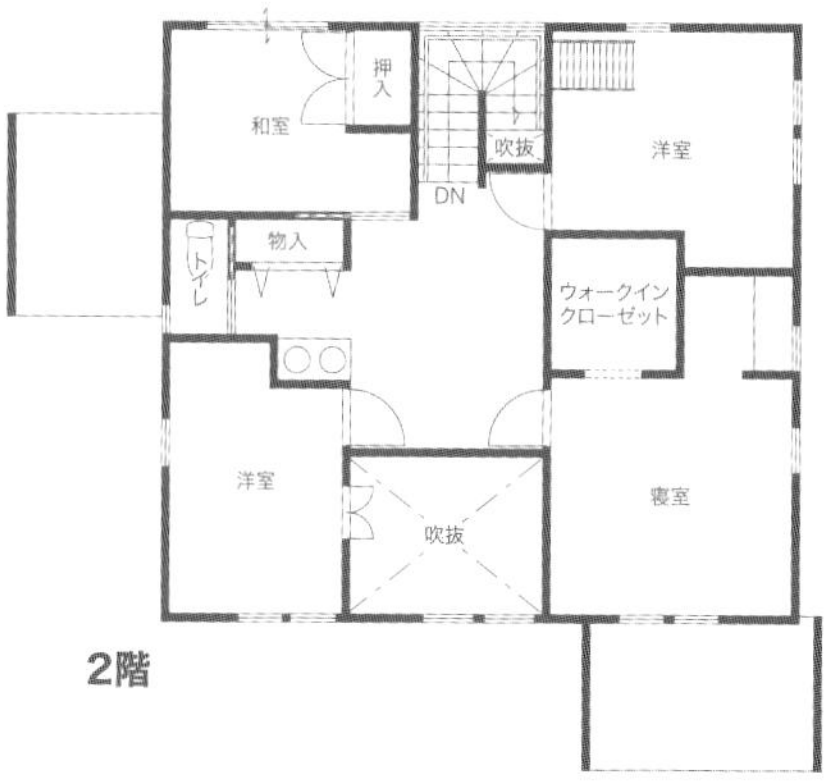

2階

1ミリも嘘の無い家づくり
「0宣言」を取り入れた住まい

自然素材の快適空間と健康を子どもの世代にも繋ぐ

静岡県富士宮市／N様邸

「子どもに残せる財産として家を建てよう」。これがN様の家づくりのきっかけ。当初、家へのこだわりは特になく、まずハウスメーカーや地元で名の知れた工務店を一通り見学した。けれど「ここだ」と思えるような会社はなかった。その後、藤田工務店で家を建てた知人から、同社が健康住宅を手がけ始めたと聞く。そこで初めて知った『0宣言の家』。事前に自分たちなりに情報を得てから、モデルハウスを見学することに。「出かけたのは梅雨の大雨の日。玄関を入ったとたんに木のいい香りがして、リビングはカラリとした空気でした」と、ご主人は当時の第一印象を語る。さらに驚かされたのは、この快適な空間をつくっているのは無垢の木や塗り壁などの自然素材だけだということ。奥様が悩まされていた頭痛も、モデルハウス滞在中はピタリと治まっていた。

宿泊体験では、お風呂のお湯が気持ちよく、夜ぐっすりと眠れ目覚めも良かったそうだ。それだけでもこの家は違うと確信、その後に足を運んだ他の工務店では、どんな話を聞いても魅力を感じなくなった。構造や設備の話は熱心だが、集成材やクロスなどの接着剤によるシックハウス症候群の話など無縁の他社。比べれば比べるほど、『0宣言の家』の凄さを実感していった。

Kitchen
キッチンも
自然素材に包まれた
心地いい空間

コンパクトながら開放感もあり作業がしやすいキッチン。LDK全体を見渡せ、家族とのコミュニケーションもばっちり。造作のL字カウンターは奥様やお母様のちょっとしたワークスペースとしても活躍する

キッチンから目が届く位置の子どもの勉強コーナーは掘りごたつ式に

Living
家族が集まる、ゆったりとした広さのLDK。無垢の現し天井も清々しい。腰壁と漆喰の壁はモデルハウスで見ていた印象そのままで、お気に入りのデザインだ。玄関ホールとの仕切りの建具も造作に

Entrance

モデルハウスのデザインを参考にした玄関ホール。造作のスリッパラックには傘を掛けて収納できるハンガーパイプを取り付けた

Toilet

収納とカウンターも兼ねたトイレの手洗いも、大工が丁寧に造作

2階のセカンドリビング。朝、すぐに洗顔ができるよう造作の洗面台も設けている。寝室のクローゼットはウォークスルーにして、こちら側からも直接出入り可能に

「自分たちにとって、暮らしているイメージが一番現実的だったのが『0宣言の家』でした」というN様ご夫妻。資金が懸念されたが、光熱費やメンテナンス費用などのランニングコストの削減で初期費用はまかなえるという試算と、引き継ぐ子どものためにも、一番気に入った家を建てたいという思いが背中を押した。信頼感があったという打合せは、迅速ながらしっかりと意思疎通でき、理想のプランが完成した。

新居で生活を始めてからまもなく、目に見える効果が表れた。以前はお風呂上がりに薬を塗ることが多かった息子さんのアトピーも軽減。風邪もまったくひかなくなり、幼稚園の皆勤賞を連続でもらっている。ご主人の重度の花粉症も大幅に改善。奥様とお母様は、特別な手入れをしなくてもかかとがつるつるになったとうれしそうに話す。

また、事前に試算した通り、お財布にうれしい効果も数字として表れた。電気とガスを足した光熱費は一番寒い時期でも1万円強も削減。暖房はリビングのガスストーブ一台で家中が温まり、真冬に暖房を使わなくても室温が15℃を下回らないため、早朝でも寒いと感じた日がないそうだ。「他社では話題に出ない、水や空気の重要性も改めて実感しています。この家に出合えて良かった」と心から満足している様子だった。

木の温もりに包まれる子ども部屋。一面を押し入れとロッカータイプの収納スペースに。無垢材の使用は建具だけでなく、収納内部も全面杉板張りに。調湿機能で湿気がこもりにくく、中にしまった荷物をカビから守ってくれる

2階のドアと引き戸は無垢のサワラ材を使った造作で統一している

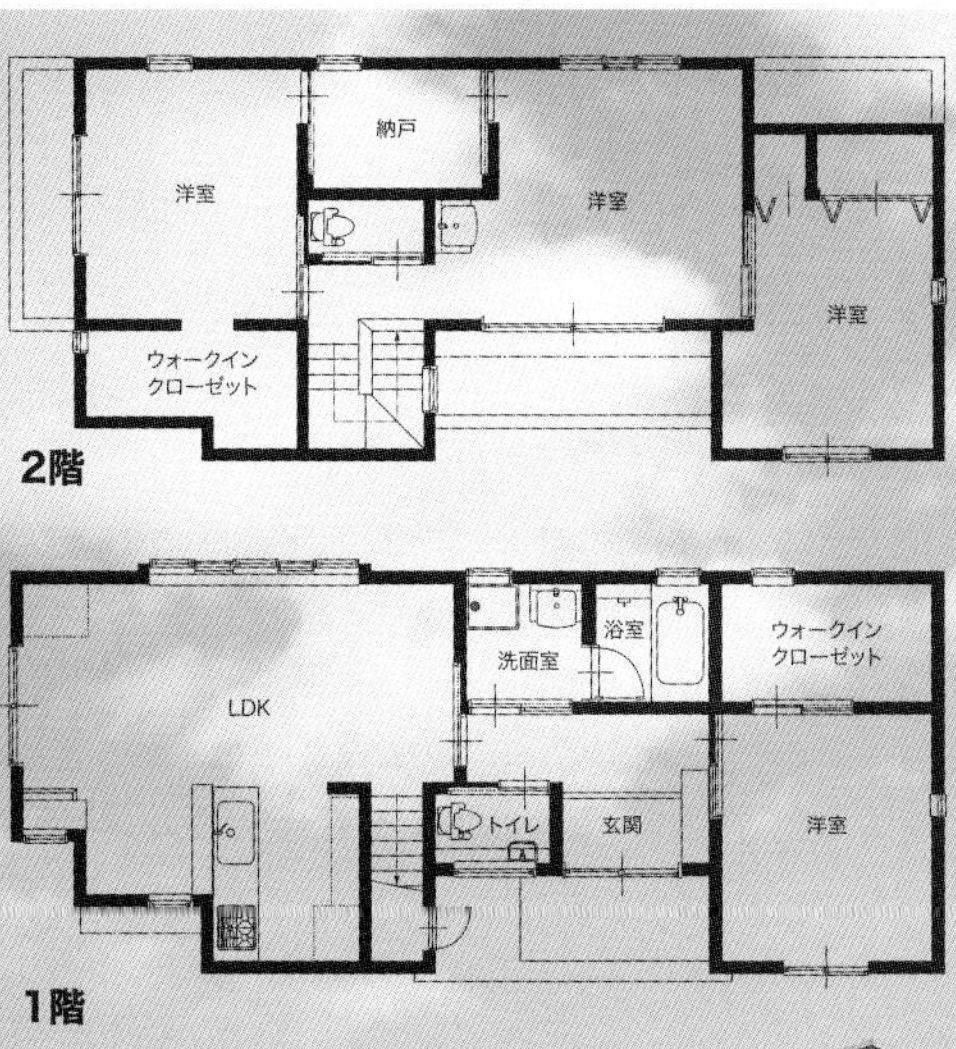

Exterior
落ち着きを備えた
未来に引き継がれる
和モダンの佇まい

この外観のパースを見たときに、「絶対この家を建てよう」と決心したとご主人。モデルハウスのデザインをベースに、塗り壁はツートンカラーに。中央の格子がアクセント

HOUSE DATA

□敷地面積
99.16㎡(29.93坪)
□延床面積
119.45㎡(36.06坪)
□工期
5カ月
□家族構成
ご夫妻+子ども1人+お母様
□構造
木造在来軸組パネル工法
□断熱
[クアトロ断熱]
内断熱(充填):セルローズファイバー
外断熱:ネオポール
遮熱塗り壁材:セレクト・リフレックス
調湿効果内壁:スペイン漆喰
□屋根材
ガルバリウム鋼板
□外装材
遮熱塗り壁材(セレクト・リフレックス)
□床材
タモ
□内装材
壁:スペイン漆喰、腰壁・天井:サワラ
□施工
藤田工務店

寝室からセカンドリビングに抜けられるクローゼット。家事も便利な動線

ご夫妻の寝室。棚とカウンターを造作して奥様のメイクスペースを確保。収納家具を新たに置かなくてもいいので、睡眠のためのすっきりとした空間に

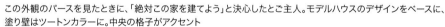

Dining & Kitchen

念願のアイランドキッチンを備え、ダイニングへのスムーズな配膳が可能に。節のない無垢材を敷いた滑らかな床は温もりがあって足触りも良く、裸足が心地よい

1ミリも嘘の無い家づくり
「0宣言」を取り入れた住まい

外観のデザイン性と屋内の快適性両立させて健やかに暮らせる家に

広島県広島市／W様邸

マイホームを建てるにあたり、当初はリゾート感を漂わせたデザイン性の高い家をイメージしていたW様。ハウスメーカーも訪ねたが、奥様の知人が小田原ハウジングで建てた「0宣言の家」を見て興味を抱き、澤田氏のセミナーにご主人は1回、奥様は2回参加。「漆喰塗りなど職人の技術が生かされた本物の家であり、健康的に暮らせる家ということに魅力を感じました」と、同社で土地探しから家の建築まで依頼を決めた。

まず要望したのは、明るさと開放感が得られるよう大きな窓を開口した広いリビング。キッチンはアイランド型にし、「片付けが苦手だから」とパントリーを備え付けた。リビングと一体化して使える和室は、ゲストルーム扱いにできるだけでなく、将来子どもから目を離さずに家事ができるようにとの思いから配置。玄関からはリビングと和室にそれぞれ直接入れるドアを設け、突然の来客でもリビングを通らず和室に通せるようにした。収納スペースも重視し、押し入れや床下収納、ウォークインクローゼットなどを確保。1階のトイレはもう少し広くしたかったが、階段との間の収納スペースを優先した。

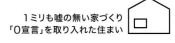

広々としたリビング。家具はできるだけ置かずに造り付けの収納で事足りるようにし、シンプルなコーディネートを心がけた。テレビの造作棚の下には間接照明を設置

随所で変化のある
漆喰壁の塗り方も
お施主様自ら要望

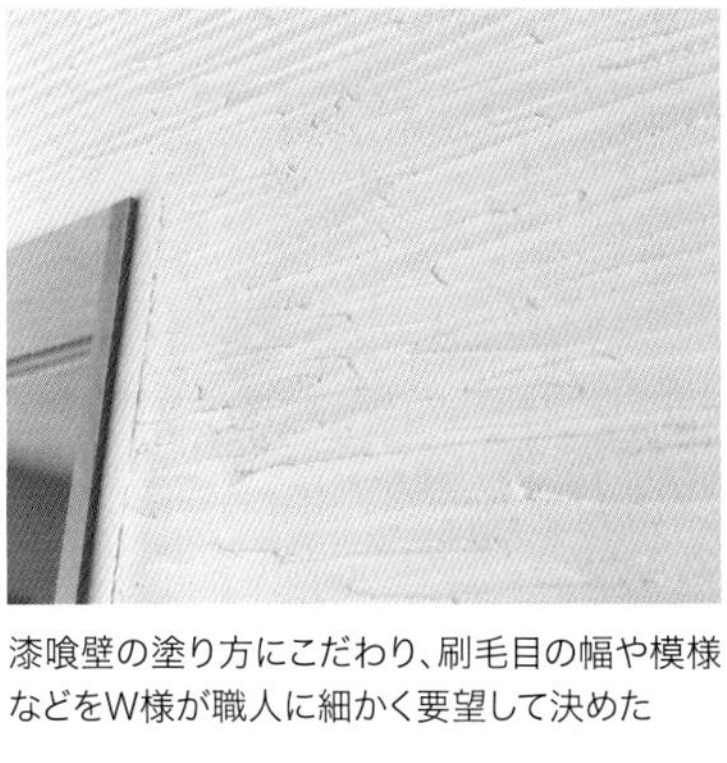

漆喰壁の塗り方にこだわり、刷毛目の幅や模様などをW様が職人に細かく要望して決めた

リビングの風通しの良さを考慮し、階段部分の壁にも開口。階段横の収納スペースには掃除機などが収まって便利

玄関から直接つながる4.5畳の和室。雰囲気を純和風に近づけるべく、押し入れのふすまは水墨画のデザインに

中央で仕切って2室にできる、将来子ども部屋になる予定の洋室は、現在ご主人の筋トレルームに。2階は節のある無垢材を床に採用し、1階とは趣を変えている

2階の寝室。プライバシーを重視しつつ明るさを取り込むため横長のスリット窓を開口し、ブラケットを設置した壁は、波をイメージさせるような漆喰の塗り方にした

「キッチンは配膳しやすいし、パントリーのおかげで片付けもスムーズ。収納スペースにもゆとりがあります」と、機能性の高さにW様は満足。洗面脱衣室では洗面カウンターを延長し、アイロンがけなど家事ができるコーナーを設けたことも、奥様の家事のしやすさにつながっているようだ。

W様がさらに喜んでいるのが快適性の高さだ。昼間は照明が不要なほど明るさは充分で風通しが良く、夏も冬もトイレや洗面脱衣室を含めて屋内の極端な温度差がないことを実感。「暑い夏に帰宅してドアを開けたときのムッとした熱気はないし、むしろほんのり涼しいくらい。冬も凍えるような寒さは感じられず、当然結露もありません」とW様。吸放湿性の高い漆喰は壁や天井に全面的に塗っているが、よく見るとトイレやリビングの壁、洗面脱衣室の天井などで塗り方が異なっているのがわかる。これはW様が一つ一つこだわって職人に要望したそうだ。漆喰がもつ、においを吸収する力も実感していて、トイレの芳香剤さえも不要なほどその力は大きいという。W様が望む健やかな暮らしを、「0宣言の家」が見事に実現した。

においを吸収する漆喰壁のおかげで芳香剤要らずのトイレ。当初はもう少し広くしたかったというが、タンクレスタイプのため狭さは感じられない

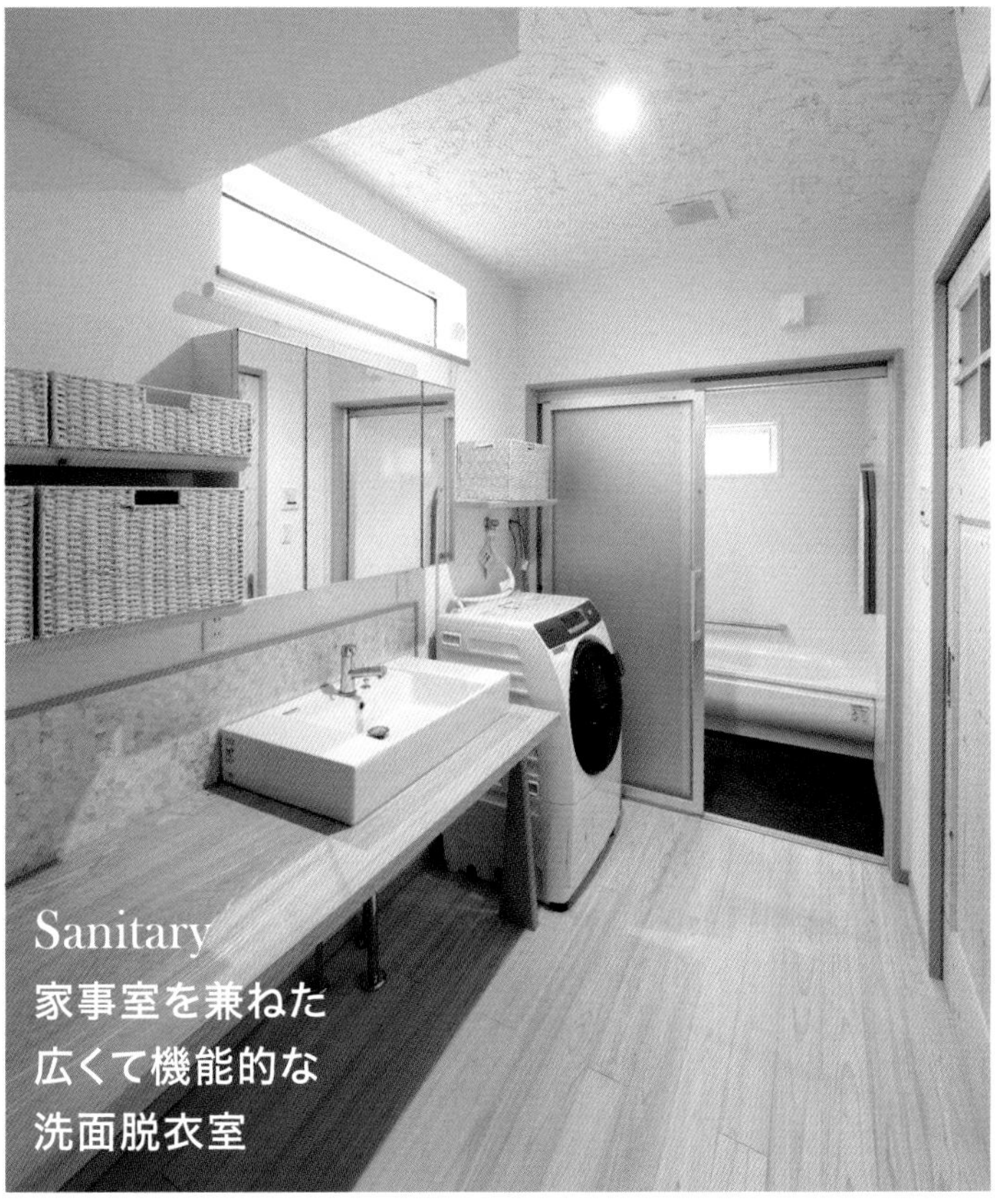

Sanitary
家事室を兼ねた広くて機能的な洗面脱衣室

漆喰壁と無垢材の床で室温や湿度を適度に保つ洗面脱衣室。パジャマや下着はここで室内干しでき、そのまま収納可能。造作した洗面カウンターは奥様の家事スペースにもなる

洗面カウンターの立ち上がり部分には、貝殻のような光沢感のあるモザイクタイルを採用。空間のアクセントとしても効果的

Exterior
傾斜を付けた個性的なデザインが目を引く外観

玄関のある1階壁面に傾斜を付け、部分的にタイルをあしらった外観は、「他の家とは違う個性的なものにしたい」というご主人の意向を踏まえたデザインが印象的。ご主人がイメージする建物の写真を見せて設計してもらったという

大きめの玄関ドアには両側にスリット窓があるため、自然の明るさを玄関内に取り込むことができる

広い玄関からはリビングと和室につながる動線を描き、将来ベビーカーなど大きい物も収納できるように大容量の玄関収納を確保した

HOUSE DATA

□敷地面積
602.52㎡(182.26坪)
□延床面積
118.82㎡(35.94坪)
□工期
5カ月
□家族構成
ご夫妻
□構造
木造在来軸組パネル工法
□断熱
[クアトロ断熱]
内断熱(充填):セルローズファイバー
外断熱:ネオポール
遮熱塗り壁材:セレクト・リフレックス
調湿効果内壁:スペイン漆喰
□屋根材
ガルバリウム鋼板
□外装材
遮熱塗り壁材(セレクト・リフレックス)
□床材
ヒノキ
□内装材
スペイン漆喰
□施工
小田原ハウジング

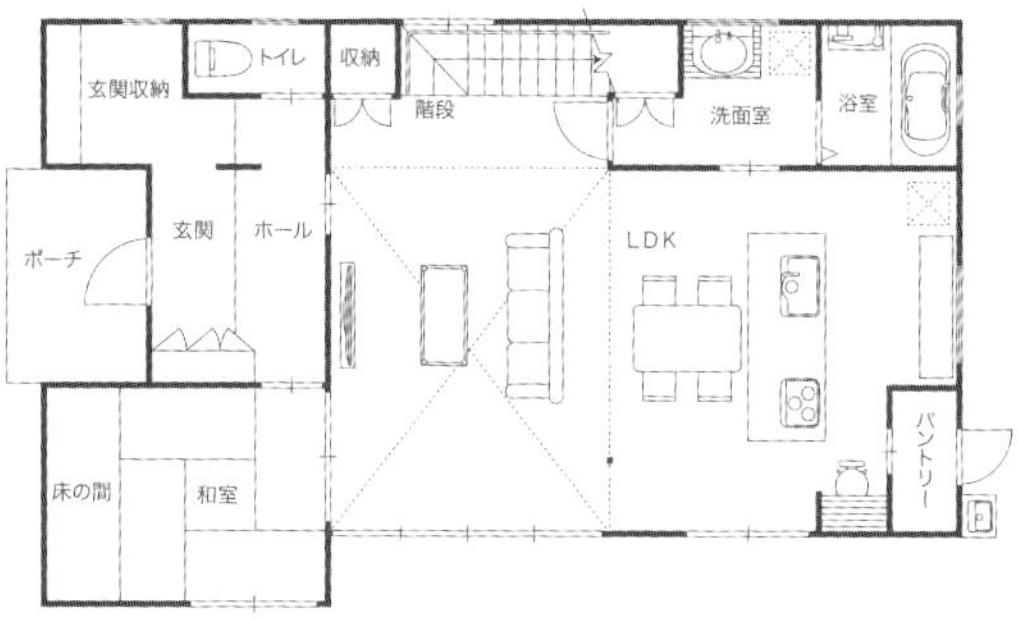

1階

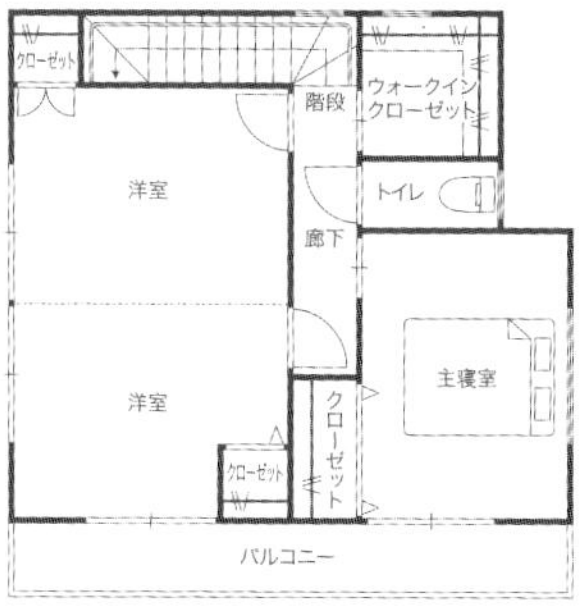

2階

1ミリも嘘の無い家づくり
「0宣言」を取り入れた住まい

自然素材、工法に100%の安心感 家族のこだわりと愛情がいっぱいの家

広島県広島市／N様邸

社宅に暮らしていた頃、郵便受けに入っていたポスティングチラシを見たのが小田原ハウジングとの出合い。ちょうどN様ご夫妻が家を建てたいと思っていた時期だったため、そこに書かれていた家づくりセミナーなどに興味を抱いたという。「小田原ハウジングさんのコンセプトは、住むことによって人の健康や住まいの性能が上がるということ。そして子どもたちのためにも安心・安全な住まいにすべきということに共感した」とN様。

敷地は「ここしかない」と直感した広島市西区の高台の絶景ポイント。仲間と集まってワイワイするのが好きなご夫妻は、人が集まる家であること、居住空間を広くして各部屋が6帖以上の広さを持つこと、快適なバスルーム、といったこだわりを持ち、その思いを設計士に託した。

室内に入って気付くのは、空気の清々しさと暖かさ。高い断熱性能を持っているのはもちろん、床材は低温乾燥された無垢のヒノキがふんだんに使われ、室内もコテの跡が残る手塗りの漆喰。そのため室内は消臭、調湿、空気の清浄効果が優れているのだ。

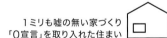

カウンターテーブルは、ご主人が設計士と一緒に岐阜県まで行って選んだという一枚板。耳付きのトチノキは触ったときの感触が柔らかく温かな印象

テレビ台も小田原ハウジングのオリジナル。無垢のヒノキを使っており収納力も抜群。家族のコミュニケーションが取りやすいリビング階段を採用した

「友人が泊まりに来たときに、落ち着いて眠れるように」とリビングから少し離した位置にある和室。床の間の垂れ壁の造作が個性的

「冬でもエアコンをつけなくてもいいくらいに暖かいんですよ」と奥様。外気温が5℃でも暖房なしの室温が20℃だった日もあるとか。しかもどの部屋もほとんど温度差がないので快適

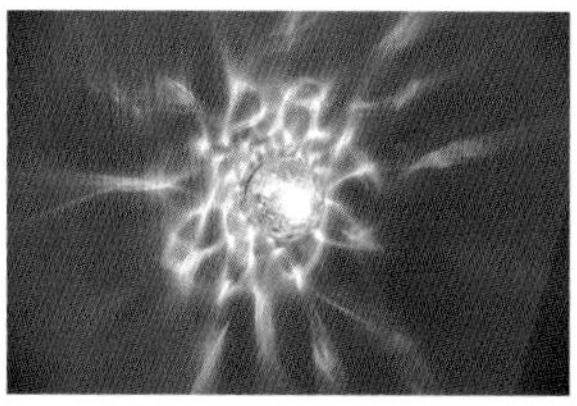

2階は将来の子ども部屋として確保。今は4歳の長男のプレイルームとして使っている。壁はもちろん漆喰。建具も天然木を使用

2階ホールの壁に家の完成記念に残した家族の手形が。ツリーのデザインがかわいらしい

N様の住まいの壁はすべて漆喰塗り。空間によって塗り方にバリエーションを持たせていることからも、職人の技術の高さと感性の良さが伝わる。

ご主人が最もこだわったのが杉材をふんだんに使ったバスルーム。足元は天然石、浴槽はホーロー、間接照明も取り入れてあり、まるで旅館のような気持ち良さだ。

「この家に住み始めてから眠りが深くなり、短時間の睡眠でもスッキリします」とご主人。奥様も「暖房をつけなくても暖かいのでとても快適です。それに最近、疲れが溜まらない気がします」と住まいの性能の高さを語る。

この日の前夜も近所の人を招いてホームパーティーをしたばかり。翌朝、食べ物のにおいなどが室内に残らないのが不思議、と笑う奥様。家族が元気でいられることに幸せを感じる、と言葉を重ねていた。

2階には天気や時間帯を気にすることなく洗濯物を干せるサンルームがあり、奥様の家事をサポートしている

「僕の駆け込み場です」とご主人が切望した書斎。東向きの窓からは明るい日が差し、こぢんまりとした広さが快適

木の温もりや肌触り、そして心地よい香りに包まれる2階ホール。手すりは大工の棟梁の力作。まるで自然の中にいるような気持ち良さ

収納スペースを多めに設けた玄関。テラコッタの三和土がN様邸のアンティーク風な雰囲気にぴったり

窓枠が印象的なスクエアな外観。アンティーク風の佇まいが周囲からの目を引いている。外壁ももちろんオール漆喰塗りだ

1階

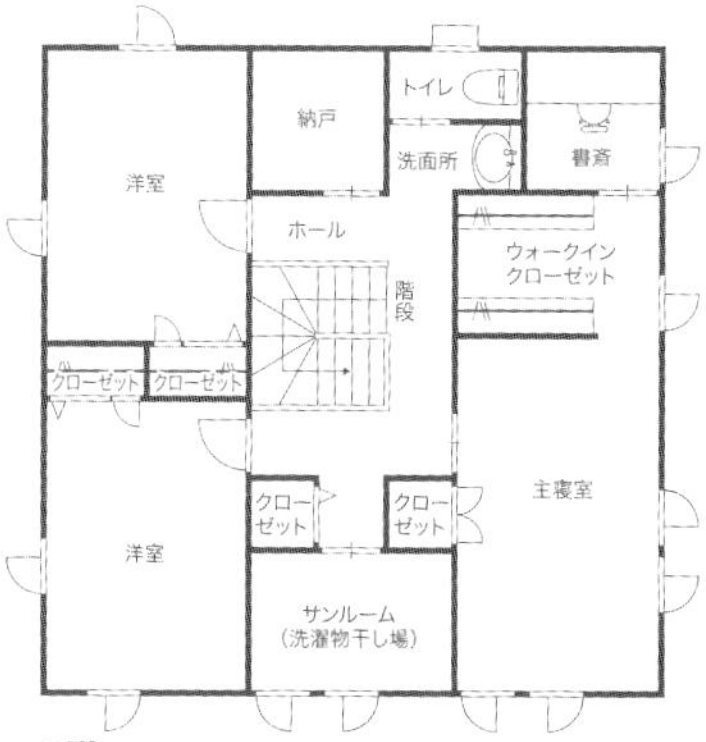

2階

HOUSE DATA

□敷地面積
181.62㎡(54.94坪)
□延床面積
132.48㎡(40.08坪)
□工期
5カ月
□家族構成
ご夫婦+子ども2人
□構造
木造在来軸組パネル工法
□断熱
［クアトロ断熱］
内断熱(充填):セルローズファイバー
外断熱:ネオポール
遮熱塗り壁材:セレクト・リフレックス
調湿効果内壁:スペイン漆喰
□屋根材
ガルバリウム鋼板
□外装材
遮熱塗り壁材(セレクト・リフレックス)
□床材
愛工房杉、ヒノキ
□内装材
スペイン漆喰
□施工
小田原ハウジング

ご主人が気に入っているトイレの手洗いカウンター。ウォールナットの一枚板は小田原ハウジングからの提案

足元は青森の十和田石を使用。壁や天井には杉を使った。「カビが出ず、手入れも簡単。何より癒やされます」

主寝室や子ども部屋のある2階にも洗面所を設けた。トイレをはじめ、引き戸を多用して省スペースに

Living
天井までを高く取り、吹き抜けのような開放感があるリビングはご夫妻のお気に入りの場所。「ここに居るだけで安らぐ」とご主人

1ミリも嘘の無い家づくり
「0宣言」を取り入れた住まい

日々の疲れを癒やす オアシスのような家

福岡県八女市／O様邸

家の老朽化と台風による痛みが重なり、新築を決意したO様ご夫妻。体に優しい家にしたいと思っていたところ、偶然、広告で目にしたのが「0宣言の家」だった。じっくり話を聴きたいと澤田升男氏のセミナーに参加したところ、化学物質の恐ろしさ、大手メーカーの家づくりの裏側を知り、迷うことなく「0宣言の家」を建てることを決めた。

家づくりは、ご主人主導で進められた。「構造には太い木を使いたい」「レコードラックを設置したい」「光熱費がかからない家にしたい」など、細かな要望もすべて伝えたことで、理想の住まいが完成した。

敷地の広さを生かした平屋建てながら、天井を高くしたことで吹き抜けのような開放感に満ちている。天然木の温もりも心地よさを高めている。

「この家に住み始めてから、花粉症が随分楽になりました」と話すご主人。以前は鼻が詰まって眠れないほど深刻だったが、たまにくしゃみが出る程度にまで治まったという。また、空気によどみがなく、「どこにいても気持ちが良い」とご夫妻で声を揃える。

「都会に通勤する人こそ、『0宣言の家』に暮らしてほしい。仕事で疲れた心と体がほっと安らぐ。それがまた次の活力につながると思います」と最後に語ってくれた。

日中は、リビングの天井にある窓から自然光が差し込む。照明、シーリングファンと合わせてバランスよく配置し、アクセントに

湿気の多いサニタリーも漆喰壁の働きで空気はカラリ。洗濯物もさっと干せる家事導線

カウンター下部は、トイレットペーパーなどを収納。漆喰壁の消臭効果で空気も清潔

ウォークインクローゼットの上部にある屋根裏部屋は大容量の収納スペース

ジャズやロックなど音楽鑑賞が趣味のご主人の希望で造り付けのレコードラックを設置

リビング横に独立型のキッチンを設置。収納をたっぷり設け、すっきり使いやすいキッチンに

HOUSE DATA

□敷地面積
544.64㎡(164.75坪)
□延床面積
110.33㎡(33.37坪)
□工期
5カ月
□家族構成
ご夫妻
□構造
木造在来軸組パネル工法
□断熱
［クアトロ断熱］
内断熱(充填)：セルローズファイバー
外断熱：ネオポール
遮熱塗り壁材：セレクト・リフレックス
調湿効果内壁：スペイン漆喰
□屋根材
ガルバリウム鋼板
□外装材
遮熱塗り壁材(セレクト・リフレックス)
□床材
レッドパイン
□内装材
スペイン漆喰
□施工
津留建設

片流れの屋根が印象的なO様邸。白を基調にすっきりと洗練された雰囲気の外観に

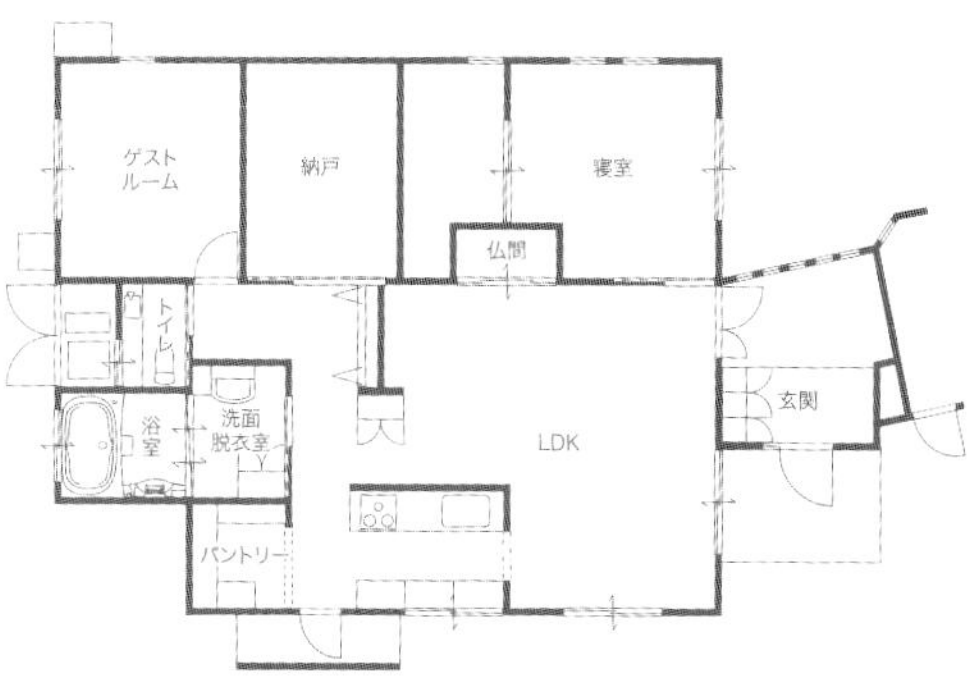

模様の美しいタイルが玄関まで誘導し、ちょっとしたアクセントにも。室内から玄関にも出られる

玄関ドアを開ければ、木の温もりあふれる空間が出迎えてくれる。外から戻ってホッとできる瞬間だ

0宣言のリフォーム

断熱・健康リフォーム

住宅をリフォームする際には、経年劣化した部分の修理だけではなく、
これからも快適に過ごせる状態にすることを考えてほしい。
リフォームでも「0宣言の家」の仕様を取り入れることによって、
冬暖かく夏涼しい快適な空間を実現でき、ランニングコスト削減も可能に。
また、それに伴って心身ともに健康的な住まいを手に入れることができる。

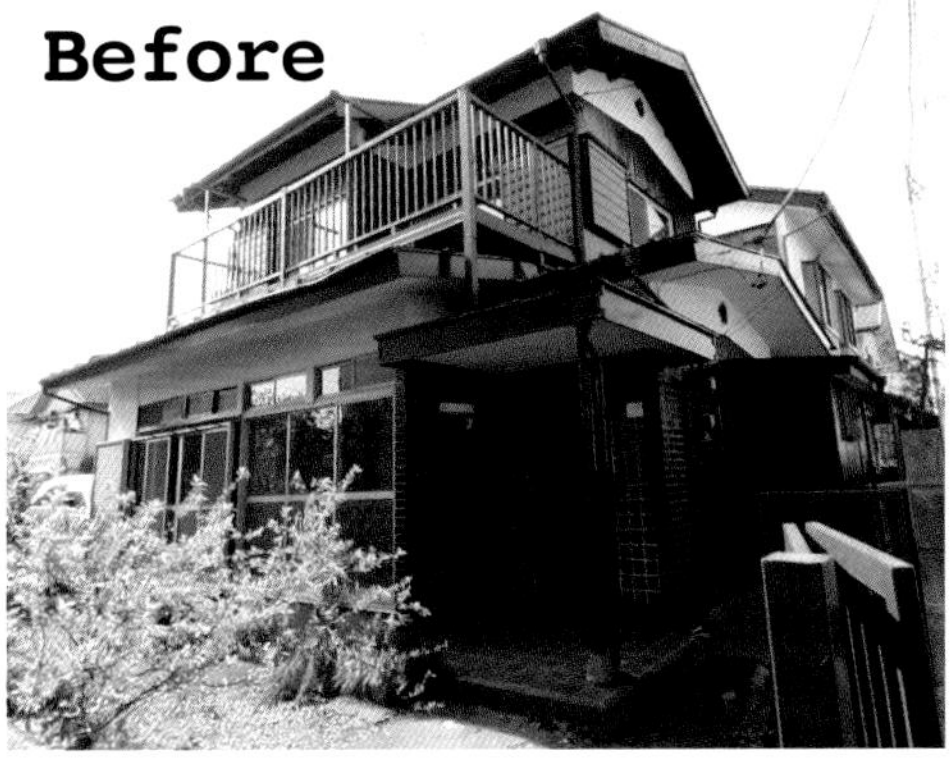

日本では、喫煙に次いで高血圧が成人死亡に対する危険因子の第2位に位置付けられている。このことから、室内の温熱環境の改善が血圧低下を通して健康維持増進にもたらす影響は大きいと考えられている。脳卒中死亡率の高い地域では、暖房室と非暖房空間の温度差が大きい。脳卒中患者群と対照群の住宅室温比較により、室温が高く維持されれば脳卒中の発生が減少するといった実証報告もある。

昨今よく聞く言葉に「ヒートショック」がある。ヒートショックとは、急激な温度差がもたらす体への悪影響のことで、前述のような症状や脳梗塞・心筋梗塞などを起こす。ヒートショックに対する認知度は高まってきているが、ヒートショックによる死亡者数が交通事故死亡者数よりも多いことに対する認知度は低いままだ。このことがヒートショック対策の遅れを表している。とくにヒートショックが起きやすい一般住宅の風呂場・脱衣場の気温は依然として低いのが現状だ。

また、高血圧は循環器系疾患の主要因ともされており、寒い住宅は特に居室間の温度格差が大きく、居住者の血圧を上昇させ、高血圧は循環器系疾患や脳血管疾患のような疾病の原因となることが分かっている。住宅の断熱性を向上させることは、「快適性」だけではなく、「疾病予防」にも役立つのだ。リフォームをする際にはぜひこのことも頭において、性能面も重視してほしい。

慶應義塾大学 理工学部
システムデザイン工学科
伊香賀 俊治 教授

室温が10℃下がると70歳以上では8mmHg血圧上昇

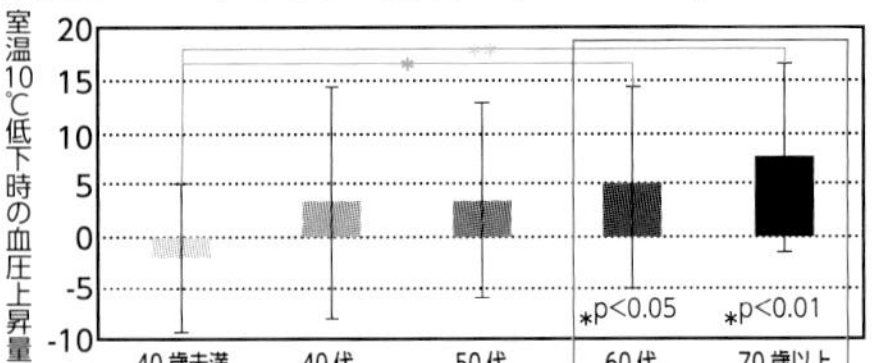

※一元配置分散分析
※動脈に中性脂肪がたまって硬くなり、弾力性／柔軟性を失った状態
室温 10℃低下時の年代別の血圧上昇 (慶應義塾大学伊香賀俊治研究室〈海塩渉・安藤慎太郎〉)

1年間の住宅内での死亡者数の推移（疾患別）

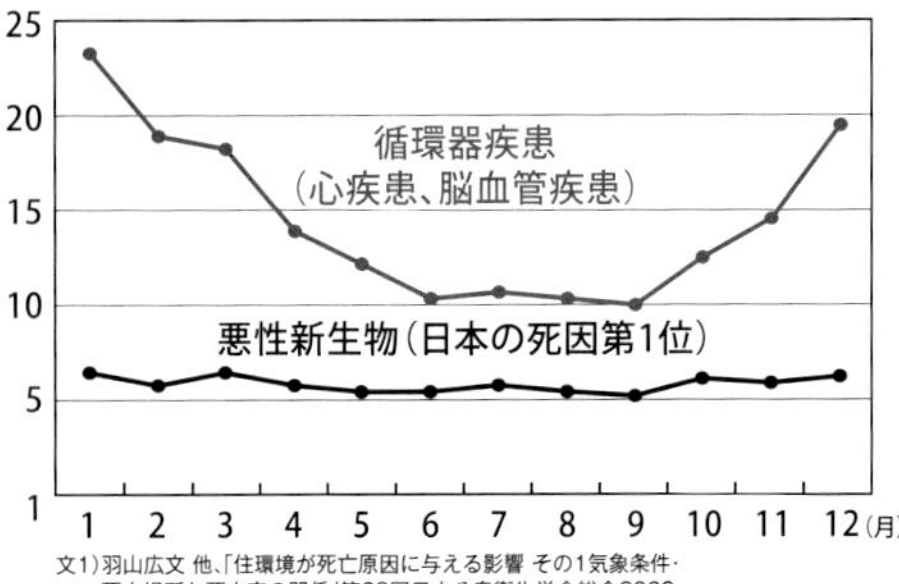

文1）羽山広文 他、「住環境が死亡原因に与える影響 その1気象条件・死亡場所と死亡率の関係」第68回日本公衆衛生学会総会2009

血圧と循環器疾患の発生率の関係　588人、32年間の追跡調査

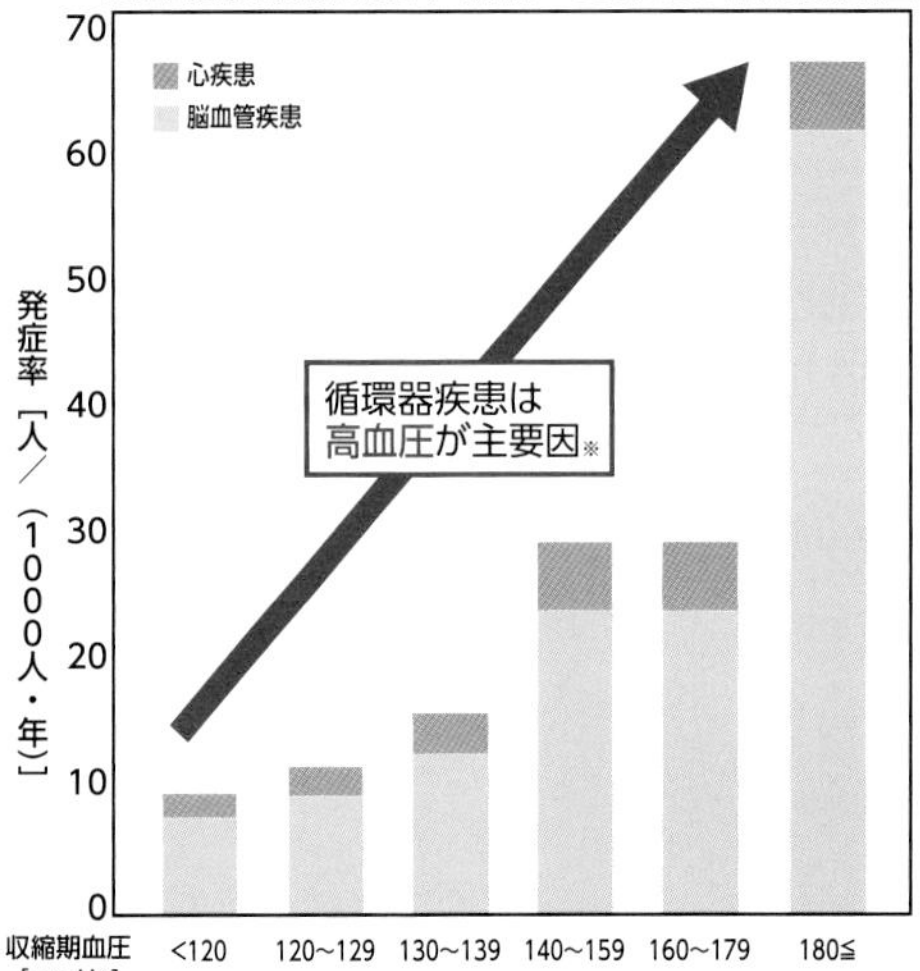

※H.Arima et al.「Validity of the JNC VI recommendations for the management of hypertension in a general population of Japanese elderty The Hisayama Study」2003

出典：柴田祥江、北村恵理奈、松原斎樹（京都府立大学大学院生命環境科学研究科）住宅内温熱環境の実態と居住者の意識に関する研究（その8）高齢者のヒートショック対策意識と行動、居住者の寒さに対する意識と室間の温度差に関する研究より／安村直樹（東京大学田無演習林）健康居住の実現に向けた木造住宅供給のあり方より／羽山広文、斉藤雅也、三上遥　健康と安全を支える住環境より

断熱・健康リフォームの施工箇所

工法と建材に徹底的にこだわる「0宣言の家」の断熱改修住みながらの施工も可能

断熱改修を行うとなると、いったいどの部分を工事するのか。「0宣言の家」の断熱改修は、既存の外壁の上から断熱材を張り付け、更にその上から断熱効果も併せ持つ塗料を施工。壁の内側にも断熱材を入れ、屋根裏に遮熱シートと断熱材を施工することで完成する。これらは住みながらでも工事が可能だ。

また、断熱改修はその施工方法や断熱材、外壁塗料の選択が住宅会社によってさまざま。建材も妥協なく正しいものを選びたい。

遮熱シートと断熱材を屋根裏に施工。瓦を剥がすことなく工事ができるので、低コストも実現。
1 外壁の断熱施工
劣化してひび割れやカビの生えたサイディング、モルタル、ALCパネルなどの上から張り付け。
2 外壁塗り壁材による遮熱
外壁の断熱施工を行ったあと、その上から遮熱塗料や光触媒漆喰などを施工する。
3 内壁の断熱施工
既存の壁の中へ断熱材を壁内充填により施工。断熱効果はより盤石なものとなり、調湿効果も発揮する。

断熱住宅が実現する光熱費削減

断熱住宅に住むと年間で光熱費が約2万円も削減できる

断熱材で家全体をすっぽりと覆う断熱改修。各居室の温度差が少なく、暖かい住環境は極力暖房機器に頼らない生活を実現させる。そのため、通常の住宅と断熱施工がきちんと施された住宅とでは、同じ条件下で年間の光熱費に約2万円も差が出た。また「0宣言の家」の建材は劣化に対しても強い材料であるため、メンテナンスコスト削減にもなる。

通常住宅と断熱住宅の光熱費比較

愛知県名古屋市 二人住まい
37.25坪（延床面積）

通常住宅	合計	電気	ガス	断熱住宅	合計	電気	ガス
2013年 1月	17,764	7,789	9,975	2015年 1月	15,956	7,887	8,069
2013年 2月	15,652	6,788	8,864	2015年 2月	11,270	5,887	5,383
2013年 3月	13,755	5,613	8,142	2015年 3月	6,560	3,903	2,657
2013年 4月	9,032	3,429	5,603	2015年 4月	11,344	5,450	5,894
2013年 5月	11,806	4,416	7,390	2015年 5月	8,869	5,181	3,688
2013年 6月	7,639	4,480	3,159	2015年 6月	7,321	4,333	2,988
2013年 7月	7,146	4,985	2,161	2015年 7月	7,878	5,371	2,507
2013年 8月	8,918	6,541	2,377	2015年 8月	9,477	7,605	1,872
2013年 9月	7,478	5,509	1,969	2015年 9月	5,416	3,959	1,457
2013年 10月	7,854	4,221	3,633	2015年 10月	6,495	3,625	2,870
2013年 11月	10,348	4,881	5,467	2015年 11月	8,427	4,299	4,128
2013年 12月	11,931	5,619	6,312	2015年 12月	10,018	5,128	4,890
	129,323	64,271	65,052		109,031	62,628	46,403

年間約20,000円お得!

1 外壁の断熱施工

高い安全性を誇るドイツ生まれの高断熱材

ネオポール

断熱パネルにネットを張って一体化。だから地震にも強い!

外壁材としての仕上げは複数行程におよぶ。「ネオポール」の上に、ナノ単位の粒子状の液体を加えた特殊なモルタル(コンクリート)を下塗りし、その上に割れ防止のネットを張り、全体を一体化させる。耐アルカリ性のネットを使うので、モルタルを用いても溶けることはない。さらに特殊モルタルをネットが薄く隠れる状態まで塗り、最終仕上げの上塗りを行う。

ネオポール5つの特徴

①遮熱効果が高い　②省エネ効果が高い　③低コストを実現　④優れた結露防止効果　⑤高い安全性(環境への配慮)

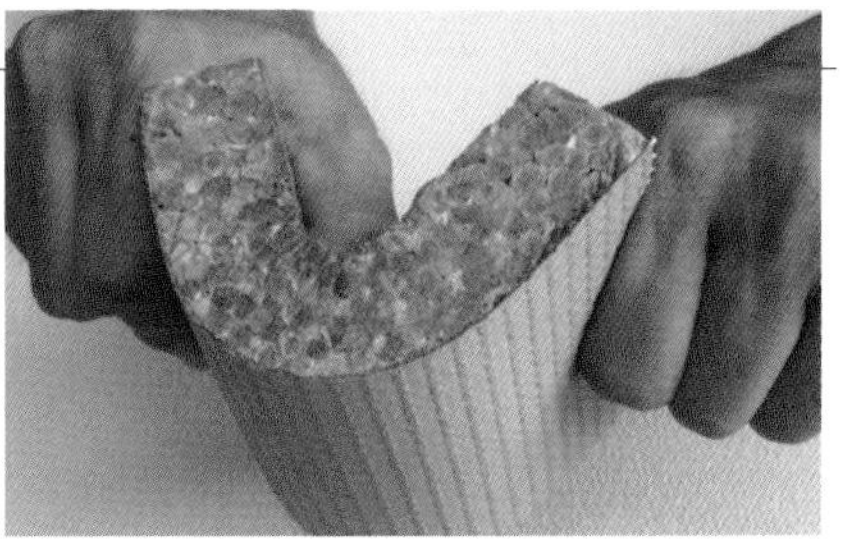

ネオポールの大きな特徴は、自由自在に曲げることが可能だということ。表面にナノ単位の粒子を含むモルタルを薄く塗ることにより、両手で強く曲げても折れる心配がない。この性質がさらに地震の揺れに強い住宅を生むのだ。

2 外壁塗り壁材による遮熱

日射反射率72%の遮熱材

セレクト・リフレックス

強アルカリ性の中空セラミックがもたらす快適な住環境

温熱環境にかなり大きな影響を与えるのは太陽光による赤外線や紫外線。一般的な外壁は真夏には60℃くらいまで温度が上昇する。遮熱塗り壁は外壁の温度が30℃程度までしか上がらない。熱だまりのない、快適な温度には欠かせない素材だ。

セレクト・リフレックスの4つの特徴

①遮熱効果が高い
②柔軟性、透湿性がある
③汚れにくい
④防カビ剤が入っていない

遮熱一般塗り壁の表面温度の比較

写真右側。青色に近づくほど表面温度の上昇が少なくなることを示します。

1 2 遮熱塗り壁+外張り断熱材の効果

外張り断熱に遮熱材をプラスすることにより、断熱効果はさらにアップ。
右記のグラフからもわかるように電力消費量は約半分に抑えられる。

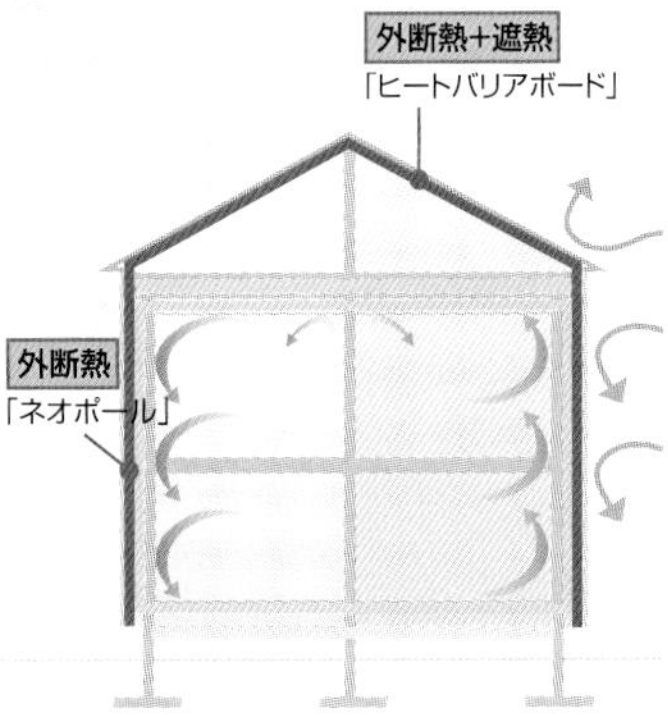

月別エネルギー消費量比較グラフ(仙台におけるシミュレーション)

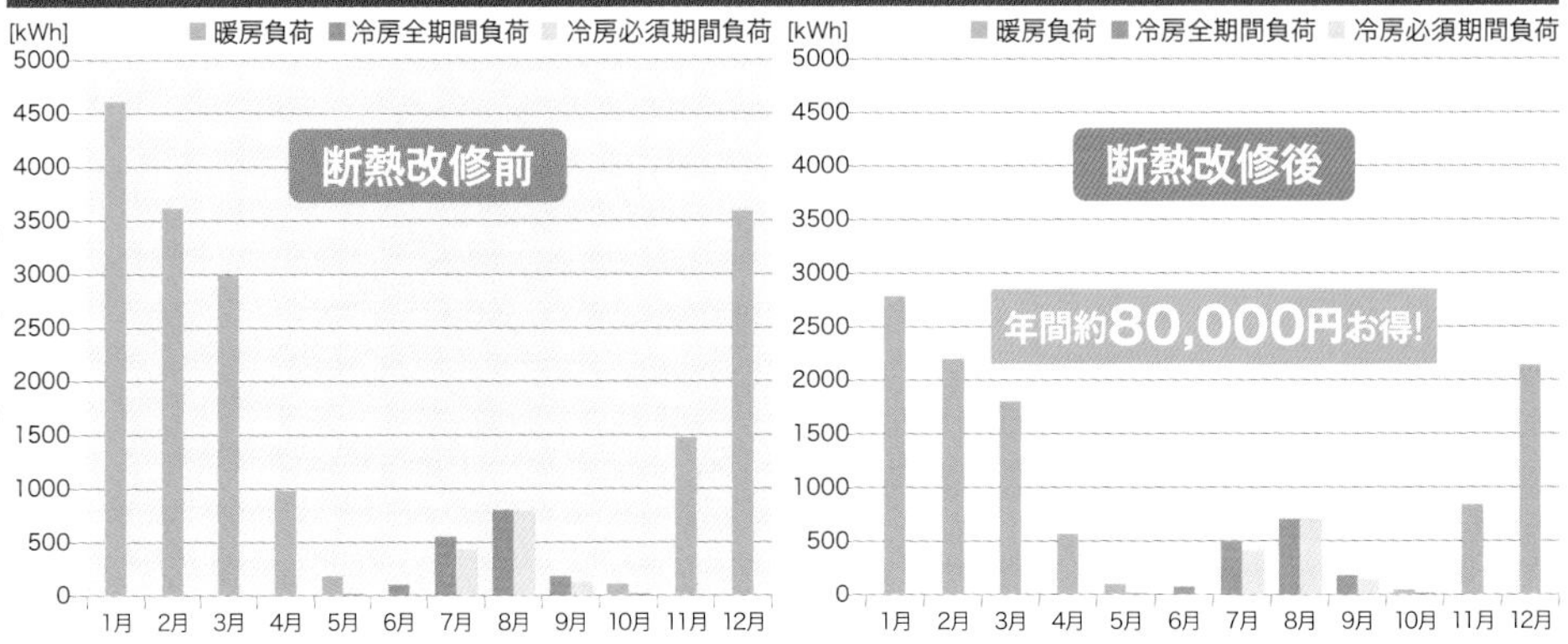

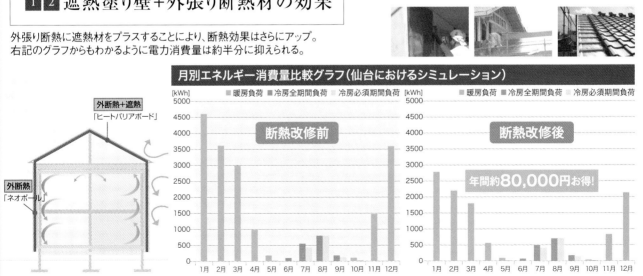

3 内壁の断熱施工

天然素材の壁内結露0の充填断熱材

セルローズ・ファイバー

安全性も認められた多機能性を併せ持つ素材

100%大豆インクを使用した米新聞紙の古紙から造られている断熱材。施工方法は壁を壊さずに断熱材を壁内に充填。「0宣言の家」で使用しているセルローズ・ファイバーは断熱材で唯一、EPA(米国環境保護庁)によって安全性が認可されている。

セルローズ・ファイバー 4つの特徴

①断熱効果が高い ②調湿効果が高い
③防火効果が高い ④防虫・防カビ効果が高い

4 屋根の断熱施工・遮熱施工

断熱性・遮熱性に優れた屋根の断熱材

遮熱シート+ネオポール→ヒートバリアボード

優れた施工性を誇り、施工後の効果も抜群!

瓦を剥がさずに屋根裏にヒートバリアボードを施工。騒音も出ず、リフォーム費用も低コストに。夏は屋根に当たる日射熱を跳ね返し、冬は天井裏から熱が逃げていくのを防ぐことで、家全体の断熱効果を高めてくれる。

ヒートバリアボード 3つの特徴

①遮熱効果が高い
②柔軟性・耐久性に優れている
③低コストを実現

Other Reform

一部屋漆喰リフォーム

漆喰のもたらす調湿効果・空気清浄で
室内環境の改善を一部屋からでも

吸放湿性能が非常に高いスペイン漆喰は「呼吸する壁」と呼ばれるほどで、一般の漆喰に比べて+50%という検査結果が出ている。リフォームによって全部屋を漆喰壁にすることが難しい場合、例えばリビングや寝室など、長時間過ごす場所を優先的に施工してみては。

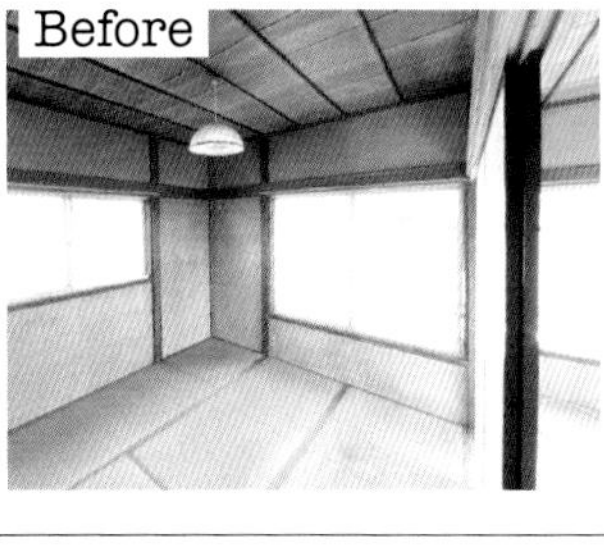

Before

After

環境改善リフォーム

自然素材の水性ワックスを塗布
静電気の発生を少なくし、カビや汚れの発生を抑える

有害な成分を一切含まない自然塗料、バーモントナチュラルコーティング(ウォータープルーファー)は子どもやペットにも優しくて安全。無垢材の内部まで浸透して、内側からの防水でカビなどの発生を抑制。優れた撥水効果があるので水回りの床などに最適だ。

海外生活の長かったA様ご夫妻。「なぜ日本の家はホコリが多いのかと思っていましたが、ビニールを使っているためだとわかり合点がいきました。リフォームしてホコリが激減しました。アレルギー持ちの猫にとってもいい環境のようです」

1ミリも嘘の無い家づくり
「0宣言」を取り入れた住まい

Reform

自然素材リフォームで叶えた ご夫妻と愛猫の“したい暮らし”

埼玉県さいたま市／A様邸

「定年までまだ時間はあるけれど、これからの暮らし方を考えたいと思って。ちょうどいろいろな設備の交換時期であったこともリフォームのきっかけになりました」と、A様ご夫妻。そして、相談した工務店から「0宣言」リフォームのことを聞き、関心を持たれたそうだ。「医学的なエビデンスがあるのはとても魅力的でした。最初はマンションリフォームでも効果が得られるのか、自分たち好みの雰囲気に仕上がるのかという不安があったのですが、丁寧に説明してもらい、最後は安心感を持って採用を決めました」

新しくなった住まいで暮らし始めて半年。ご感想を伺うと、「空気がきれいだなと感じます。暑さとか雨とかに影響されず、安定した環境が室内にあるのは、これからの人生、ここで過ごす時間を考えたらとても大事なことですよね」と話す奥様に、ご主人もうなずく。「リフォームは、業者さんがどこまで自分たちの意向に応えてくれるのか、新しい提案をしてくれるのかで随分変わると思います。今回のリフォームでは、使い勝手が良くなった以上の満足感を得られたと感じています」

洋室のサッシに内窓とロールスクリーンを取り付け、断熱効果をアップ

洋室と玄関を隔てた壁に新たな窓を設えた。廊下からも部屋に光が取り入れられる

自然素材の健やかな空気に満たされたお気に入りの空間

「裸足でいても、床の熱さや冷たさ、ベタベタを感じなかったですね。雨が多い時期も湿気を感じないで過ごせました」とご主人

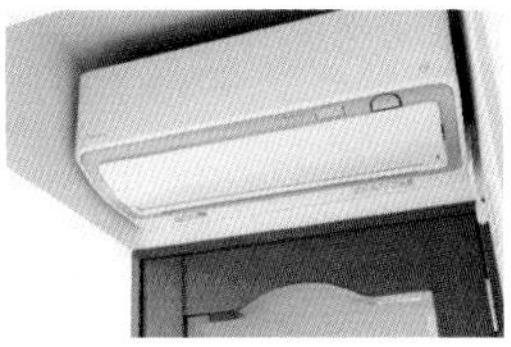

「生活感のあるものはできるだけ見せたくない」という思いから空調も目立たない場所に移動

「テラヘルツ分電盤に替えたことで、電磁波を気にせずIHコンロを採用できました」と奥様

各部屋の電気系統も1箇所に集めてすっきりと。スイッチも白で統一して壁に馴染むよう一工夫

「ITやAIなど新しいものも好き」というご夫妻。スマート家電に対応するUSBコンセントを採用

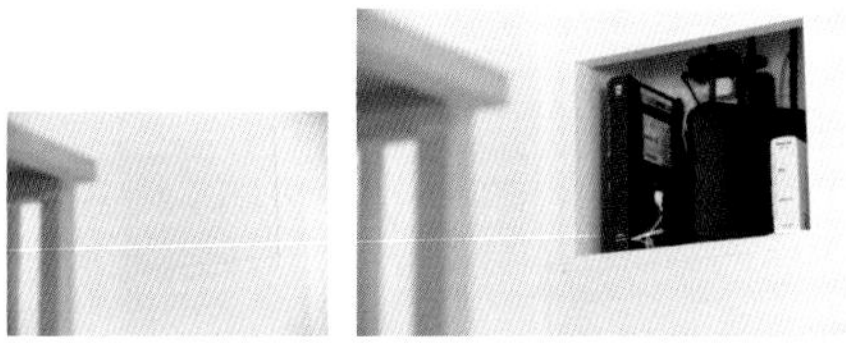

通信機器は1箇所に収納。「部屋がすっきりするし、電磁波や電気の熱も避けられます」とご主人

地下収納は風が通らずカビが発生していたが、壁を漆喰に替えてからはカビの発生がなくなった

上部のミラーは一度取り外して再利用。洗面台のみ交換し、スタイリッシュな雰囲気に

HOUSE DATA

□専有面積
71.30㎡(21.6坪)
□工期
3カ月
□家族構成
ご夫妻+猫1匹
□構造
鉄筋コンクリート造
□床材
愛工房の杉
□内装材
スペイン漆喰
□施工
のぞみ

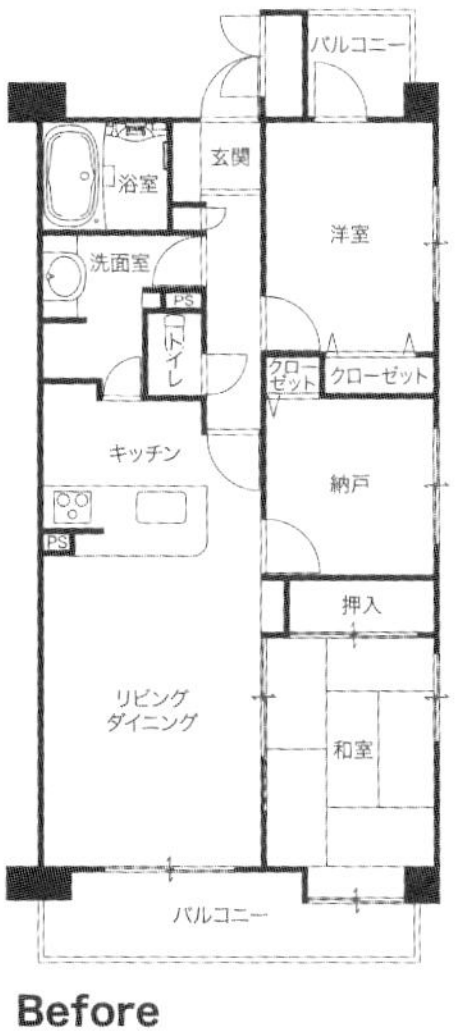

Before

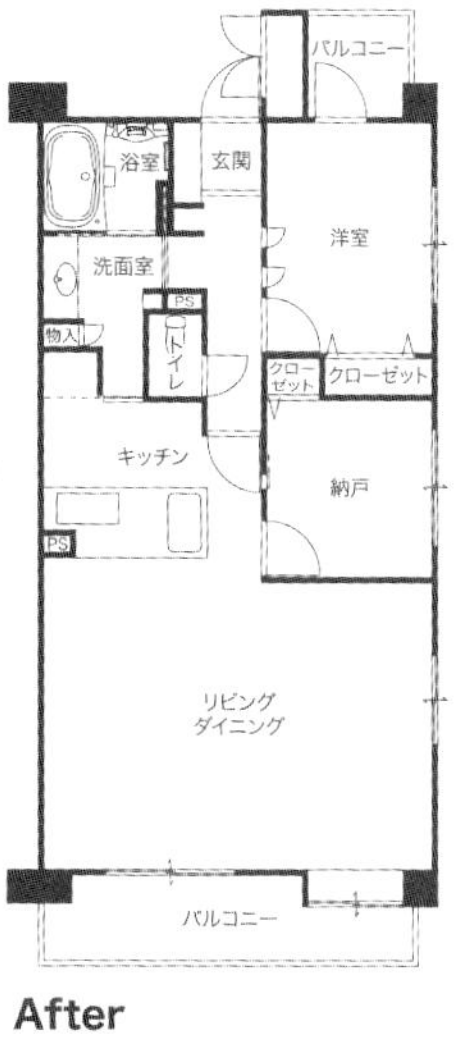

After

Plan

和室とリビングを分けていた壁を取り払い、キッチンも含めたリフォームで明るく広々としたLDKを実現。床には愛工房の杉材、壁と天井はスペイン漆喰を採用した。また、「ヨーロッパの街並みが好き」というご夫妻の意向に応え、サッシ枠や壁面にサンメント(モールディング)装飾を施して欧風の香りを醸す空間に仕上げている。

ご夫妻2人の暮らしを想定し設計。奥の寝室部をすりガラスで仕切っているため、圧迫感がないのが特徴。広々としたワンルームとしても使え、46㎡をまったく狭く感じさせない。なおかつ、自然素材の持つ環境の良さがプラスされ、見違えるような健康空間に

1ミリも嘘の無い家づくり
「0宣言」を取り入れた住まい

Reform

これまでなかったリフォーム！健康住宅を賃貸住宅に

大阪府大阪市／上六第一ダイヤモンドハイム

築40年のマンションの一室が「0宣言」で生まれ変わった。リフォームを手がけたのは、「これまで市場になかった健康賃貸住宅を提供したい」と考える株式会社キーマン。たしかに、健康に特化した賃貸マンションは、ほぼ見たことがない。デザイナーズマンションや、リノベーションマンションなど、いわゆる〝おしゃれな物件〟に匹敵する新しいカテゴリーとして、「健康」をテーマに、ライフスタイルにこだわりを持つ層へアピールしていくという。

ビニールクロスの壁はスペイン漆喰に、合板の床は無垢材に変更。自然素材には四季を通じた調湿効果のほかに、「深い眠りを得られる」という調査結果も。もちろん、建材以外にも、テラヘルツ加工された分電盤や家中丸ごと浄水できる浄水器など、フルスペックの「0宣言」仕様が施され、分譲マンションを超える心地よさを実現した。

古くなったマンションを所有し、空き室の悩みを抱えるオーナーも多い。「健康に着目したリフォームで部屋の価格を上げ、入居率と利回りの向上につなげたい」といった要望にも応える物件になりそうだ。

寝室の壁にはエコウィンハイブリッド（輻射式冷暖房システム）を設置。エアコンに接続することで、風が体に直接当たらず、運転音や空気の乾燥も気にならない

こだわり志向のご夫妻に、
賃貸で手に入る
「健康」を提供したい

壁はスペイン漆喰、床は無垢材を使い、新築を超える心地よさに。窓部にはカバー工法を用い、室内の熱を逃がさない工夫を施した

ご夫妻2人の衣服を収納できるクローゼット。棚板にも調湿効果のある無垢材が使用されている

暗く寒々しかった洗面所、浴室も、木の質感で明るい印象に。浄水設備で体に触れる水もやさしい

トイレも無垢材で一新。「ニッチ」を新しく設け、必要なものをすっきり収納できるように配慮

玄関の扉を開けた瞬間、天然木の香りに包まれる幸せ。早く帰ってきたくなる家に

HOUSE DATA

□専有面積
46.0㎡（14坪）
□工期
2カ月
□家族構成
ご夫妻
□構造
鉄筋コンクリート造
□床材
無垢ボード＋サクラ15㎜
□内装材
スペイン漆喰
□そのほか
テラヘルツ分電盤MINAMI®、
セントラル浄水器システムZero1フィルター
ハイブリッド型輻射空調システムecowinHYBRID
□施工
キーマン

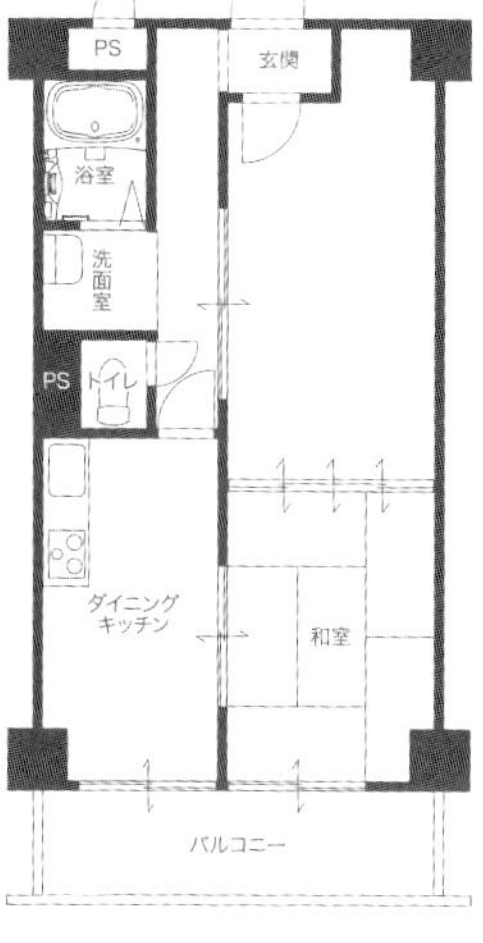

Before

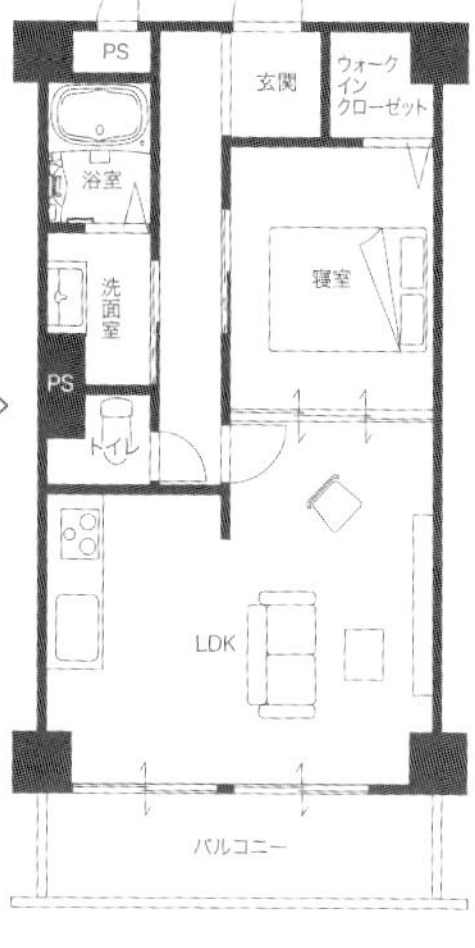

After

Plan

築40年のマンションの一室（46㎡）を「0宣言」仕様に変更。「健康志向のご夫妻2人暮らし」をコンセプトに設計し、2DKの間取りを1LDKにした。大きめの台所で料理をしやすく、また、寝室とLDKの仕切りをすりガラスであいまいにすることで、部屋全体を広く見せる視覚的効果を狙った。

正会員

P102 P112 掲載	**相陽建設 株式会社** http://www.soyo-inc.co.jp/	注文住宅事業部	〒252-0131 神奈川県相模原市緑区西橋本5-3-11 ☎042-772-0021 📠042-772-0319
		相模原住宅展示場内 モデルハウス	〒252-0214 神奈川県相模原市中央区向陽町1-17相模原住宅公園内14区画 ☎042-704-9901 📠042-704-9903
	株式会社 大和(グリーンライフ兵庫) http://www.greenlife-hyogo.com/	本社	〒662-0075 兵庫県西宮市南越木岩町15-1 ルーブルコート苦楽園2F ☎0798-73-8158 📠0798-73-8157
	住まいる工房 株式会社 http://atelier-smile.jp/	本社	〒739-0024 広島県東広島市西条町御薗宇718-31 ☎082-431-3700 📠082-431-3725
		岡山営業所	〒701-0133 岡山県岡山市北区花尻あかね町 8-107-103 ☎086-250-9155 📠086-250-9156
		福山営業所	〒720-0077 広島県福山市南本庄3-7-7 ☎084-999-2588 📠084-999-2587
	リード・アーキテクト株式会社 http://www.lead-a.co.jp/	本社	〒601-8421 京都府京都市南区西九条藤ノ木町97 ☎075-693-2880 📠075-693-2881
		沖縄営業所	〒900-0006 沖縄県那覇市おもろまち4-7-2 アーベイン21 101 ☎0120-675-365(京都) 📠075-693-2881
	株式会社maru工房 http://maru-koubou.com/	本社	〒790-0824 愛媛県松山市御幸2-12-12 FLEURET102 ☎089-960-6101 📠089-960-6106
	大井建設株式会社 http://www.ooikensetsu.co.jp/	本社	〒428-0104 静岡県島田市川根町家山4153-4 ☎0547-53-2013 📠0547-53-3445

準会員

株式会社 バイオ・ベース		〒395-0301	長野県下伊那郡阿智村春日3071-3	☎0265-43-2458	📠0265-43-2460
株式会社 スタイルハウス		〒955-0832	新潟県三条市直江町4-7-1	☎0256-35-3702	📠0256-34-8553
P60/P136 掲載 株式会社 キーマン	東京支社	〒104-0031	東京都中央区京橋3-14-6 斎藤ビルヂング7F	☎03-6661-0288	📠03-6661-0287
株式会社 知多ホーム		〒479-0837	愛知県常滑市新開町3-30 村上ビル3F	☎0569-34-8187	📠0569-34-7876
株式会社 さくらホーム		〒640-8390	和歌山県和歌山市有本110	☎073-474-7248	📠073-473-0748
株式会社 team-K風間		〒327-0015	栃木県佐野市金井上町2269-2	☎0283-86-7070	📠0283-24-5493
株式会社 ホームライフ	本店(福地山店)	〒620-0062	京都府福知山市和久市町123	☎0773-23-6277	📠0773-23-6440
	千里店	〒565-0826	大阪府吹田市千里万博公園1-7 ABCハウジング千里住宅公園内	☎06-6876-2000	📠06-6876-2002
	姫路店	〒670-0849	兵庫県姫路市城東町五軒屋40-1 神戸新聞ハウジングセンター内	☎079-226-1288	📠079-226-1289
株式会社 ファースン		〒390-0221	長野県松本市里山辺1665-3	☎0263-31-6672	📠0263-31-6673
有限会社 フジ創		〒933-0062	富山県高岡市江尻846-1	☎0766-30-2582	📠0766-26-1011
明工建設 株式会社	本社	〒437-1612	静岡県御前崎市池新田7742-1	☎0537-86-2674	📠0537-86-8559
松建ホーム 株式会社		〒007-0846	北海道札幌市東区北46条東14-3-18	☎011-788-8541	📠011-788-8542
株式会社 日建ホームズ		〒491-0024	愛知県一宮市富士4-1-4	☎0586-24-3595	📠0586-73-1090
有限会社 アットホームおおたに		〒671-1203	兵庫県姫路市勝原区丁254-1	☎079-272-7898	📠079-272-7890
株式会社 フレア		〒730-0834	広島県広島市中区江波二本松 1-16-27	☎082-232-3414	📠082-233-6286
株式会社 きごころ工房 夢家		〒649-2621	和歌山県西牟婁郡すさみ町周参見3711	☎0739-55-3283	📠0739-55-3884
有限会社 馬健		〒465-0025	愛知県名古屋市名東区上社3-102 東名ビルディング1F	☎052-709-7195	📠052-709-7196
風舞庭 株式会社		〒390-0851	長野県松本市島内4023 メゾンセピア1F	☎0263-88-8280	📠0263-88-8291
株式会社 日本中央住販	本社	〒630-8001	奈良県奈良市法華寺町70-1	☎0742-30-3332	📠0742-30-3322
株式会社 五十嵐繁勝工務店		〒131-0041	東京都墨田区八広5-25-4	☎03-3613-2834	📠03-3613-6149

住医学研究会 http://www.jyuigaku.com
〒451-0062 愛知県名古屋市西区花の木3-15-11 アストラーレ浄心4階 ☎0120-201-239 📠052-532-4747

家づくりの相談は会員工務店へ

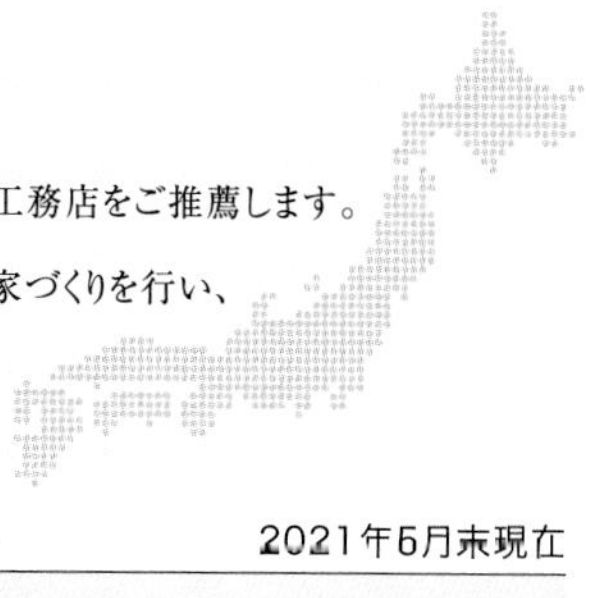

住まう人の健康のため、「住宅=環境」が健康増進と密接に関わっていること、
住環境を改善することで健康になること、日本の家づくりの現状を知っていただくため、考えに賛同した会員工務店をご推薦します。
もちろん、合板や集成材、木工用ボンドなどの長持ちしない建材や健康に害のある建材を排除した家づくりを行い、
住むだけで健康になる家づくりを推進しています。

2021年6月末現在

正会員

掲載	会社	拠点	住所	TEL	FAX
P20 P28 P104 掲載	株式会社 無添加計画 http://www.re-trust.com/	本店	〒336-0025 埼玉県さいたま市南区文蔵1-8-8	☎048-711-8200	📠048-711-8201
		岐阜支店	〒500-8436 岐阜県岐阜市東明見町27 2F	☎058-215-5115	📠058-215-5150
		仙台支店	〒981-1107 宮城県仙台市太白区東中田3-2-34	☎022-306-2422	📠022-306-2420
		宇都宮OFFICE	〒320-0846 栃木県宇都宮市滝の原2-5-29	☎028-678-3945	📠028-678-3946
P30 P64 P120 P124 掲載	株式会社 小田原ハウジング http://www.odawara.cc/	本社	〒737-0112 広島県呉市広古新開9-25-34	☎0823-73-3793	📠0823-73-3794
		広島office	〒733-0032 広島県広島市西区東観音町22-20	☎082-533-8480	📠082-533-8481

準会員

掲載	会社	拠点	住所	TEL	FAX
P108 掲載	有限会社 利行建設	本社	〒873-0524 大分県国東市国東町横手1849-1	☎0978-72-3340	📠0978-72-3342
		大分営業所	〒870-0937 大分県大分市南津留21-5 中道ビル101	☎097-578-7835	📠097-578-7836
P56 P128 掲載	株式会社 津留建設	本社	〒832-0813 福岡県柳川市三橋町棚町236	☎0944-74-2840	📠0944-73-5231
		天神支店	〒810-0001 福岡県福岡市中央区天神 2-13-18 天神ホワイトビル4F	☎0944-74-2840	📠0944-73-5231
		佐賀大和モデルハウス	〒840-0201 佐賀県佐賀市大和町大字尼寺3070-10	☎0944-74-2840	📠0944-73-5231
	株式会社 BRAIN		〒379-2304 群馬県太田市大原町1143-18	☎0277-79-0027	📠0277-79-0028
P24 掲載	株式会社 出雲建築設計		〒578-0924 大阪府東大阪市吉田6-6-33	☎072-943-1842	📠072-968-9702
	有限会社 兼松		〒262-0032 千葉県千葉市花見川区幕張町4-63-1	☎043-272-1581	📠043-273-7728
	株式会社 モアプラン		〒857-0811 長崎県佐世保市高梨町21-31	☎0956-22-1677	📠0956-22-1377
	株式会社 永賢組		〒486-0829 愛知県春日井市堀ノ内町4-1-20	☎0568-81-6179	📠0568-84-4281
	有限会社 堀田瓦店		〒727-0624 広島県庄原市上谷町447	☎0824-78-2673	📠0824-78-2730
	ルピナスハウス 株式会社		〒277-0813 千葉県柏市大室1191-36	☎04-7133-1300	📠04-7132-8050
	株式会社 デザインワークス・e		〒903-0804 沖縄県那覇市首里石嶺町2-249	☎098-882-1290	📠098-882-1291
	家づくりナイスホームズ 株式会社		〒310-0852 茨城県水戸市笠原町245-1	☎029-305-3688	📠029-305-3766
	株式会社 江郷建設		〒761-2201 香川県綾歌郡綾川町枌所東253	☎087-878-2548	📠087-878-2546
P134 掲載	株式会社 のぞみ		〒156-0052 東京都世田谷区経堂2-31-20 ライオンズマンション経堂第5-105	☎03-6413-7336	📠03-6413-7370
	有限会社 田布施不動産		〒742-1502 山口県熊毛郡田布施町大字波野362-4	☎0820-53-1744	📠0820-53-1794
	株式会社 建装		〒990-0805 山形県山形市壇野前13-2	☎023-684-7553	📠023-681-7609
	工務店 KITTA		〒400-0851 山梨県甲府市住吉1-3-5	☎055-235-1953	📠055-235-1953
	各務建設 株式会社		〒501-3521 岐阜県関市下之保2986-2	☎0575-49-2006	📠0575-49-3587
P68/P116 掲載	株式会社 藤田工務店		〒410-0873 静岡県沼津市大諏訪505-1	☎055-923-3869	📠055-922-9910
	有限会社 ウッドライフ		〒963-0101 福島県郡山市安積町日出山2-162	☎024-956-9811	📠024-956-9800
	株式会社 マエダハウジング 安佐南店		〒731-0113 広島県広島市安佐南区西原4-25-25	☎082-962-0322	📠082-962-1522

医師が薦める
本物の健康住宅 0《ゼロ》宣言の家

2022年 WINTER / SPRING
2021年7月10日発行

発行人／田中朋博
編集人／大田光悦
監　修／住医学研究会
編　集／佐伯利恵/衛藤潮理/徳田　亮/大田光悦/菊澤昇吾
取材・文／宮嶋尚美、浅井千春、木坂久恵、北浦加代子、大久保えりな、山根崇史、石川正雄、椋木敬子、國政文代、竹内友美、石田美由紀
撮　影／赤松洋太、広田成太、福尾行洋、千田修弘、西田英俊、築地原芳紀、弓削吉且、康澤武敏、古川公元、高旗弘之、鈴木暁彦、松浦靖宏、松浦栄一、折田茂樹、廣瀬貴礼、池田清太郎
デザイン／吉村基弘
発行所／株式会社ザメディアジョン
〒733-0011 広島県広島市西区横川町2-5-15
TEL082-503-5035　FAX082-503-5036
http://www.mediasion.co.jp　e-mail en@mediasion.co.jp
印刷・製本／佐川印刷株式会社

個人情報の取り扱いについて

当社では読者のみなさまの個人情報を取り扱うにあたり、個人情報保護に関する関係法令、及び社内諸規定等を尊守いたします。今回お送りいただいた綴じ込みハガキのアンケート結果は、本誌編集の記事制作の参考にさせていただきます。
また、ハガキの個人情報は、プレゼント当選時の発送に利用させていただきます。なおその情報は当社にて責任をもって管理し、本人の了承なく、第三者に提供することはございません。当社は、個人情報の取り扱いに関する相談・苦情について、適切かつ迅速な対応をいたします。個人情報の取り扱いに関するお問い合わせは、住医学研究会「個人情報相談係」(0120-201-239)までご連絡ください。

ISBN978-4-86250-713-6